U0732126

中国地方学研究成果系列

地方学研究

张宝秀◎主编

虞思旦◎副主编

第 2 辑

知识产权出版社

全国百佳图书出版单位

图书在版编目（CIP）数据

地方学研究. 第 2 辑/张宝秀主编. —北京：知识产权出版社，2018.9
ISBN 978-7-5130-5818-6

Ⅰ.①地…　Ⅱ.①张…　Ⅲ.①地方文化—中国—文集　Ⅳ.①G127-53

中国版本图书馆 CIP 数据核字（2018）第 205053 号

内容提要

"海峡两岸地方学与地方文化学术研讨会"于 2017 年 10 月在北京联合大学举办，本文集遴选部分会议论文结集出版。作者是来自海峡两岸的专家学者。论文内容主要包括海峡两岸地方学理论思考、实践探索、地方历史和地方文化研究等。论文集作为《地方学研究》的系列辑刊，可以为关注海峡两岸地方学与地方文化研究的学者提供参考，也可以为决策地方经济和文化发展提供一些案例借鉴。

责任编辑：张水华　　　　　　　　　　责任印制：孙婷婷

地方学研究（第 2 辑）
主　　编　张宝秀
副主编　虞思旦

出版发行：知识产权出版社 有限责任公司	网　　址：http://www.ipph.cn
社　　址：北京市海淀区气象路 50 号院	邮　　编：100081
责编电话：010-82000860 转 8389	责编邮箱：46816202qq.com
发行电话：010-82000860 转 8101/8102	发行传真：010-82000893/82005070/82000270
印　　刷：北京九州迅驰传媒文化有限公司	经　　销：各大网上书店、新华书店及相关专业书店
开　　本：720mm×1000mm　1/16	印　　张：18.75
版　　次：2018 年 9 月第 1 版	印　　次：2018 年 9 月第 1 次印刷
字　　数：325 千字	定　　价：69.00 元
ISBN 978-7-5130-5818-6	

编 委 会

主　　编　张宝秀

副 主 编　虞思旦

编　　员　(按姓氏笔画排序)

孔繁敏　李建平　成志芬　刘同彪

朱永杰　佟　询　张　勃　张　艳

张妙弟　张宝秀　梁　怡　虞思旦

前　言

2005 年 9 月，在鄂尔多斯学研究会的倡议下，鄂尔多斯学、温州学、泉州学、潮州学、扬州学、徽学 6 家地方学研究机构联合发起创立了地方学研究的学术联盟——中国地方学研究联席会，为地方学、地方文化的研究机构和研究者搭建了一个信息分享、工作沟通、学术交流与合作的平台。鄂尔多斯学研究会担任了联席会第一任执行主席单位，2008 年 11 月起由北京联合大学北京学研究所担任第二任执行主席单位。目前，联席会会员单位已有 30 多家。10 多年来，联席会一直践行着民间学术联盟的使命，发挥着联系、联络、联合、联谊的职能，努力将地方学研究工作逐步引向深入和走向世界。

2017 年 10 月，在北京联合大学北京学研究基地召开的中国地方学研究联席会工作会议决定，成立中国地方学联席会学术委员会，加大推进中国地方学学科建设的力度，并从 2018 年开始，组织编辑出版《地方学研究》辑刊，每年出版两辑，作为联席会的系列出版物，汇集地方学与地方文化研究成果，促进相关系列成果的持续积累，推进理论研究和实践经验分享，不断提升学术研究水平，扩大地方学与地方文化研究的影响力，打造"中国地方学"特色品牌。第一辑由鄂尔多斯学研究会负责编辑出版。本文集是第 2 辑，由北京学研究所负责编辑出版。

2017 年 10 月，"海峡两岸地方学与地方文化学术研讨会"在北京联合大学召开，会议由北京市人民政府台湾事务办公室指导，由北京市级哲学社会科学基地——北京学研究基地、京台文化交流研究中心和中国地方学研究联席会共同主办，由北京联合大学北京学研究所、台湾研究院、应用文理学院和学报编辑部联合承办，来自台湾、澳门和大陆（内地）的 40 余家单位的 60 多位领导、嘉宾、专家学者出席会议，分享海峡两岸地方学理论研究和实践探索的思想与智慧。我们以此次"海峡两岸地方学与地方文化学术研讨会"收到的会议论文为基础，编辑出版《地方学研究（第 2 辑）》。论文内容主要包括海峡两岸地方学理论思考、实践探索、地方历史和地方文化研究等。在此我们对来自海峡两岸各位作者的大力支持表示衷心的感谢。

文集的出版得到了知识产权出版社的大力支持和帮助，在此深表谢意！文集若有不妥之处，敬请读者批评指正。

中国地方学研究联席会学术委员会
北京学研究基地《地方学研究（第2辑）》编委会

目　录

地方历史研究

地方文化研究

地方学理论思考

大视野下的海峡两岸地方学研究

包海山❶

摘 要：在各个地方，地方学是跨多学科的系统性学科体系；在中国，中国学是跨多学科的系统性学科体系。系统性是相对而言的，总有一个系统包含了所有的系统。科学文化最终所揭示和反映的是不受地域局限、不以人的意志为转移的自然法则。在地方学研究中，每个"地方"的自然环境和人文历史都有独特个性，而"学"科的基本原理具有共性。当不同地区的人们共同探寻在本质上是同一的客观规律时，地方学研究的协同创新与融合发展就会成为自然而然的事情。

关键词：中国学；地方学；海峡两岸；互联网；主题；平台

地方学既要立足当地，对当地个性特色细化研究，也要跳出当地鸟瞰全貌，在更大的时空范围进行综合性、系统性研究。例如，内蒙古学研究元上都，北京学研究元大都，而历史上元朝实行的是"两京制"，元上都与元大都原本就是一个有机整体。因此，研究对象的完整性决定了内蒙古学与北京学的协同发展成为自然而然的事情，也非常需要中国学视野下的系统性地方学研究。

在历史上就有不同地域文化、不同民族文化完美的融合发展。例如，元大都的缔造者是忽必烈，设计者是刘秉忠。元大都集中了蒙古族宫殿的传统风格，又结合了中原建筑文化的精华，同时也容纳了波斯、欧洲地区建筑风

---

❶ 包海山，鄂尔多斯学研究会副会长、草野思想库理事会副理事长、草根网地方学研究负责人。

格，反映了当时国际性大都会的特点。北京学研究基地首席专家李建平在谈到"北京中轴线的文化特色"时说：今日北京中轴线肇始于元大都城的规划设计。刘秉忠对北京城市文化最大的贡献，是将草原文化的个性与中原文化的包容性巧妙地结合在一起。蒙古草原文化的特色是游牧，逐水草而居，心胸开阔，豪迈，不拘一格。蒙古族对生态环境的追求使新的都城规划将大片水域留在城内，使城市内不仅有充足的水源，还有了灵动和舒展的空间。同时，又充分运用"人法地、地法天、天法道、道法自然"的道家思想，使新的城市规划体现天人合一，追求自然环境与人居和谐的统一。❶ 也有学者提出，从元大都时就确定下来的北京城中轴线并没有和经过该地的子午线重合，而是有2度多的偏角。上都的兴建早于大都，多次测量已证实，上都的中轴线与经过该地的子午线重合。忽必烈为了治理汉地的便捷，选择在燕京建大都，但为了不离开上都这一根本，才用上都来确定大都的中轴线，从而把上都整体放在了270多千米的元大都的中轴线上，使大都成为上都的延伸，构成了一个整体，可见元朝实行的是形式上的两都制，而实质上是一都制。北京城历经风霜，几次改朝换代，如今更是扩大规模，提高品位，但是北京城的中轴线没有变，是元朝蒙古人所设定的。

在当代地域文化研究中，特别是在地方学建设中，内蒙古与北京的交流合作也非常密切。2002年创建的鄂尔多斯学研究会，是内蒙古地区成立的第一个地方学研究会。2005年，鄂尔多斯学研究会倡议，与泉州学、扬州学、温州学等研究团体共同发起成立了中国地方学研究联席会，由鄂尔多斯学研究会担任轮值主席方；2008年，中国地方学研究联席会轮值主席方移交北京学研究基地担任。2016年2月，鄂尔多斯学研究会与中国地方学研究联席会共同在草根网建立了团体博客"地方学研究"。2016年8月，北京学研究基地与中国地方学研究联席会共同举办"中日韩地方学研究理论与实践学术研讨会"之后，国内学者认为应该通过具体课题推动中国地方学研究有实质性的交流合作。由北京学研究所值编、中国地方学研究联席会编辑出版的《地方学研究信息》，发表了鄂尔多斯学研究者包海山的文章《关于中国地方学研究协同发展的设想》，以及相关研究团体共同开展的"中国地方学研究理论与实践调查报告"和"中国学视野下的地方学研究"课题，促进中国地方学系统性融合发展。2017年9月，中国地方学研究联席会与鄂尔多斯学研究会等，

---

❶ 李建平：《北京中轴线的文化特色》，《鄂尔多斯学研究》2015年第3期。

共同举办"中国地方学研究交流暨鄂尔多斯学学术座谈会"。2018 年，在课题"中国地方学研究理论与实践调查报告"基础上，计划由地方学研究联席会学术委员会与鄂尔多斯学研究会编辑出版《地方学研究第 1 辑》。

可以说，近年来，北京学与鄂尔多斯学的合作，主要有两个方面：一是在内容上，通过中国地方学研究联席会平台，促进中国地方学研究协同发展，最终在更大的系统内融合发展为中国学；二是在方法上，通过促进"互联网+地方学研究"，使同一个主题与同一个平台相结合，最终提高中国学的构建与应用效率。

一、同一个主题：探索社会发展的必然规律

地方学研究，是在地方文化研究基础上构建新的系统性学科知识体系。在中华文化多元一体发展中，地方文化研究侧重于"多元"，而地方学建设即遵循在本质上是同一的客观规律促进融为"一体"，海峡两岸地方文化研究与地方学学科建设也顺应这种发展趋势。从 2001 年内蒙古文联等举办首届"海峡两岸少数民族文学创作座谈会"，到 2017 年北京学研究基地、中国地方学研究联席会等首次举办"海峡两岸地方学与地方文化学术研讨会"，海峡两岸的文化与学术交流的层次在提高，规模在扩大。

2001 年，内蒙古文联等有关部门在呼和浩特市举办了"海峡两岸少数民族文学创作座谈会"，参会人员还一同去了鄂尔多斯的成吉思汗陵、响沙湾，包头的五当召，乌兰察布的格根塔拉草原等地参观考察；在篝火旁手拉手一起跳蒙古舞，在宴会上共同唱中国台湾歌曲《我们都是一家人》。内蒙古与台湾相比，人口差不多，2010 年内蒙古有 24 706 291 人，台湾有 23 162 123 人；而土地面积相差几十倍，内蒙古约 118.3 万平方千米，台湾约 3.6 万平方千米。因此生活节奏、工作压力及情绪、心态等有差别，但是人的自然天性还是相同的。台湾同胞说，只有来到草原，才能体会《父亲的草原母亲的河》的意境：草原清香、大河浩荡、蒙古高原、辽阔大地，河水在传唱着祖先的祝福，保佑漂泊的孩子找到回家的路。

我们与台湾同胞相处的那段日子，很快乐、很温馨、很坦然，分别之后很想念他们。我写了一首《同胞情》：

当宝岛吹来一缕清爽的海风，

愿草原送去更多深情的歌声。

真心与坦诚的对话，

碧波与绿浪的交融。

让我们搭起彼此思念的彩虹，

生活又多了一道亮丽的风景。

游子与慈母的牵挂，

骨肉与血脉的相承。

团圆不是梦，

统一会是真。

我们都是一家人，

同祖同宗一条根。

如果说文化研究多一些情感交流，那么学科建设就多一些理性思考。海峡两岸都在构建地方学，据《台北学：华人社会新论述》：特殊的地理环境与历史机遇，让台北得以不算太大的空间和人口数量，呈现多元、混搭的文化；以中华文化为基础又融合了荷兰、西班牙、日本、美国以及晚近的东南亚文化，使得台北成为一个相对更开放、包容性更强的地方。"台北学"慢慢在华人社会形成一个发展快速的新论述。

台湾有台北学，还有金门学等。台湾金门技术学院闽南文化研究所江柏炜在《台湾研究的新版图：以跨学科视野重新认识"金门学"之价值》中认为：近年来，台湾研究整合了政治学、经济学、社会学、历史学、文学与文化研究等领域，取得丰硕的成果，并受到台湾及海外学界的高度重视。[1] 北京大学文化资源研究中心主任龚鹏程在《区域研究中的金门学》中认为：我们过去说台湾研究或金门学什么的，大抵以文史为主。但这些庞杂的金门书写，大抵只是些史地调查、民俗采风、文艺创作、掌故琐谈、忆事怀人的记录等，与区域研究基本上不是一回事，更谈不上是不是金门"学"。过去较强调金门历史的特殊性，仍使得金门研究不脱狭隘之地方史格局，有与台湾史那种"台湾人的悲哀"异曲同工的气味，这是应该超越的。了解一下区域研究的进展，对金门学可能甚为切要。[2]

---

[1] 江柏炜：《台湾研究的新版图：以跨学科视野重新认识"金门学"之价值》，选自《守望与传承——第四届海峡两岸闽南文化学术研讨会论文集》，2007年。

[2] 龚鹏程：《区域研究中的金门学》，新浪网学者龚鹏程博客，2014-09-20.

从区域研究来看，"岭南学"是地方学，也是区域研究。岭南，原是指中国南方的五岭之南的地区，相当于现在的广东、广西及海南全境，由于历代行政区划的变动，现在提及岭南一词，特指广东、广西、海南、香港、澳门五省区。中山大学中文系吴承学教授在《"岭南学"刍议》中认为："岭南学"不是诸种"岭南文化研究"的简单合并，而需要理论的升华。从"岭南文化研究"到"岭南学"，不仅是量的增加，应该有质的变化。"岭南学"应该是一门包容性强的专门学问，有理论性、系统性，是一个完整的、方法性强的研究体系。❶

在岭南，粤港澳大湾区的一体化融合发展，必然会促进广州学、香港学、澳门学以及粤港澳大湾区各城市在更大范围、更深层次上的系统性研究。从宏观上来看，"湾区"经济作为重要的滨海经济形态，是当今国际经济版图的突出亮点，是世界一流滨海城市的显著标志。国际一流湾区如纽约湾区、旧金山湾区、东京湾区等，以开放性、创新性、宜居性和国际化为其最重要特征，具有开放的经济结构、高效的资源配置能力、强大的集聚外溢功能和发达的国际交往网络，发挥着引领创新、聚集辐射的核心功能，已成为带动全球经济发展的重要增长极和引领技术变革的领头羊。而粤港澳大湾区一经提出，就被称为是全球第四大湾区。我们认为，粤港澳大湾区除具有一般湾区经济特征之外，最大的特点是"一国两制"的制度对接与融汇的优势，是全世界唯一"一区两制"一体化融合发展的地方。这对海峡两岸地方学广泛而深入的交流合作将产生积极的推动作用，对"一国两制""一球两制"、全球经济社会文化生态一体化融合发展以及构建人类命运共同体，都会有新的理论探索和社会实践。

"政治的原则就是意志"，而科学所揭示的是不以人的意志为转移的客观规律。邓小平曾说："我坚信，世界上赞成马克思主义的人会多起来的，因为马克思主义是科学。它运用历史唯物主义揭示了人类社会发展的规律。"海峡两岸地方学研究，最终必然会有同一个主题，那就是探索人类社会发展的必然规律。老子道学与马克思理论之所以成为不同历史时期人类智慧结晶，就是因为它们都揭示了客观存在的自然法则。因此，它们的结合，是中华文化之根本，也是人类文化之根本。当然，所谓老子之学与马克思之理论，都是认识论层次上的表现形式，而老子所揭示的"道"与马克思所揭示的"真

---

❶ 吴承学、翁筱曼：《"岭南学"刍议》，《华南师范大学学报（社会科学版）》2007年第5期。

理"，是本体论层次上的客观存在，是不受地域局限、不以人的意志为转移的自然法则。中华文化、人类文化，最终所遵循的是自然法则本身。

二、同一个平台：互联网+地方学研究

人本身作为自然界的产物，人的自身自然与整个宇宙自然一样，都是由物质、信息、能量组成的。从人的自身自然来看，躯体是物质，思维是信息，而躯体和思维的运动都具有生命能量。人的思维信息与人的头脑的物质结构具有可分离性，即个体的思想意识可以离开个体头脑，在社会"公共大脑"得到传播、传承，甚至重组、创新。也正因为如此，才使人类科学文化能够穿越时空"按几何级数"增长，而互联网为此提供了新的条件，开辟了新的天地。虽然互联网是一个虚拟世界，但毕竟是一个新的世界，可以传递和调控信息机构，可以转化为物质和能量，毕竟思维支配行为，人类的一切社会活动都是通过调控思维的信息结构来实现的。

学者认为，信息有多种类型。从无机界、生物界，到人类的思维和活动，分别存在着自然信息、生物信息、观念信息，以及作为观念信息外化和物化的文化和技术信息。信息的传播和交融需要能量流动，信息的形成和存在需要物质载体。人的意识中所包含的观念信息，只是信息的一种特殊类型。它是依靠人脑的信息反映功能，把从外界接收的信息与自身信息予以融汇来加工的产物。在这里实现了由自然信息向观念信息的转换和质变，最终可以通过情感和智慧的外化来体现出它的物质能量。

人们都有思维，而有些思维成为过眼云烟，有些思维汇集为具有生命活力的科学文化，这主要取决于思维与客观存在的自然法则接近和融合的程度。老子认为，"道"作为规律"独立而不改，周行而不殆"，作为能量"绵绵若存，用之不勤"。"道"即自然法则，对任何人来说都是一种相同的客观存在，而当人的思维发现、认识、遵循自然法则，并且与自然法则融为一体时，便成为人的灵魂即以揭示自然法则的科学文化的形式得以永恒。

恩格斯指出："生命总是和它的必然结局，即总是以萌芽状态存在于生命之中的死亡联系起来加以考虑的。"他认为，物质形态的躯体的"死亡或者是有机体的解体，除了构成有机体实体的各种化学成分，什么东西也没有留下来"；而信息形态的思维"或者还留下某种生命本原，或多或少和灵魂相同的

东西，这种本原不仅比人，而且比一切活的机体都活得更久"。❶ 当人的思维发现、认识、遵循并与自然法则融为一体时，它就会比一切活的机体都活得更久。当我们理解了这一点，也就能够理解老子"不失其所者久，死而不亡者寿"，庄子"上与造物者游，而下与外死生无终始者为友"。人们在现实社会的物理空间或许很难感悟到这些，而在互联网的虚拟世界，却能够真切地感应比一切活的机体都活得更久的文化灵魂，能够找到"上与造物者游，而下与外死生无终始者为友"的具体路径。由此可见互联网的无限魅力所在，而理解了互联网的这种无限魅力，互联网+地方学研究就有了新的深刻内涵。

自从在草根网建立了团体博客"地方学研究"以来，在 2017 年 9 月"中国地方学研究交流暨鄂尔多斯学学术座谈会"上，中国地方学研究联席会、鄂尔多斯学研究会、草根网三方第一次以座谈会的形式共同探讨"互联网+地方学研究"，也是在地方学研究中第一次有互联网界专业人员提供技术和智力支持。地方学研究有同一个主题，而草根网提供了同一个互联网平台，为地方学研究者和草根网博主这两个群体的互惠互利、同创共享奠定了基础。正所谓"高手在民间"，每个草根网博主都生活在某个地方，能够为当地经济社会文化发展提供智力支持；而很多地方都有地方学研究结构，需要汇集草根网博主们的创新智慧。地方学研究并不局限于某个地方，而是一个开放的系统，其综合性、系统性的本质，恰恰要打破局限性、片面性、狭隘性。互联网思维及草根网博主参与地方学研究，有利于打破某种思维定式和自封格局。

地方学研究有三个特性，即地域的稳定性、人员的流动性、科学内涵的普遍性。大陆与台湾岛的地理位置是相对稳定的，两岸各地所研究探讨的人类社会发展的客观规律在本质上是同一的，目前只是人员流动有一定的局限，而互联网能够打破这种局限。在互联网时代，学术研究主要有三个方面的转型。一是数据资料占有方式的转型。在大数据时代，大部分数据已经数字化，并迁移到互联网上，并每时每刻都在产生巨量数据。二是研究组织方式的转型。专家学者的地域和"单位"印记被淡化，研究者合作的主要壁垒逐渐被打破，人们更看重的是他们的观点、判断和预测。专家学者无论在什么地方，都可以利用互联网和大数据提供的便利相互之间进行沟通和交流。他们会变得很单纯，目的就是一个，探索真理。三是研究主体角色的转型。根据同一个研究主题，在同一个互联网平台，志同道合的人们可以自由便捷地形成同

---

❶ 《马克思恩格斯选集（第四卷）》，人民出版社，1995 年，第 370 页。

创共享的合作团队。例如，草根网就形成了自己的研究团队——草野思想库，好处是快速灵活，不以"单位"养人，没有"单位"成本，信息高度透明，智库的选择余地非常宽泛，可以通过网络平台找到所需的研究专家。草根网可以建立地方学研究大数据系统，很多问题先经过大数据系统的筛选，可以简化为事实判断题，容易找到合适的人才。中国地大物博，人才众多，足以提供所需要的各种理论和智力支持，特别是在中国学视野下。

　　任何事物都是分为不同层次、不同阶段的发展过程。在万事万物最终都道法自然的演进过程中，总有一个系统包含了所有的系统。地方学的构建与去学科，也是辩证统一的关系。对于每个地方来说，构建综合性、系统性的地方学是新的学科，而对于构建中国学来说，地方学的构建就是一个去学科的过程。这是必然趋势，是由不以人的意志为转移的客观规律所决定的。

中国地方学研究的三大特征

梁达平[❶]

摘　要：地方学是以特定地域的独有特征形成的历史文明成果作为研究对象，是关于一个区域或城市人文和自然环境共同组成的综合体的发展、变化和历史沿革研究的科学。在具体的地理条件和历史背景下，各地方构成了一个个区域，城市是在区域的基础上建设起来的，而形成所在区域的政治、经济、文化中心，区域和城市是与生俱来的共同体，又是彼此作用的统一体。我国地方学正是遵循着这一时代变迁脉络，开始研究的主线是区域，随后又出现了另一条研究的主线就是城市，并且从个体分散研究逐渐走向合作协同研究。地方学显现出的这三大特征，代表着三个发展阶段。

关键词：中国；地方学；发展；特征

导　言

地方学是以特定地域的独有特征形成的历史文明成果作为研究对象，是关于一个区域或城市人文和自然环境共同组成的综合体的发展、变化和历史沿革研究的科学。作为一门跨越人文社会科学和自然科学的综合性应用理论学科，地方学涉及当地聚居人群不同历史时期的诸多领域和各种活动。文化是历史的载体，当该地域生产力与文明水平足以能够记录这些史料的时候，

[❶]　梁达平（1953—），男，高级政工师，广东省生态学会人文生态专业委员会秘书长。主要研究方向为城市、区域的历史与发展研究；北回归线和人文地理研究；生态与环境平衡研究。

地方学雏形便产生了。

在具体的地理条件和历史背景下，我国各地方构成了一个个区域，城市是在区域的基础上建设起来的，而形成所在区域的政治、经济、文化中心，区域和城市是与生俱来的共同体，又是彼此作用的统一体。我国地方学正是遵循着这一时代变迁脉络，开始研究的主线是区域，随后又出现了另一条研究的主线就是城市，并且从个体分散研究逐渐走向合作协同研究。地方学显现出的这三大特征，代表着三个发展阶段。

1978年十一届三中全会以后，尤其是近20年，我国地方学研究方兴未艾，相关研究机构陆续涌现，从而出现了一个快速增长期。目前，初步综合，在报刊、会议、论著中明确提出，并已经具有系统研究成果，且人们熟悉和公认的地方学有敦煌学、徽学、藏学、晋学、潮学、西夏学、三峡学、北京学、上海学、杭州学、泉州学、鄂尔多斯学、温州学、广州学、香港学、澳门学、台北学等约73种。其中研究区域地方学约37种，研究城市地方学约36种。

中国地方学名录表

区域地方学 （37个）	敦煌学、徽学、藏学、西口学、西夏学、西域学、龟兹学、楼兰学、河西学、关东学、泰山学、故宫学、齐学、鲁学、浙学、楚学、吴学、晋学、关学、巴蜀学、三峡学、潮学、湘学、桂学、河洛学、长安学、稷下学、满学、海南学、南沙学、元上都学、岭南学、客家学、闽南学、锡林郭勒学、台湾学、金门学
城市地方学 （36个）	北京学、上海学、杭州学、泉州学、武汉学、南京学、西安学、广州学、兰州学、温州学、扬州学、湖州学、青岛学、开封学、安阳学、鄂尔多斯学、乌鲁木齐学、吐鲁番学、喀什噶尔学、伊犁学、延安学、洛阳学、重庆学、绍兴学、景德镇学、邯郸学、成都学、宁波学、大连学、大理学、大冶学、香港学、澳门学、台北学、台南学、嘉义学
备　　注	暂未统计有首都学、深圳学、北庭学、塔城学、内蒙古学、张家口学、广府学、玉门学、吕梁学、河州学等；还有各地方学的分支学科，如杭州学七大分支学科：西湖学、运河（河道）学、西溪学、良渚学、钱塘江学、湘湖（白马湖）学、余杭学、南宋学；重庆学的分支学科：大足学；洛阳学的分支学科：偃师学等；台湾地方上的宜兰学、南瀛学、花莲学、彰化学、屏东学、竹堑学、苗栗学、淡水学、北投学等；另中亚学、丝路学、阿尔泰学等因研究范围涉及中外多国，也暂未列入

一、以区域研究为主的特征

我国有着五千年的文明史，因此，研究地方、地域的学问历史悠久。记载某一时期某一地域的自然、经济、社会、政治、文化等各方面情况的地方史、地理志已有两千多年历史,自宋代后,以地名称谓的学说或学派逐渐增多。史是指在某个特定区域的历史记录;志是全面记载该地域某个时期的自然及社会诸状况;学则高于史、志,是有系统的专门学术体系。地方学研究的拓展正是这一传承的延续和理论的升华。地方学的产生是近百年的事情,开始研究的是区域,兼有古国、古地域以及名胜古迹等。最早在清末民初就以古代儒家经典起源的地域划分经学流派,如鲁学、齐学、晋学等。20 世纪 20 年代至 50 年代,在历史文化底蕴浓厚的地区,以独有的传统地域文化资源为基础,特定的研究对象为起始,先后出现了地方学的"三大显学"——敦煌学、徽学、藏学。

1. 敦煌学

敦煌位于中国甘肃省西部,历史上是中、西交通要道,为古代丝绸之路的重要枢纽,中西文明汇集之地,佛教徒朝拜的圣地。历代地方长官都在敦煌修建寺庙、珍藏文物。1900 年莫高窟藏经洞被发现,出土了 4 世纪到 11 世纪的各种写本文书 5 万多件,内容涉及政治、经济、文化、军事、地理、宗教、社会生活、民族关系等。这些均是研究中国中古历史文化、中亚文化乃至世界文明的珍贵资料,也是敦煌学研究的基础和对象。令人心痛的是,后被英、法、俄、日、德、美的一些汉、藏学家掠夺了一大批文献、文物。敦煌学是指以敦煌遗书、敦煌石窟艺术、敦煌学理论为主,兼及敦煌史地为研究对象的一门综合性学科,在 20 世纪 30 年代形成。1925 年 8 月,日本学者石滨纯太郎在大阪怀德堂讲演时,使用过"敦煌学"一词。1930 年,著名国学大师陈寅恪先生在为陈垣先生编《敦煌劫余录》所作序中,概括了"敦煌学"的概念。敦煌学的兴起引起了学术界对敦煌莫高窟的重视。1986 年 12 月,敦煌市被国家列为历史文化名城。1987 年 12 月,敦煌莫高窟被联合国教科文组织列入"世界文化遗产名录"。历经三代敦煌学者的坚守耕耘,将敦煌研究、敦煌保护和数字敦煌推向了新台阶。敦煌学渐趋成为国际性的显学。

2. 徽学

它是指以徽州(今安徽黄山市、绩溪县及江西婺源县)社会、经济、文化、思想、艺术、科技、工艺等为研究对象的、具有徽州特色的一种理念和学说的总和。徽学作为一门学科得以确立,主要有三方面的基础:一是大量的历史文献和文书。其数量之多,涉及面之广,学术质量之高,在全国极为罕见;二是大量以实物形态保存下来的文化资料;三是以口述和演唱形式流传下来的无形文化遗产。徽学研究大约肇始于 20 世纪 30 年代。现代意义上的徽学诞生于 20 世纪 80 年代初，之后徽学研究成果迭出，专门研究机构纷纷建立。近年来，徽商与徽学的研究更成了时尚与热点。徽州文化的多样性、丰富性，决定了徽学的综合性。徽州文化门类众多，它包括新安理学、徽州朴学、徽州宗族、徽州土地制度、徽商、徽州典籍、徽州科举等。它展示了中原文化的蔓延、嬗变，清晰地揭示出中国自宋元以来，特别是明、清、民国时中国封建农村社会的状况和一系列土地赋税制度政策，成为人们研究中国传统文化的活化石和活标本，对中国文化史、中国经济史领域的研究有着重要意义，因而吸引着中外不少学者为之探奥发微，使徽学成为国内外学者共襄盛举的学术事业。

3. 藏学

藏学是研究中国藏族历史、宗教、文化、经济、政治、社会等各个领域的综合性学科。17 世纪 20 年代以后，有几批欧洲天主教教士从喜马拉雅山或中国内地进入青藏高原长期传教，他们学习研究藏语，根据自己的体验和调查，介绍藏族历史、宗教、民俗等情况，这是欧洲对藏族研究的开端。20 世纪初，英、法、德、意、俄、匈等国一大批专业学者加入藏学研究队伍，研究内容由藏语文拓展到西藏社会、历史、宗教、文化诸多领域。和外国藏学研究比较，中国藏学研究有其突出优势和特点。实地考察、实物研究和口头流传资料的收集，藏、蒙、汉多民族学者的携手合作研究等是国内藏学研究的有利条件。因而，国内藏学不限于文献资料的研究，也不限于对藏族作"史"的研究。对青藏高原考古、西藏的现实与发展、藏族风情习俗、藏医科技等课题的研究处于领先地位。特别是 20 世纪 80 年代以后，中国设立了中央及地方各级藏学研究机构 50 多个，创办了 30 余种藏学学术期刊，出版了藏文古籍 200 余种和一批藏学研究学术成果。每年还召开数次规模不等的藏学研讨会。目前，中国藏学进入新的历史时期，研究领域正在不断扩大。

从敦煌学、徽学、藏学三大显学分析，敦煌学、徽学、藏学是中华文化大系统中的分支文化，由于研究对象的这一特点，决定了敦煌学、徽学、藏学是一门区域性的学科。事实上，随着学术研究的深入，三大显学的研究范围已超出初期研究内涵的限制。从研究空间来看，徽学、藏学的区域十分广袤，而敦煌学的区域相对狭窄，主要围绕着敦煌莫高窟；对于研究内容来说，徽学、藏学所涵盖的比敦煌学更多。敦煌学的研究范围主要包括敦煌石窟考古、敦煌艺术、敦煌遗书、敦煌石窟文物保护、敦煌学理论 5 个领域。而徽学、藏学涉及所在区域的方方面面，门类众多，例如徽学包括从理学、朴学到文书、科技、医学等 27 种以上，单是文学艺术方面的就有篆刻、版画、戏剧、方言、盆景、三雕、徽墨、歙砚等。同时，三大显学都具有一定的国际性，尤其是敦煌学研究成果最为丰富，在世界上影响巨大，敦煌学成为国际显学就理所当然了。

二、以城市研究为主的特征

自 1978 年我国改革开放以来，在国民经济持续增长的推动下，中国城市化迅速起步。城市类型的多样性及其发展的多元化，使各个城市都开始重视对本身的历史、文化、经济、开发建设和资源利用等方面的研究，在全国已经形成气候。我国的城市地方学是以具体区域的各个特定城市为主体，是研究每一个特定城市的产生、发展、变化和运行规律，从中找出内在的核心和联系、精髓和特色，并与人文及生态协调机制的科学。我国那些处于改革开放潮头浪尖的城市，那些社会经济发展实力强盛的城市，那些有着悠久历史积淀和深厚文化底蕴的城市，纷纷举起地方学的大旗，掀起了不同于传统地方学研究思维方式的新时期地方学研究的热潮。特别是当代西安这座被联合国教科文组织确定的"世界历史名城"，分别出现了古今同一城市研究的两大专门学科，即"长安学"和"西安学"，并均在陕西师范大学设立研究机构，都有理论与应用上的建树，实属稀有。综上所述，地方学从早期的区域研究扩展到城市研究，而且以个体城市研究的占比越来越大，城市地方学逐步成为地方学研究的主体，比较有代表性的是北京学、上海学、杭州学、泉州学、鄂尔多斯学。这也是中国已经从长期的农村结构迈向城市社会的必然反映。

1. 北京学

这是 20 世纪 90 年代初学界提出的概念。北京联合大学于 1998 年 1 月成立北京学研究所，2004 年 9 月又以北京学研究所为核心成立北京学研究基地，并成为首批北京市哲学社会科学研究基地之一。从学科属性看，北京学是历史学、地理学、城市学、社会学、经济学等多个学科之间的交叉性、综合性学科。北京学研究北京作为首都各个要素与环境共同组成的城市综合体的形成、演化、发展及其基础、规律和特点，为北京城市发展战略和管理决策提供应用理论基础和实证研究成果。北京学研究以中观到微观层次的城市要素调查研究为重点，自然科学方法和人文科学方法并用，定性与定量方法相结合。北京学研究有三条主轴线：一是时间轴，即研究北京城市在时间上的发生、发展和演变规律；二是空间轴，即研究北京城市在空间布局上分异及其发生、发展和演变规律；三是结构轴，即研究北京城市各个要素的内部结构和城区、郊区及外围区域的结构及其发生、发展和演变规律。同时，均预测其未来的发展趋势。努力为首都北京强化全国政治、文化、国际交往、科技创新中心的核心功能，深入实施人文北京、科技北京、绿色北京和京津冀协同发展战略，力争为北京建设成为国际一流的和谐宜居之都及世界级文化名城提供智力支持。北京学研究所（基地）每年举办一次北京学学术年会、一次国际或全国性学术研讨会，每年出版一部《北京学研究报告》和《北京学研究文集》，负责《北京社科年鉴》"北京学"栏目的编写，定期举办北京学讲堂及北京学学术沙龙。在北京历史文化遗产保护与传承应用、北京礼俗文化、北京文化史、北京宗教史与宗教文化、北京城市空间结构等领域取得了一批代表性研究成果。此外，经常接受政府部门委托，配合完成有关调研课题和规划项目。还与北京社会主义学院、北京经济社会发展研究会、北京地理学会等兄弟单位合作举办其他学术会议。并已经与多家国内外地方学和地方文化研究机构建立了长期的学术合作关系。目前，北京学研究所继续挑着中国地方学联席会执行主席单位的重任，北京学处于统领的地位。

2. 上海学

作为处于中国大都市的上海学，是中国大陆最早形成的城市地方学。1980年7月由上海社会科学院历史所特约研究员江闻道首先提出将上海史作为专门研究对象的学问，这是上海学的发端。1986年华东师范大学陈旭麓教授进一步提出在上海史的基础上推动上海学研究，并发表《上海学刍议》，界定了"上海学"这一概念。同年，上海大学成立了上海学研究所并举行首届上海学研讨会，这是第一所以上海学为名的研究所，也是第一次以上海学为主题的研讨会。1987年出版的《上海文化年鉴》，在"新学科"中增设"上海学"词条：这是一门以"上海"命名的新学科研究。它以"上海"为研究对象，以探讨振兴上海的理论、方法为该学科建立的目的。作为一门综合性学科，它并不以分门别类地研究上海的过去、现在、未来为其终端结果，而是在研究上海诸方面（从历时性到共时性）所形成的各分支学科的基础上，在"动态"探寻上海与外部（国际和国内其他省市）的联系，以及上海自身各子系统间相互联系，从微观和宏观两个视野，为上海和上海经济区的发展提供研究成果。1999年，《史林》杂志第2期举行了"上海学研究笔谈"，刊载了有关专家、学者关于拓展上海学研究的文章。2003 年，熊月之教授等正式启用"上海学"的提法。2012 年还成立中国学研究所，将上海学研究的视野拓展到中国学的层面。2015 年 5 月《上海学》创刊，旨在把上海城市放到区域、国家和全球的整体格局中考察，揭示上海城市变迁的动力机制、约束条件和空间规模。上海同时开展 2020 年、2040 年、2050 年三大面向未来研究，为上海学提供更广阔的战略研究舞台。美、德、法、英、日、澳等国以及中国香港、台湾地区的专家、学者均展开了上海学研究，汇编出版了《海外上海学》，海外上海学已经逐渐形成。上海学发展 30 多年，现今，该学科研究还处在构架阶段，有认同，也有争议。在中国学、地方学研究中，上海学显得精细、严谨，更有国际性的深度。

3. 杭州学

成立于 2009 年的杭州国际城市学研究中心（杭州研究院），是杭州市委、市政府专门设立的、首个从事杭州学的研究机构。它是国内率先纳入政府管理体系，为正局级事业单位，并由市财政每年投入专项研究经费。该研究中心围绕中央实施新型城镇化和建设中国特色新型智库两大战略决策，树立了打造具有国际特征、中国特点、杭州特色的城市学学派和打造"国内领先、世界一流"的城市学智库两大目标，以"习总书记新型城镇化思想"为指导，以"城市概念性规划"为品牌，以"城市学金奖征集评选活动"为抓手，以"中国城市学年会"为载体，组织开展了征集评选、课题研究、编纂文库、论坛组织、人才培养、成果发布、咨询服务、合作联盟等一系列工作。探索中国新型城镇化的发展之路，为各级党委政府规划、建设、管理、保护、经营城市提供智力支持。它们调整及拓展研究范式，运用现代科技手段，坚持以系统学的视角和"城市学"的研究框架，通过模块化和矩阵式研究相结合，推动杭州学研究的转型升级，凸显地方学研究在城市建设发展过程中的地位和作用。他们还加强宣传造势，积极搭建城市学全媒体 2.0 版，创办《城市学研究》刊物，设立中国首座城市学兼容性博物馆及以城市学命名的特色图书馆和智能化知识中心，与人民网共同主办"中国城市网"网站，与腾讯网合作共建"@城市怎么办"官方微博，致力打造"互联网+"时代的"在线智库"和中国最具影响力、传播力的城市学研究互动新媒体平台。在城市学、地方学的研究中，杭州学不断突破，颇具创意，独树一帜。

4. 泉州学

泉州作为中国历史上对外贸易的大港，曾与亚历山大港并称为"世界第一大港"。它以港口为起点，沟通国内外的政治、经济和文化，在这诸多方面的交往中，互相影响，彼此融合，形成一个独具特色的地方文化的研究综合体，即泉州学。特别是1991年年初联合国教科文组织海上丝绸之路考察队抵达泉州时，把泉州学又提到一个新的高度，使泉州学成为一个国际性项目。1991年11月成立中国泉州学研究所，启动了"泉州学"的研究进程。1995年，"泉州学"与"敦煌学""徽州学"等53种学术门类收录在《中国学术通览》一书。2004年12月泉州学研究所被重新明确机构编制，并配足人员，经费由市财政全额核拨，隶属市委宣传部领导。它们汇总国内外泉州学研究成果，开展学术交流；搜集、整理有关文献资料；牵头编撰、出版泉州学系列丛书和刊物，编辑出版《闽南》杂志等。2015年承办"泉州学研究与古城复兴"学术研讨会，2016年还在马来西亚马六甲协办世界闽南文化节期间的"海丝文化论坛"。泉州学的研究立足于海上丝绸之路发祥地这个基点，贯穿泉州港城（古刺桐港城）的初现、发展、繁荣、式微这条主线。泉州学融化、什揉着闽越文化、中原文化以及海外民族文化，并且继承及发扬光大。在这仅仅10000多平方千米的土地上，能闪耀着多种文明的光芒，这在世界其他城市中也是少有的现象。这就是泉州学研究的典型内容和区别于其他地方文化的特色。泉州学研究所还是共同发起成立"中国地方学研究联席会"和赞成参与开展合作课题研究的地方学研究机构之一。

5. 鄂尔多斯学

2002年9月创立的鄂尔多斯学研究会，是我国西部第一家以行政区划命名的地方学、地方文化研究团体。作为处于边陲民族新兴地级城市的鄂尔多斯学研究会，实行民办公助、官办与民办相结合，会员制与专家委员制相并列，并与鄂尔多斯市社会科学院鄂尔多斯学研究所一套人马，两个牌子运作。由于有一位好领军人，有一个好体制，有一支好队伍，建会以来，坚持以"研究、服务、创新、发展"为宗旨，以"向心、奉献、低调、务实、节俭、高效"为会风，与时俱进，勇于开拓，立足学术，系统研究，服务建设，着眼发展，培育"长项"，经营"品牌"，形成特色。它们突破传统仅局限于学者圈子的自我封闭做法，在学术研究与领导决策和社会需要之间架起桥梁。在诠释鄂尔多斯市的发展战略，解读社会、经济、生态现象，完成《鄂尔多斯大辞典》《鄂尔多斯学概论》《成吉思汗文化丛书》等大型文化工程的同时，还围绕转型发展、草原文化、"一带一路"等课题进行研讨，并积极开展走进大学、走进基层、走进网络的"三走进"活动。15年来共举办55次学术论坛及研讨会，出版发行 91 部学术专著和论文集，逐渐成为凝聚学人，传承文化，出谋划策，创造价值的"学术发动机"。鄂尔多斯学研究会一直走在地方学研究前列，并在中国地方学联席会一直发挥着"老大哥"作用。它们虽然处于三线的城市，却干出了一流的水平和业绩。2017 年 7 月，鄂尔多斯学研究会被全国社会科学界联合会评为"新型智库先进单位"。

以上的北京学、上海学、杭州学、泉州学、鄂尔多斯学，它们产生于不同类型的城市，有的是首都或是直辖市、省会城市，也有的是南方沿海历史名城或北方草原新兴之城。它们各自研究的时间不相同，有的三十年以上，有的二十多年，有的才十几年。它们的发展历程也不一样，有的学科体系不断拓展，有的应用服务走出新路，有的却中途出现过曲折。同时，它们有的是学院派，有的是草根派，有的却兼而有之。然而共同的是，它们都具备研究机构和专职人员，都取得系统研究成果，都积极开展各类研讨会及学术活动，尤其是均得到当地党委政府或高等院校的鼎力支撑。它们从独具特色的地方历史文化出发，用各自不同的角度和视野进行考察，跨越社会科学和自然科学的多学科之间去探索，为中国学、地方学、城市学研究树立了标杆。

三、以协同研究为主的特征

当今，随着人工智能与物联网时代的到来，从经济、科技到社会，互通、整合、共享已经形成趋势，而不同知识、不同学科和不同领域之间的相互渗透与交融，亦进一步成为潮流。那么，作为各个跨学科、综合性、系统性研究的地方学之间，进行广泛交流、深入合作、协同发展也肯定是一种必然。正如清末民初经史学家陈澹然所言："不谋万世者，不足谋一时；不谋全局者，不足谋一域。"经过多年的研究与实践，不少地方学研究会越来越意识到，"理论的提升需要各种思想火花的碰撞"。只有跳出地域与学识的局限，将地方超越置于整体当中，才能看清在全局中的地位，才能对地方之地方性的形成以及地方发展的脉络和逻辑有更好的理解。如果不同地方学的学者，在注重本地地方学的理论建设和实践问题的同时，加强相互之间的沟通借鉴，并协同从深层次上寻求地方学系统运行中的内在规律和机制，那么地方学的研究就会事半功倍。另外，有些地方学研究会甚至是个人研究者，均为松散型的民间性质，势单力薄，更需要维系、交流。

一是率先成立中国地方学研究联席会，让各地研究会有了联合的组织形式。2005 年 9 月 16 日，由内蒙古鄂尔多斯学研究会牵头，与江苏扬州文化研究会、福建泉州学研究所、浙江温州学研究中心、广东韩山师范学院潮学研究所、安徽徽学研究会 6 个地方学研究机构共同发起成立了"中国地方学研究联席会"，这个非实体性的学术联盟的诞生，是地方学的一个重大突破，是一项顺应时代潮流而且具有重要意义的前瞻性举措。它创造了兼容并蓄、百花齐放、百家争鸣的学术氛围，鼓励和促进多样性学术风格和多元的研究方法，为各地方学研究团体提供了一个相互联络、合作与展示的平台。联席会制定了《中国地方学研究联席会章程》，并推选由鄂尔多斯学研究会担任首届执行主席单位。在鄂尔多斯学研究会的带领下，通过联席会的方式，把分散在全国各地的地方学研究机构以及国际地方学研究团体和有识之士联合起来，发挥聚集效应，优势互补，形成合力，有组织地开展学术交流、沟通信息、共享成果。2008 年 11 月，由北京学研究所接力鄂尔多斯学研究会成为中国地方学联席会第二届执行主席单位，凭依首都的强大优势及号召力，更重要的是使命感的驱动，不断拓宽思路，提升交流品位，丰富合作项目，学术活动日趋活跃，研究成果逐年增多，进一步扩大联席会的影响力和示范作用。如今联席会成员单位已从早期 12 家发展到 32 家。联席会经常举办全国性或国际性地方学研讨会，出版多部研讨会论文集。每年编印 4 期《地方学研究信息》会刊，已编印 43 期。最近组建学术委员会，编写出版《地方学研究》辑刊。还积极与国际地方学及地方文化研究机构加强合作、交流，共同探讨地方学研究的理论与实践问题，有力推动地方学的进展。

二是在草根网创建团体博客"地方学研究"，使各地研究会有了交流、互动的信息平台。2016 年 2 月，鄂尔多斯学研究会与中国地方学研究联席会、草野思想库理事会合作，共同在学术性的草根网创建团体博客"地方学研究"。一年多来，它们把探索中国学、各个地学以及互联网思维和跨学科研究、智库建设等作为一个有机整体，刊载文章 1600 多篇，访问量达 1100 多万人次，引起了社会的关注。在刊载的文章中，发表了美国、俄罗斯、德国、英国、澳大利亚、日本、韩国、印度、蒙古等国家的"中国学"和本土"中国学"的研究成果和信息；登载了北京学、晋学、重庆学、徽学、湘学、香港学、澳门学、成都学、广州学、中国蒙古学、中国回族学、新疆维吾尔学等 40 多个地方学、民族学的研究成果、初步构想和相关信息。同时，也把鄂尔多斯学研究作为一个具有鲜明特色的案例，将其 15 年来有关鄂尔多斯经济、社会、文化、生态、民族、历史等一系列研究成果达 150 多万字陆续集中进行了展现。近年来，各地的地方学越来越多地关注地方学理论及其总学科的研究，研究的内容不断拓展和深化，成果发表的形式也越来越多样化，"互联网+地方学"成了一种发展势头。一些地方学建立起网站、团体博客、微信群和公众号等，及时发布研究成果和动态，使地方学研究信息、成果和思想的传播更加快捷和高效。

三是首次组织各地方学合作开展课题研究，促进各地研究会实质性的协同发展。2016年第4期《地方学研究信息》，发表了鄂尔多斯学研究会副会长包海山的文章《关于中国地方学研究协同发展的设想》。2016年8月，在"中日韩地方学研究理论与实践学术研讨会"召开之后，与会者普遍意识到地方学研究协同发展的必要性、必然性。因此，由鄂尔多斯学研究会倡议，北京学、晋学、杭州学、泉州学以及中国地方学研究联席会等达成共识：这就是由各地方学研究团体自愿提出课题项目，经联席会成员讨论、评估，每年确定一两个项目，由感兴趣的团体共同参与课题研究，同创共享研究成果。首次是由鄂尔多斯学研究会提出侧重平行比较研究的《中国地方学研究理论与实践调查报告》和注重整体与局部关系的《中国学视野下的地方学研究》两个课题项目，计划分两年完成。现在愿意参与的有北京学、晋学、杭州学、泉州学、广州学、鄂尔多斯学、中国地方学研究联席会等20多个团体，具体由鄂尔多斯学研究会主持实施，研究成果的出版发行费用也由鄂尔多斯学研究会承担。当前，为了首先编辑好《中国地方学研究理论与实践调查报告》，鄂尔多斯学研究会已提出实施方案，向全国各地方学研究团体诚约稿件，并通过互联网等途径，搜集到40多个地方学的研究成果、初步设想、相关信息等资料。2017年9月，在鄂尔多斯学研究会成立15周年举办学术交流研讨会之际，邀请部分各地参与调查报告人员共同审稿，待进一步修改充实后，交付出版社印制发行。该调查报告以地方学、城市学为主，兼顾各地方文化研究概况，是各地方学研究理论与实践的基本特征、现状与未来、成功经验等的系列展示，这将标志着中国地方学研究进入协同发展的新征途。

我国各地方学的相互交流、协同发展，还表现在与港澳台联系的增多，尤其是和国际上的交往也拉开了序幕。例如北京学研究所与韩国首尔市立大学首尔学研究所、加拿大文化更新研究中心等建立长期的学术合作关系。它们经常参加韩国首尔学研究所的学术研讨会，还和日本地方学的学者进行交流。另外，2014年泉州学研究所等承办的"走向世界的地方学研究"学术研讨会上，来自中国北京、内蒙古、江苏、湖北、广东和韩国等地的100多名国内外学者专家出席会议。扬州学的"城市变迁——2015 年中国地方学国际学术研讨会"上，邀请了日本京都立命馆大学荒木有恒教授介绍京都学的做法和经验。2015 年，"第二届晋学与区域文化国际学术研讨会暨荀学与诸子学论坛"在山西师范大学隆重召开，来自韩国、日本及中国港澳台地区的 40 余所科研院校共 150 多位代表出席了会议。中国台湾金门县政府文化局等主办的第六届"2016 金门学国际学术研讨会"，首度走出台湾移师马来西亚拉曼大学举行，与会者来自中国厦门、香港、越南、新加坡和马来西亚的著名学者，这是中国台湾地方学的创举，除了进一步开掘金门学新的研究方向外，也有助于认识世界闽南文化现象。特别是 2016 年 8 月，由北京学研究基地与中国地方学研究联席会共同主办"中日韩地方学研究理论与实践学术研讨会"，来自中日韩三国近 30 家地方学与地方文化研究机构的 80 多位专家学者出席会议。这是一次具有较大影响力的研讨会，国务院新闻办公室网站、中国社会科学网、光明网、环球网、凤凰网、北京日报等做了报道。与会学者围绕地方学的学术属性、研究对象、内容体系、研究方法、地方学的内涵与外延、地方学研究的价值与意义等理论问题，以及地方学的实践应用等情况进行讨论交流，展示了最新研究成果。与会者认为，地方学研究是连接理论与实践、历史与未来、地方与世界的一门学科，它具有历史性、当代性、地方性、世界性、理论性、现实性、综合性等许多特性。中国、日本、韩国地域相近，文脉相通，学术相关。本次研讨会必将有利于推动地方学理论建设和实践应用的发展，也将有利于中、日、韩之间地方学研究的学术交流和经验借鉴，促进地方学研究的实践总结和理论提升。

结　语

在世界城市化的大潮下，中国城镇化率从 1978 年仅为 17.92% 发展到 2016 年已达到 57.35%，而且还以每年 1 个百分点的速度增长，中国已经由以农业为主的传统乡村型社会向以科技产业为主的现代城市型社会迈进。目前，雄安新区的建设，是区域向城市绿色、现代、智慧地演变的未来新典范，标志着中国正在经历世界上规模最大、速度最快的城镇化进入新里程。在探索"城市化"的同时，"逆城市化""乡镇化"如何配套联动、和谐衔接，既使人与自然相共生，当代与传统相共存，又能保持经济一体化与文化多元性的共进，这为区域地方学和城市地方学提供了更加广阔的研究领域和无限的想象空间。

为了更好地应对地方学研究正处于战略机遇期:一要扩大中国地方学研究联席会成员单位,使仍然超过半数以上的未加入成员单位充实进来,特别是如上海学这类重量级的机构,让更多的研究机构在联席会这个大家庭中欢聚一堂,切磋取经,资源共享,互助并进。当今,协同发展已经成为一个机构乃至地区、国家实现可持续运行的基础哲学理念。以各地方学首次合作开展课题研究为契机,让合作研究的形式更多样,内容更丰富,效果更显著,力求从相"望"阶段迈向相"加"阶段。二要扩大地方学研究领域,调整以往局限性比较明显的研究范式,引入和运用现代科学技术,实现思维方式和研究方法的创新。以实践与服务为导向,抓重点和广角度相结合,将范围拓展到整个区域、整个城市甚至整个地方的跨学科、多领域研究,逐渐向综合理论体系升华,力求从学问阶段迈向学科阶段。三要扩大地方学研究的国际"朋友圈",地方学研究需要跨地域、跨国度、多学科、多学派研究力量的组合。继续加强和香港学、澳门学、台湾学之间的联系,特别是"走出去,请进来",争取与国际地方学研究机构更多的接触、合作。当前,雅典学、罗马学、伦敦学、东京学等基本形成体系,法国巴黎、美国华盛顿、韩国首尔等首都城市的研究也正在不断深入。通过更广泛的交流,进一步树立中国地方学形象,提高全球影响力,力求从国内阶段迈向国际阶段。

在新时代的旗帜下,随着中国日益走近世界舞台中央及中华文化逐渐成为构建人类命运共同体的主导精神,中国地方学要继续坚持新发展理念,彰显改革思维和国际视野。在博采中外思想和智慧精华的基础上,多维度、多学科地总结城市与区域的历史与经验,破解城市与区域所出现的种种难题和病因,更要把握城市与区域演变的内在规律及未来趋势,奋力开创中国地方学的新局面!

参考文献

[1] 张宝秀. 地方学的设立标准和学科内涵 [J]. 中国社会科学报,2014 (4).

[2] 张有智,吉淑娟. 我国地方学研究回顾与展望 [R]. 地方学的应用与创新座谈会专辑,2015.

[3] 张宝秀,成志芬,马慧娟. 我国地方学发展概况及对北京学的再认识 [J]. 北京联合大学学报 (人文社会科学版),2013 (7):3.

［4］张宝秀. 对北京学理论体系的再思考［C］//论地方学建设与发展——中国地方学建设与发展研讨会文集，2013.

［5］马智慧，王剑文. 地方学研究体制机制创新路径探索——以杭州学研究为例［R］. 广州学与城市学地方学学术报告会会议材料，2015.

［6］陈鹏. 泉州学［M］//程裕祯. 中国学术通览. 北京：北京语言学院出版社，1995.

［7］包海山. 鄂尔多斯学研究地方学领域的三个创新［N］. 鄂尔多斯日报（鄂尔多斯学研究专刊），2016-11-4.

［8］学言. 研究会专家参加国际地方学学术研讨会［N］. 鄂尔多斯日报，2016-9-28.

［9］包海山. 地方学的协同发展：共同探索和遵循客观规律. 草根网"地方学研究"，2017-4-10.

［10］江山舞. 城市学智库视野下地方学的探究与实践——以杭州学为例［R］. "一带一路与鄂尔多斯发展"学术研讨会，2016年12月19日.

［11］朱永杰. "地方学"学科属性探析［C］//地方学与地方文化——理论建设与人才培养学术研讨会论文集，2011.

［12］陈惠龄. 在地感、多元化与国际性——台湾地方学推展概况［C］. 海峡两岸地方学与地方文化学术研讨会论文集，2017.

地方学创建的视野与局限

杨润平　　陈韶旭❶

摘　要：本文在分析中国地方学特点的基础上，提出地方学创建需要厘清认识、端正方向，创建地方学需要有宽广的视野，学习各地创建地方学的成功经验。同时，提出创建地方学过程中应该注意并克服的问题，还分析了创建张家口地方学具备的条件和不足。

关键词：地方学创建；视野；局限

地方学"是一门关于一个地区政治、经济、社会、文化、艺术诸方面发展、变化和历史沿革研究的学问。是以特定地域的形成发展历史中人类文明成果作为研究对象的文化学科"，以"特定地域为研究对象是它的基本属性"。地方学"属于对于一个国家社会发展、历史演变和文明进程研究的一个支脉"。

一、地方学创建要认清中国地方学的特点

随着国家稳定，经济文化发展，以本地方为视野的历史文化研究、综合发展研究，或者说不同等级层次的地方学研究方兴未艾。传统媒介和新兴媒体，都成为研究者的资料窗口和成果发布平台。地方研究已经成为文化经济建设的重要领域，也是地方政府执政决策的必要参考，更是广大人民感情凝聚所系。司马迁"究天人之际，通古今之变，成一家之言"是中国历史文化

---

❶　杨润平（1950—），男，张家口第一中学历史特级教师（退休），张家口晋察冀边区文化研究院副院长。陈韶旭（1972—），男，河北北方学院档案馆长，张家口晋察冀边区文化研究院院长。

传统的规则格言，在一定程度上也是现代中国地方学形成与发展的参照。

中国地方学形成有其深厚的历史文化渊源。中国自古就是统一的多民族国家。幅员广阔，人口众多，经济政治发展不平衡，有众多地理小单元即不同的民族种群，决定着国家大一统与地方分层次小板块的统一辩证关系。中国很早就有中央集权的分层次的行政体制，在文化上即有"皇权""儒学""统一文字"等大一统的规定，又有对地域及对历史形成的地方差异的容忍与保留。中国古代正史的纪传体例，各级地方志的编撰，地方民俗文化的融通与保全，就是这种大一统与分散性关系的折射。统一中国是大前提，分散地方是现实存在。

地方学寻根溯源，又与若干自然与社会学科或科学相关。首先是地理学，"究天人之际"的科学。地理学学术体系中有自然地理、社会地理和环境地理三大分支。地方学的最近亲缘是属于"社会地理学"的"文化地理学"，专注于人类建造的环境和空间是如何被人类制造、看待及管理，以及人类如何影响其占用的空间。然而"自然地理学"和"环境地理学"，也是地方学的必要前提。其次，历史学，"通古今之变"。历史学科曾被马克思、恩格斯称为"唯一的科学"。历史学是"人类对自己的历史材料进行筛选和组合的知识形式。历史学，是个静态时间中的动态空间概念。历史学是由历史、科学、哲学、人性学及其时间空间五部分有机组合而成"。从"六经""正史""通鉴系列"到"地方志"传统，都可收入历史学科体系。每个地方都是国史一部分，国史又涵盖各级地方。

方志学，其归属学科直到今天还有争议。方志记载特定区域的地理、人文、制度、变迁等，堪称"地方之全史"，功在"存史""资治""教化"，是重要的地方文化资源，是有中国特色的政治文化传统。地方志"记述地方情况，分门别类，取材宏富，是研究历史及历史地理的重要资料"。地方志一般与行政机构建制相一致，省通志，府州县志，乃至镇志、乡村志；也有汇集各地方的志书，称"一统志"等。

地方学产生于近现代，现实的政治、经济、文化制度环境，国家全面开放走向世界的大趋势，使得中国地方学先天就具有现代性、开放性的特质。任何地方的学问都不能闭门造车，夜郎自大，而应适应国家和世界发展的大环境。立足本地是基础，跨域比较式方法，还应把自身的研究比较与国内乃至全世界的研究接轨。本地方学的研究，应当有具备国家或世界水准的成果，把地方研究介绍给更多的读者。地方学研究也就成为人类或国家大研究的有机组成部分。

二、地方学创建要学习各地经验

根据相关资料，中国地方学的地域学翘楚在敦煌学、藏学、徽学，均有百年或更长的历史。敦煌学以敦煌遗书、敦煌石窟艺术、敦煌学理论为主，兼及敦煌史地为研究对象，是研究、发掘、整理和保护中国敦煌地区文物、文献的综合性学科，这门学科从一开始就具有国际性。藏学，是研究中国藏民族，藏民居住区域的历史、宗教、文化、经济、政治、社会等各个领域的综合性学科。其渊源可以追溯到千百年前，近代也有百多年的被国内外关注的历史。藏学的文献资料、历史遗存和研究成果为世界所瞩目。以徽州为中心形成地域文化圈，应从唐代开始。现代意义上的徽学诞生于 20 世纪 80 年代初，是指以徽州社会、经济、文化、思想、艺术、科技、工艺等为研究对象的，具有徽州特色的一种理念和学说的总和。它有丰富的文献和物质基础，现存的典籍、档案、非遗、口述历史或民间演唱，其丰富性、全面性和真实性在国内几乎无可相比。其客观存在、科学研究、着力保护、必要宣传，已经形成了良性结构。其人才队伍建设，国际范围影响，广泛适度的宣介普及，则是长盛不衰的秘密。

北京文化是在特定历史、特定空间范围内逐步形成的地方文化，或称地域文化。北京有久远而不间断的人文历史，从北京人、山顶洞人，到元朝以降的统一国家首都。北京不仅是皇城文化，还包括京郊各地区的乡土文化；不仅是古代文明，还有现代化国际城市的成长。纵向横向，任何剖面或取样都有探索研究的价值。因此北京学具有地域性、综合性、应用性学科特点。北京学不仅是地方学，更是中国学的首都版本。北京作为世界著名古都、城市，产生与其自身地位和价值相适应的研究学，因其自身优势，一定会引领中国地方学之先，并走向世界。建立北京学，只有从整体上综合研究、探讨北京文化的内涵、特征和发展演变规律，才能在新形势下更好地弘扬传统文化，推动北京社会经济的全面发展。2002 年，鄂尔多斯学研究会成立。2005年，在鄂尔多斯学研究会的倡议下，温州学、泉州学、潮州学、扬州学、徽州学与鄂尔多斯学 6 家地方学研究机构共同发起创立了中国地方学研究联席会。据不完全统计，全国已有 50 多家地方学组织从事地方学的研究和应用，为当前的社会主义政治、经济服务，为构建社会主义文化大厦助力。

三、地方学创建应注意的问题

稳定的行政区划建制，丰富的历史文化资源，经济文化的平稳发展，必然会促成本地历史文化各领域的学习研究，并向形成建立地方学的方向发展。"学"的含义是学问，当有探索、研究，穷其源，理其规律等内涵。学海无涯，学的内涵丰富，学的意义在于用，其责任重大，有建设意义。根据现有地方学研究的领域分析，所谓地方有特定行政区划和超行政区划地域两类，是相互关联又各有不完全重合的空间范围。特定行政区划以现实为主，可以适当追溯历史。超行政区划地域相对模糊，多以文化影响为界定，有的则与特定历史事件或群体行为相联系。地方学又不为特定地方所限制，可能有两个或以上的面孔、视角，以特定地域为核心的不同面孔或视角的交叉重合，与邻近及相关区域地方学有联系、容含、部分重叠的关系。

中华文明古国，泱泱大国，任何一个省级建制的规模都相当于世界中等以上国家。一些省是自治区下辖区域，地区（市、盟），乃至县（区、旗），其疆域、人口、经济实力也具有相当规模。河北省张家口市，在省内外属中等水平，幅员 3.7 万平方千米，人口 467.1 万，面积和人口均约占全国的 1/300。其面积超过中国台湾地区（不含海域），与荷兰、瑞士、几内亚比绍、摩尔多瓦、比利时等相当。人口则与刚果（布）、爱尔兰、利比里亚、新西兰、黎巴嫩等国接近。

现在各地建立地方学，多是以特定地域为研究对象的地方学，一般以当前行政区划为准，如北京学、泉州学、长安学、晋学、鄂尔多斯学、元上都历史文化等。另一些则是有特定文化背景历史渊源的地方学，如敦煌学、藏学、徽学，再如巴蜀文化、西口文化、敕勒川文化等。元上都文化与北京学，西口文化与晋学等，又有不可割断的联系。西口文化是清末灾民大流动开垦"蒙荒"而形成的移民文化现象，它涉及的地域很广泛，包括山西、陕西、河北、内蒙古的很多地方。

地方学研究地方，即人类活动的空间，这里的山川地貌、地下宝藏、气候变化、动植物分布等都在影响和制约着人们的活动。地方学要研究各种社会现象，包括政治经济学、军事学、法律学、历史学、生态学、文艺学、美学、伦理学等。人的活动离不开环境，在某种情况下，地方学还要研究地理学，即研究自然地理学和经济地理学，认识地方生产发展的条件和特点。如此，地方学怎能不丰富、兼容、跨学科？

地方学的特定地域相对稳定，其历史是古往今来的延续，是现代发展与古往沉积的结合。某地方不可能独立存在，它是国家的一部分，与周边区域相邻相望，有历史到现在的必然联系。历史是延续发展的，文化是弥漫流动的，此地方与其他地方的界限在地方学中可能是模糊的。更何况历史上的政区沿革有多次变化，一些内容是相互重叠的。这样说，研究地方学要有超越本地方的眼界，了解世界、中国及较大的区域。要有一定的涵养，清醒客观地了解周边区域，并进行比较和联系。世上无新事，历史无重复。各地方学总有一些大体相似的内容，但彼此的不同则在于地域差异和文化特色。探究各地特色文化的内涵、特征、社会功能、传承发展的规律，应是各地方学的重要任务。任何地方不可能囊括一切，也不可能乏善可陈，只有在一般发掘与研究基础上找出特点特色，才有自身的学术价值和现实意义。

以"特定地域为研究对象"的地方学必须要有重点、有特点，而后是服务地方，适应当今和今后地方发展的需要。碎片化、割断历史和地域联系的研究不可取。地方学研究一定要有全局思想，世界发展，国家进步，乃至高一级地方地域的情况，都是研究者必须依托的背景。局部对于整体，是补充、完善，甚至是修正。各个地方的研究成果又是国家乃至世界研究的资料或数据。地方相对世界和国家为小，其立足点则应当是大文化。

如果建立地方学，划定某地方的范围不应太小，历史上政区沿革最好有连续性，在某些方面是可以自成系统或子系统的。如果没有限定，不顾条件完全主观意志上马，没意义，不可行，也是人力和各类资源的浪费。

四、创立张家口地方学的优势与差距

在国内各地纷纷创立地方学的大背景下，2016 年 8 月召开的"张家口·冬奥会与'一带一路'国际学术研讨会"上，张家口提出要创建"张家口学"。创建张家口学，对张家口而言，初步具备以下条件。

（一）地理条件

张家口是相对独立的地理小单元，蒙古草原南缘，冀西北山地，洋河桑干河流域带状小盆地群。它是中原区域平原向蒙古草原的过渡区域，华北平原、黄土高原、内蒙古高原的交界处。内外长城、桑干河、永定河将京津冀蒙晋连在一起。

（二）人文条件

张家口历史文化资源较为丰厚。特殊的地理位置和自然环境使之成为古人类的重要栖息地，文明历史延绵从未间断。史前，桑干河泥河湾谷地有丰富的旧石器、新石器时代文化遗址，还有黄帝、炎帝、蚩尤氏族联盟间征战与结盟的传说地望。考古专家猜测黄帝"邑于涿鹿"，就是中华的第一古都。三代夏商周，春秋战国，这一代曾有北狄、代狄、东胡等部族，建立过强盛一时的"代国"。赵氏设代郡，是灭晋建赵国的三大基地之一。燕国北逐东胡，疆域拓展到燕山以北居庸关外，在这一带设置上谷郡。两国修长城抗击东胡、匈奴，参加中华统一的战国争雄。燕赵"悲歌慷慨"成为地方风土的底色。

秦朝、汉朝，代郡、上谷郡是对匈奴作战的前沿，蒙恬、李广、马援等名将守边，留下千古传诵的故事。汉朝后期，匈奴衰落，乌桓、鲜卑民族兴起，上谷郡宁城是中央政府对少数民族开展经济文化交流、实现有效控制的枢纽区域。上谷"胡市"延续近千年，对草原区域游牧民族的形成、发展和进步起到重要作用。从三国魏晋到南北朝，曾统一北方创立大魏的鲜卑民族，把代地、上谷宁城视为民族发展的福地。这里的民族融合、经济改革是全国的先导。

隋朝、唐朝时有效终止北方游牧民族的南下，继续发展中原的农耕文明。强盛隋唐实行民族羁縻政策，以促进当地民族的发展，这一带的北部是都护府、都督府辖区。南部蔚州延续千年，武州、新州、妫州相继建立。五代后唐的沙陀突厥，创立辽朝的契丹族，都在这一方水土上汲取营养，兴盛发展开创大业。

"汉唐羁縻地，今则同中原。"辽朝第一次使今张家口市区域在一个政权的统治下。蔚州、奉圣州及燕子城等，各有其不可替代的历史价值。宣化区辽墓群是中国辽文化的重要遗存。金朝以今北京为中都，奠定千年国家政治格局。宣德州是连接蒙古草原、河东高原和华北平原的通道枢纽。元朝重建广阔的统一多民族国家。从上都开平到大都燕京，主要通道从这里经过。元短暂的中都旺兀察就在今张家口市张北县境内。站赤驿道连接四方，东南到中原，北可入草原。

明朝张家口地方历史进入新的阶段。定都北京，天子守边，修复长城，建立分兵团戍守的防线。明长城从这里通过，九边重镇宣府称"京师北门"和"九边之首"。在对蒙古族作战或议和等诸多事件中，宣府镇暨万全都司都发挥了重要作用。宣府镇暨万全都司的幅员，与今张家口市主要区县基本重合，官军的设防区北延数百里，又恰可包含坝上各县。明朝后期"俺答封贡"，"蒙汉和议"，张家口成功地由军堡向商城转化，经济文化影响辐射百里千里之外。明朝宣府镇暨万全都司的士兵及其家眷，就是后来主体居民的祖先。因此，明朝的两部《宣府镇志》及相关资料具有无可替代的作用。

清朝张家口，长城只是汉族区域与蒙古民族间的界墙。张家口是中央政府对蒙古族各部交往的重要关口。北京至张家口，张家口至库伦，延续到俄罗斯恰克图，这条商路就是北方丝路、茶叶之路，是清朝与世界联系的纽带。蒙古各部以察哈尔部为尊，察哈尔部在宣化府、大同府边外，察哈尔都统设在张家口。于是张家口成为蒙古族的"首都"。宣化府地处直隶省西北，关乎对蒙古族及对俄罗斯的交往，地位重要。随着向草原移民的增加，长城外逐步设理事厅。张家口、独石、多伦诺尔，合称口北三厅。《宣化府志》《口北三厅志》是清朝前期这里的地方全史。那时就有独立设省的构想。

清朝末年，中国国运衰落。随着《天津条约》《北京条约》《伊犁条约》等的签订，张家口对俄罗斯贸易进入新阶段，被迫的开放，张家口至库伦商贸的畸形繁荣，使张家口的经济文化影响跨越国界，成为享誉欧洲、东北亚的"大门"。对蒙古草原的农业开发，汉族破产农民走西口，近代商业、工业和交通的影响，使得张家口、宣化成为华北地区近代化的先导城市。

中华民国时，京张铁路、张库公路、龙烟铁矿等在中国近代化道路上曾经是里程碑事件。张家口、宣化逐步向近代工业、商业、交通业转化。中华民国政府为维护国家领土完整，先后设置察哈尔特别区域、察哈尔省，均以张家口为中心首府。察哈尔省对内蒙古东中部的建设发展起过重要作用。日本侵华时期，曾炮制包括原察哈尔省、绥远省和山西省北部的所谓"蒙疆政权"，以张家口市为"首都"。以民族屈辱和殖民掠夺为代价，张家口区域的城乡得到一定发展，成为北方重要的工业基地。中国共产党、中国国民党在北方的早期活动都从这里开始。1945年8月至1946年10月，张家口是晋察冀边区首府，著名的第二延安。抗日战争和人民解放战争中，张家口地方和人们做出重要贡献。因此，才有对晋察冀边区首府、民国察哈尔区域、伪蒙疆区域、张库商路等领域的地方历史文化研究。综合资料有《察哈尔通志》，比较完备的民国地方志及《蒙疆年鉴》等。晋察冀边区档案及中国共产党史中也保留了大量地方文献资料。

中华人民共和国成立以来，直至1952年年底，张家口最初是察哈尔省的省会，撤省后成为河北省属的张家口市和张家口地区，1995年地市合并，成为今天的建制格局。中华人民共和国成立后到"文革"前，张家口、宣化是华北的重工业基地、重要的农业畜牧业产区。"文革"中经济文化发展，主要是围绕备战，做首都北京的"北大门"。改革开放以来，在经济体制改革、草原生态恢复和人们生活改善等领域取得很大成绩。张家口的美丽山川，丰富的地下矿藏、旅游资源，较好的生态环境，已经被国内外所认知。特别是与北京携手申办2022年冬奥会，更增强了国际影响力。张家口环北京的特殊地理位置始终决定和制约着自身发展。

（三）张家口地方学创建面临的制约

近十多年来，张家口地方历史文化和学术研究得到很大发展，推出了不少整理和研究成果，社会团体不断出现，研究人员比较活跃。与此同时，一些地方学组织、地方学学者面临很大压力。地方学学科建设滞后，专题研究不够深入，研究成果参差不齐，痛感地方政府重视不够，内外宣传乏力，专门人才缺失，高校和科研院所等高水平研究机构参与不多等问题。

没有哪个地方不希望形成自己的地方学，为地方的经济发展和民生幸福助力。但是，真正形成地方学是要有条件的，不仅在疆域、人口、经济实力，更多要靠软实力资料、人才、成果说话。地方学应是本地方的"显学"，具有综合学科、边缘学科、新兴学科的特点。创立自己的地方学需要较长时间的准备和努力，有足够的人才队伍和成果积累，为本地方和更广阔范围所承认，才能真正称其为"××学"。

关于厦门学的研究与思考

陈　耕[1]

摘　要：开展厦门学研究的时代背景和厦门机遇；厦门学的概念与范畴；闽南学与厦门学的异同；厦门文化与闽南文化的关系；历史文化与地理环境使新兴海港城市厦门具有独特的文化性格，并成为现当代闽南文化走向海洋、走向世界的引领者。

关键词：时代；闽南文化；厦门学

一、开展厦门学研究的时代背景与厦门机遇

识时务者为俊杰。认识时代的潮流，我们才能知道自己应当做些什么。所谓反动，就是逆潮流而动，只有顺潮流而动，走历史要走的路，搭上时代的列车，我们才能飞速向前。

（一）世界的潮流

当今世界正呈现出经济全球化、世界多极化、社会信息化、文化多样化的态势，成为势不可挡的时代潮流。

过去五百年，经济全球化是以西方为中心的。进入 21 世纪，以金砖国家

---

❶　陈耕（1948—），男，福建厦门人，厦门市台湾艺术研究院一级编剧，厦门大学人文学院兼职教授、硕士生导师，现任厦门市非物质文化遗产保护中心专家组组长、福建省闽南文化研究会副会长、厦门市闽南文化研究会会长。

为代表的发展中国家迅猛崛起。2008 年美国的金融危机和 2010 年中国的制造业超过美国，世界经济呈现出东西平衡的趋势，标志着西方中心的经济全球化已经结束，构建人类命运共同体的经济全球化新时代已经开启。

在西方中心的经济全球化时期，西方文化裹挟着经济、军事的强势渗透第三世界国家。尤其是冷战结束以后，弗朗西斯·福山的"历史终结"论盛行一时，经济全球化似乎必然促成文化西方化。

文化的力量不仅自本身衍生出来，同时也要借助历史、政治和经济等其他因素的力量。西方国家在长期的发展过程中，在经济上取得了优势，其基本的经济体制和规范在世界上得到了传播。它们积累了经济、技术、科学、资本、规范等方面的先发优势。西方国家的文化价值依靠这种优势向全世界渗透和传播，成为西方国家对外战略中一个可以利用的因素。而发展中国家由于在政治、经济和科学技术等方面处于劣势，并由此产生了一定的依赖性，它们的文化价值就不具有这样的地位，而处在面临巨大挑战的境地。

这种趋势使文化更直接地与主权联结起来，发展中国家捍卫自己的文化也就是捍卫主权。许多国家提出"文化安全"问题，同时努力强化自己的"文化主权"。发达国家之间也渐渐出现这样的苗头，比如法国就采取一些措施来保护自己国家的电影等文化产业。

可以说，世界文化是定于一尊还是相互尊重、百花齐放，这将成为今后相当长一段时间里世界各种力量角力的主要焦点❶。

在这种背景下，世界各国都在思考，如何在经济全球化的背景下，留住自己的文化之根，独立于世界文化之林。在世界上大多数国家推动下，2005 年联合国教科文组织第 33 届会议通过了《保护和促进文化表现形式多样性公约》，明确宣布：坚持"所有文化同等尊严和尊重原则"，"文化多样性对于地区、国家和国际层面的和平与安全是不可或缺的"，"保护、促进和维护文化多样性是当代人及其后代的可持续发展的一项基本要求"❷。

随之，世界的地方学研究蓬勃兴起。笔者 2016 年参加北京学研究基地举办的中日韩地方学研讨会，了解到地方学研究在日本和韩国早已普遍地开展，地方学已经成为世界社科研究的显学。

---

❶ 刘登翰、陈耕：《论文化生态保护》，福建人民出版社，2014 年，第 31 页。
❷ 资料来源：中国文化部非遗网。

（二） 中国的潮流

中国在习近平总书记的领导下，正在进入中国特色社会主义新时代。我们经历了毛泽东领导我们站起来、争取政治独立的时代，邓小平领导我们富起来、争取经济独立的时代，现在已经进入习总书记领导我们强起来、争取文化独立的新时代。

十八大以来，习总书记关于培育和弘扬社会主义核心价值观，必须立足于中华优秀传统文化的论断，以及在世界儒学大会上的讲话，在联合国教科文组织总部的讲话，在中国哲学社会科学大会上的讲话，以及中华优秀传统文化传承发展工程的推行，表现出我们党对中华文化的认识和文化自觉前所未有。在党的领导下，中国人民的文化自信、文化自觉前所未有。文化建设正成为人民群众日益自觉的行动。

中国的发展令人瞩目，而中国的高速发展，离不开中国特色社会主义的道路、理论、制度和文化的支撑。世界各国都想了解中国发展的秘密，都在开展对中国发展实践与经验的研究。世界对中国的研究，已经从过去着重于历史文化的汉学研究，发展成对当代中国全方位的研究。中国学已经成为世界研究的重要焦点。

国外研究中国文化的专家，很早就注意到中国文化的博大精深，所以他们在文化学、人类学的领域中，提出了一个大传统和小传统的理论。

大小传统（great and little tradition）这一名词是美国芝加哥大学人类学家芮斐德（Robert Redfield）首先提出。芮斐德以研究乡民社会而著名，他于1956 年发表了《乡民社会与文化》（Peasant Society and Culture）一书，在该书中他提出"小传统"与"大传统"这一对观念，用以说明在较复杂的文明（civilization）之中所存在的两个不同层次的文化传统。所谓大传统是指一个社会里上层的士绅、知识分子所代表的文化，这多半是经由学者、思想家、宗教家反省深思（reflective）所产生的精英文化（refined culture）。而相对的小传统则是指一般社会大众，特别是乡民（peasant）或俗民（folk）所代表的生活文化（Redfield，1960：41-49）。这两个不同层次的传统虽各有不同，却是共同存在而相互影响、相为互动的。根据 Redfield 意见，他认为大小传统这一对观念也可称为"低文化"与"高文化"（high and low culture），以及"通俗"与"学者"文化（popular and learned culture）等，但他仍然认为大小传统两词较为中立合宜，也较能表达他所指的一个文明中两个传统的意义。

这一观念适于研究如同中国这样古老文明的社会，因为它们的上层士绅文化或经典文化较为突出，所以容易引起学者的注意，史学家、思想家及古典学者的研究兴趣，大都长久集中在这些大传统文化方面，而其成就向来也很高。只有在后来，人类学家与民俗学家才开始注意到代表大多数民众一般生活的小传统文化，认为这也是不可忽略的一部分而加以探讨。但是这种常被认为是从后门进来的研究，其对象与资料向来都被看作不登大雅之堂的东西，也是"缙绅先生难言之"的部分，所以不易得到真正的共鸣。但是Redfield 认为不论是大传统或小传统都对了解该文化有同等重要的意义，因为这两个传统是互动互补的，大传统引导文化的方向，小传统提供真实文化的素材，两者都是构成整个文明的重要部分。

Redfield 的大小传统观念在人类学领域中虽广泛被接受，但是在古典文明的研究中，小传统的研究仍然是较受忽略的。在中国文化的研究领域中，小传统民间文化的研究也同样是经常被忽视，这实在是一件遗憾的事。它不仅在传统时代扮演提供大传统文化基本生活素材的角色，而且在当代的社会中也逐渐被认定是影响经济发展及产业现代化的重要因素，因此这一领域的研究不但不能忽视，而且更应该加强。特别是在地方学、区域文化学的研究中，小传统文化的研究更显重要，因为地区文化所展示的民间文化或民俗文化所占的比重，实际上要比士绅文化或经典文化多得多。❶

小传统里面的地方文化、区域文化，正是中华文化博大精深的"博"所呈现出来的丰富多彩。中华文化大传统、小传统各成体系，各有不同，但互为影响、相互吸纳、相辅相成。

改革开放以来，中国学视野下的地方学研究风起云涌。从刚刚结束的"海峡两岸地方学研讨会"，我们了解到，台湾地方学的研究已经相当普遍。大陆也已经有至少五十几个地方学研究机构在开展工作。北京联合大学的北京学研究基地，是首都智库重要成员，并担任中国地方学联合会轮值主席，积极推动地方学学科体系的建构。

尤其值得关注的是，习总书记 2016 年 "5·17" 讲话提出的，建设中国特色、中国风格、中国气派的学科体系、学术体系、话语体系，已经成为中国地方学学科建设的指导思想。

中国的话语体系必须有中国的学术体系支撑，而中国的学术体系，又必

❶ 泉州泉台民间交流协会、泉州学研究所编：《李亦园与泉州学》，九州出版社，2012 年，第 7-8 页。

须有中国的学科体系支撑。但是一百多年来学习西方，照搬西方，我们现在大学的学科体系，大都是以西方分科治学的理念来建设的。比如我们的国学，本来是文史哲不分，但现在被切割成中文系、历史系、中国哲学系。这样一种西方的分科治学的学科体系，是难于建成中国特色、中国风格、中国气派的学术体系、话语体系的。要建构真正有中国特色、中国风格、中国气派的话语体系，我们必须首先从建构中国特色、中国风格、中国气派的学科体系做起。地方学由于属于小传统的学术范畴，因此基本上还未受到西方分科治学的学科体系的染指。这正可能是我们建构中国特色学科体系的突破口。我们完全可以通过地方学学科的建设，来探索以中国系统性、综合性思维理念建构中国特色的系统性、综合性学科体系。

(三) 厦门的机遇

金砖会晤开启厦门的新时代被厦门人称为"后金砖时代"。习总书记在金砖会议上对厦门文化做了高度的概括，他说，厦门还是著名的侨乡和闽南文化的发源地，中外文化在这里交融并蓄，造就了它开放包容的性格和海纳百川的气度❶。

习总书记指出了厦门特殊的区位优势，指出了厦门文化对海上丝绸之路沿线国家和地区历史久远的影响，以及至今依然紧密的联系。习总书记更指出，厦门在近现代以开放包容、海纳百川的理念所创造创新的中外文化美美与共的闽南文化，引领了闽南文化在近现代的创新发展，是近现代闽南文化的发源地。

2017 年金砖五国厦门会晤，突显了厦门作为中国第一批对外开放的经济特区和 21 世纪海上丝绸之路战略支点城市的风范，也展现了厦门闽南文化传承性、当代性、世界性的风采。

闽南的历史，可以说就是五个港口的历史：①宋元时期的泉州刺桐港，曾经是世界最大的港口；②明代漳州的月港，打破明王朝的海禁，迎接大航海时期经济全球化第一波浪潮的中国最大对外港口；③清以后的厦门港，曾经是闽台对渡的唯一口岸，福建水师提督、台厦道、兴泉永道、海防同知驻跸地；鸦片战争以后引领闽南文化现代化，又是闽南人过台湾、下南洋的出发地和归来港口，孙中山先生规划中的中国东南大港；④1949 年以后台湾的高雄港，由于西方的封锁，香港和台湾在 30 年里成为中国仅有的对外开放区

---

❶ 习近平在金砖国家厦门会晤欢迎宴会致辞，中国网，2017 年 9 月 4 日。

域，台湾的高雄港一度成为世界第三大港口，台湾的闽南语流行歌曲、电视歌仔戏、电视布袋戏成为当代闽南文化创新发展的典型；⑤21 世纪厦门、漳州 9 个港区组成的厦门港，在 2010 年吞吐量超过了高雄港，厦门港又一次站在了引领闽南人走向海洋的前列。

历史说明，谁是闽南最大的港口，谁就引领闽南文化的创新与发展；闽南的海洋文化，是千百年来闽南文化生生不灭的重要发展动力。

厦门的海洋历史文化，起点于新石器时代依海为生的古百越族，其后传承泉州漳州，又凝聚了漳泉、台湾、南洋无数闽南先贤的智慧与心血。这些人都漂洋过海、闯荡码头、见多识广，学习与融合了外国外地许多他者文化的精华，并将其带到了厦门，为厦门文化奠定了最浓郁的海洋基调。

当今世界，海洋占地球面积的 71%；世界 GDP 的 80% 产生于沿海一百公里地带；世界贸易的 90% 是海运❶。海洋是人类当代发展的主战场、未来的新天地。人类，随着现代化向海洋靠拢。今天，我们必须从这个数据中思考闽南，思考厦门。

城市的文化和农村的文化有很大的区别。"城市是人类政治、经济、军事、文化活动的中心。按城址分类，城市有山地型、丘陵型、平原型、海岸型，前三种城市中国古已有之，春秋战国研究齐备，唯独海岸型城市，汉唐才出现，而且久未发育充分。"❷ 厦门是鸦片战争以后才发展起来的海岸型城市，并成为闽南和台湾海峡地区的中心城市。城市的文化总是更多地引领整个区域的发展方向。

现代化四个趋势：工业化、市场化、城市化、国际化。城市化是最核心最复杂的命题，是工业化的载体，市场化的平台，国际化的舞台。

城市化，是衡量现代化的重要指标。城市化率，美国达到 97%，中国经过几十年的努力，从 1978 年的 12% 发展到 2016 年的 57%❸，距离世界发达国家 80% 的城市化率标准还有相当距离。当今世界最发达的是纽约湾区、旧金山湾区和东京湾区。中国最发达的地区是珠三角、长三角、环渤海湾。现在中国正在推动粤港澳湾区。

湾区城市群建设，已经成为世界各国推动经济社会发展的一个重要抓手。人类向海洋、向城市、向港口海湾型城市的集聚和靠拢，已经成为势不可挡

---

❶ 王义桅：《世界是通的——"一带一路"的逻辑》，商务印书馆，2016 年，第 5 页。
❷ 冯天瑜、何晓明、周积明：《中华文化史》，上海人民出版社，1990 年，第 63 页。
❸ 数据来源于《吴晓波：致敬四十年》，见于微信公众号：吴晓波频道。

的发展大趋势。闽南金三角、厦漳泉同城化、海峡西岸经济区，正是福建人民、闽南人民共同的期盼和多年的努力。

2010 年，厦门和漳州九个港区建成的厦门港吞吐量超过高雄港，2017 年厦门港集装箱吞吐量超过高雄港，是世界第 15 大港口。厦门，又一次成为海峡两岸最大的航运中心。在世界走向城市、走向海洋的大趋势中，在港口引领其经济社会文化发展的历史经验里，作为对台和 21 世纪海上丝绸之路战略支点城市，厦门如何走向未来？

战略支点城市，它的战略支点在哪儿呢？习总书记在十九大中讲，文化是一个国家、一个民族的灵魂❶。文化，也是一个城市的灵魂，是城市发展的根本动力。寻找发展的支点，必须依托于这个城市的文化。

厦门文化、闽南文化、中华文化，正是厦门建构 21 世纪海上丝绸之路战略支点城市的文化支撑。厦门学是研究厦门文化的过去、现在与未来，提升厦门文化自信、文化自觉的综合性学科，非常必要，极其重要。

海洋、港口、城市，使厦门成为今天闽南文化走向未来的出发点。开展厦门学的研究，推动闽南学的深入，正当其时。

二、厦门学的概念与范畴

社会科学的历史，就是概念与范畴发展的历史。如果概念还没搞清楚，决定概念的范畴没有搞清楚，也没有取得共识，就漫无边际地去研讨，我们的讨论就会失去方向指引。没有规范的学科范畴，我们就会偏离学科研究的轨道，就可能出现"鸡同鸭讲"的现象。这种情况在过去的研究中也是很常见的。所以，讨论文化、讨论文化学科，首先要关注概念，关注范畴。

文化学科的概念由三个范畴所确定：空间范畴、时间范畴、内涵范畴。厘清这三个范畴，才能明晰概念。三个范畴从不同方位明确了研究对象的边界。人们就可以在彼此认同的范畴之内讨论问题，学术的研究才可能一步步深入。区域文化学和地方学的区别，也可由此而区分开来。

由闽南文化研究而形成的闽南学，是区域文化学。其空间以闽南人的活动空间范畴为边界。

闽南文化诞生于闽南，但由于几百年来闽南人持续不断地下南洋、过台湾，闽南文化随之播迁，并吸收融合当地的文化，有了新的发展，也使闽南

---

❶ 习近平《党的十九大报告（2017.10.18）》，中国文化报 2017 年 10 月 28 日第一版。

文化区域扩展为闽南、台湾地区和东南亚闽南华侨华裔聚居地这一更广阔的区域❶。

当今，闽南人主要聚居于 6 个区域：本土闽南，指生活于厦漳泉行政区和龙岩新罗、漳平的闽南人，有 2000 万人；对岸闽南，台湾人约 75% 祖籍闽南，约 1800 万人；港澳闽南，港澳 25% 祖籍闽南，约 120 多万人；南洋闽南，在南洋各国祖籍闽南的约有 1800 万；欧美闽南（从中国港澳、台湾、闽南前往欧美的闽南人）400 万；外地闽南（在大陆其他地区的闽南人）400 万。总计 7000 万人以上。

人即文化，文化即人。随着时代的进步和人的活动范围的延伸与发展，文化的边界也在延伸和拓展，文化的概念也会随着社会和经济的发展不断丰富。闽南人聚居的 6 个区域，体现出闽南文化是超越闽南地域的所有闽南人共同创造、共同拥有的文化，即闽南民系文化。也因此使闽南文化成为维系台湾同胞、华侨华人的重要精神纽带；使推动两岸和平统一、构建 21 世纪海上丝绸之路成为闽南人义不容辞的历史担当。

总之，闽南文化、闽南学的空间范畴，即闽南文化区域和闽南文化研究的边界，是以闽南人聚居活动的空间来界定的。

厦门学与闽南学的一个重要区别，就在于空间的范畴。

厦门学以厦门行政区域为空间边界，研究的是这一空间所发生的文象与文脉。无论是否祖居厦门三代的老厦门人，只要定居于此，参与厦门的生产生活实践，就在厦门学的视野之内。现今厦门 368 万户籍人口，有 2/3 是在最近 30 年里从各地迁徙而来。此外还有 100 多万外来打工人员。厦门的当代史、当代文明是由他们创造的。尤其是他们所带来的各种地域文化，正和厦门文化、闽南文化，杂交衍生，相互融合，美美与共，创造着新的文化气象。所以厦门学的空间范畴是以厦门行政区域的地理空间为边界。

在时间范畴上，闽南学原本以晋永嘉之乱后中原汉族三次大规模入闽，与当地古百越山畲水疍的融合形成闽南族群为起始。近年则更多延伸闽南地域早期居民活动的文化遗存，探讨该地域早期古百越文化对今日闽南文化的影响。

时间的下限，原本多止于 20 世纪 50 年代，视为旧的传统文化。自改革开放后，学术界放宽了研究下限，明确其不但是传统的文化，更是活跃于当

---

❶ 中共厦门市委宣传部、厦门市社会科学界联合会、厦门市闽南文化研究会合编：《厦门社科丛书闽南文化系列》之一，陈耕《闽南民系与文化》，鹭江出版社，2009 年 9 月。

今社会生活，并深刻影响未来发展的当代文化。尤其是进入新世纪，闽南文化的当代性和世界性成为闽南文化研究的中心课题，人们正在把学术的焦点从过去转移到当下，乃至闽南文化的未来学研究。

厦门文化研究的时间范畴原本将上限设于洪武二十七年（1394）厦门建永宁卫中左所。这是以厦门作为一座城市的起点来设定其历史的上限，毕竟现今所说的厦门学，属于城市学。

不过历史更为久远的同安县成为厦门市三个区（同安、翔安、集美），漳州的海澄县三都也成为厦门的海沧区，于是人们便把厦门市的历史上限从600年延伸至近两千年前晋太康三年（282）设置的同安县。

但这种观点，还是有大汉族主义的嫌疑。厦门大学林惠祥先生曾在厦门港蜂巢山拾到新石器时代的有段石锛，联系到金门（金门1914年才从同安县析出）富国墩三千年至五千年的贝壳文化遗址，厦门文明的起点，显然不应局限于中原汉族设立行政机构的时间为上限。

然而，这些其实只是影响厦门文化的因素。厦门作为海防要塞、港口、城市，起点还应该是中左所的建立。

特别应该指出，鉴于厦门文化的海洋性，而厦门港又是在明末清初以后，尤其鸦片战争以后才成为闽南，乃至中国台湾海峡两岸最大的港口，因此，在时间上，厦门学的研究应该更多地集中于这一时期及其后，也就是近当代的研究。

厦门学的内涵，即厦门的历史文化、人文活动、生态环境，也可以说是四个问题：哪里来？有什么？是什么？去哪里？即厦门文化的历史，厦门文化的文象，厦门文化的文脉，厦门文化的未来。

厦门文化研究与闽南文化研究是有重叠的，但也是有区别的。毕竟延绳钓的技艺是厦门港的渔民创造，马约翰、林巧稚、周淑安、殷承宗、舒婷生长于鼓浪屿，独特风格的嘉庚建筑诞生于厦门。特别是厦门的码头，从澳头、玉沙坡、太古、东渡到海沧，得天独厚、八面来风，蕴育和招引四海英雄荟萃，五洲文昌汇聚，踏海而来，兼容并蓄，美美与共，乘风飞扬。

因此，厦门学具有自己独特的研究对象和范畴。它的内涵就是全面而系统地研究自古迄今在厦门行政区域内生活的人，及其所创造的文化，包括社会经济、语言习俗、文化艺术、心理情感、智慧创造和价值取向等，并分析其产生和发展的文化生态环境，揭示其传承创造发展的规律和未来趋向；其外延则是从考古学、历史学、社会学、民俗学、语言学、人类学、艺术学、建筑学、规划学、城市学、文化生态学等众多学科的视角出发，全面地、多方位地研究自古迄今的厦门人、厦门城市建设与发展、厦门文化与闽南文化、台湾文化、华侨文化、海洋文化、中华文化的关系及其所做的贡献和文化价值。

三、厦门文化是近代和当代闽南文化的海洋文化代表

（一）闽南文化的海洋性

中华文化是由三种文明融汇而成：农耕文明、草原文明、海洋文明。闽南文化是其中农耕文化与海洋文化的融合。

闽南靠海，隔着台湾海峡，与台湾岛遥遥相对，两岸宽处不及 200 千米，狭处仅 130 千米。但有些地理教科书犯了一个很大的错误，就是只讲今日的情况，忘了沧海桑田的变迁。一万年前并非如此，根据古地质学家的研究，在最近的三百万年至一万五千年前，地球出现了四次冰河期，每一次冰河期海平面都下降了一百多米。而今日台湾海峡的水深最多只有八十多米，最浅仅一二十米，大多在四五十米，在冰河期闽南和台湾是完全连在一起的。

最近的一次冰河期在距今四万年前的全新世，大约距今一万五千年前左右气候的变化才使海平面上升，形成今日的海峡地理状况。也就是说，至少两三万年前生活在这里的人类和动物是可以自由地从现在的闽南一直走到台湾的东海岸。从考古的发现看，台湾有四万年前的左镇人，闽南有漳州莲花池山旧石器遗址，也在四万年前。

大约在距今一万到一万五千年前，天气转暖，海冰融化，海平面开始回升，或许这就是人类关于大洪水时期的回忆。当时海平面的上升不是直线上升，考古学家们认为台湾海峡的海平面至少有七次的海进海退，才在大致与今日相同的水平线上稳定下来。大约在距今 8500 年至 6000 年之间，发生了一次最大的所谓台南期海进海退，在这次海进海退期间，台湾海峡再度缩小范围，只留下狭窄的水道可以轻易地通过。所以我们可以想象，当时海峡两岸的人们是可以彼此跨过海峡来相会的。

正是这种地理环境，种下了闽南文化的海洋基因。人类对海洋充满了恐惧，早期的航海都贴着海岸线走，能看得见山，一有风暴可以随时回归陆地。台湾海峡的地理状况，使海峡两边的先民有了直扑大海、横渡海峡的勇气和

信心。这样在横渡台湾海峡的航行中，他们很早就掌握了海潮、海流、季风等海洋知识。

近年，考古学家们发现闽南在新石器时期的石器，并不是用闽南当地的石头做的，而是用澎湖岛上的火山岩打磨的。这种火山岩硬度达到七度，当然是制作石器最好的石材，但是距今五六千年的新石器时期，台湾海峡已经波涛汹涌。可以肯定那时候的闽南先民已经掌握了横渡台湾海峡的本领。

2010 年 11 月，6 位法属波利尼西亚的南岛语族后代乘坐一艘重 1.5 吨、长 15 米、宽 7 米的独木舟从大溪地启航，途经库克群岛、汤加、斐济、瓦努阿图、所罗门群岛、巴布亚新几内亚、菲律宾，并最后到达"寻根之旅"终点——中国福州的昙石山文化遗址。

最早在福建、江西、广东等地新石器时期遗址发现的有段石锛，后来在台湾发现，近几十年又先后在太平洋群岛的 17 处发现，证明太平洋群岛上的南岛语族曾经是五六千年前生活在长江以南沿海地区的古百越族。几千年来，人类总是不断地由北往南迁徙，不仅亚洲，欧洲也一样。考古学告诉我们，古百越族大约在五六千年前开始向南迁徙，有的往中南半岛，有的乘着木筏、独木舟到台湾岛、菲律宾和印度尼西亚，最终迁徙到当时渺无人烟的太平洋岛屿和新西兰。

早在 20 世纪 30 年代，就有挪威的考古学家托尔·海尔达尔提出美洲的红种人，实际上是亚洲的黄种人横跨太平洋迁徙而去。他的论点遭到反对者简单而有力的反驳：人类那个时候根本不可能横渡太平洋。1947 年海尔达尔带领探险队员乘坐简单的木筏从秘鲁出发横渡太平洋 8000 公里，耗时 101 天抵达波利尼西亚群岛。他们以生命证明了人类是可以木筏横渡太平洋的。而当年用木筏或独木舟横渡太平洋的，正是南迁的古百越族——南岛语族的航海人。

当年，海尔达尔的壮举轰动了全世界，他在全世界演讲两千多场，并将自己的航行故事《木筏横渡太平洋》出版，还拍摄了一部电影纪录片，获得了一项奥斯卡奖。20 世纪 50 年代，中国的《旅行家》杂志也连载了《木筏横渡太平洋》。

可以说，闽南最早的先民是中华民族走向海洋的先驱。闽南文化的海洋性，正是从台湾海峡特殊的地理变迁和先民们始终不渝、历史久远地走向海洋所积淀下来的。

当然，古百越族中也有一些留在了长江以南的土地上，留在了闽南这块土地上。

留在闽南的古百越族大致分成两支，一支是现在畲族的先民，住在山地，刀耕火种，另一支是后来疍民的先人，生活在江海之滨。

畲在闽南的历史起点，历史学家似乎尚未有定论。

但江海边的疍民历史则相当的悠久。林惠祥先生在厦门蜂巢山发现的有段石锛，据考有3000年。与厦门仅隔3千米海面的金门发现的富国墩遗址，据考上层为3000年，下层为5000年。

漳州的华安仙都有著名的"土楼之王"二宜楼。在快到二宜楼的路上，有一条岔路，约10来里就到了"仙字潭"。这是一条小溪，溪边的悬崖峭壁上刻画着谁也不认识的文字。究竟是文字还是图案，学界至今仍争执不下，老百姓就称之为仙人所写的文字，此地也就叫作"仙字潭"。有一种推测认为这就是闽南生活在水边先民留下的文字记载。

总之，闽南原本居住的是古百越族的山畲水疍。

仅有闽南的古百越族，当然还不是今天意义的闽南人。闽南人是古百越族和汉族的融合而产生的。

我国13亿人口，94%是汉族。作为中华民族的主体民族，作为世界上人口最多的民族，汉民族最典型的特征是自我认同的意识，以文化为标准，而不是以种族血统为标准。

陈寅恪在《唐代政治史述论稿》一书中提出："汉人与胡人之分别，在北朝时代，文化较血统尤为重要。凡汉化之人，即目为汉人；胡化之人，即目为胡人。其血统如何，在所不论。"而汉化的标准为"说汉话、着汉服、习汉俗"，胡化的标准"说胡话、着胡服、习胡俗"[1]。语言、服饰、习俗，绝对是文化为标准。当然，还有心理的认同。

汉民族这种以文化为种族分合标准的意识，使得汉民族具有巨大的吸引力与内聚力，并且不断同化与融合周边的其他民族，甚至同化其他的异族，从而使自己的人口不断增长，分布范围也不断拓展。

汉民族这一独特的认同标准，是在广阔的地域和数千年悠远的历史中，由于无数次战乱、灾难、迁徙、分分合合而产生的多元多次重组融合中形成和确立的。

有段时间人们一直认为中华文化的起源就是黄河流域，但是20世纪的考古发现证明中华文化的起源不仅在黄河流域，也在长江流域，在东北辽河流

---

❶　陈寅恪：《唐代政治史述论稿》，上海古籍出版社，1997年。

域（如红山文化）、珠江流域等。黄河流域、长江流域也不仅仅是一个点。据说夏朝的分封诸侯国就有上万个；到了商代有上千个；到西周，分封的诸侯国有几百个；到春秋剩几十个，到战国剩七国，秦则灭六国统一中国。秦二世而绝，汉统一中国。汉人、汉族正是从汉朝而始。

中华民族历史上无数的战争、迁徙，分分合合，使极其多样的各原生文化相互融合，不断产生新的文化要素，然后又不断地再重新组合，再产生新的文化要素。如春秋、战国的楚文化是濮、蛮、庸、舒等文化的融合，秦汉统一，又把楚、吴、齐、秦诸文化相融合。魏晋南北朝中原裂土，北方的匈奴、鲜卑、氐、羌等少数民族陆续向内地迁徙，与当地居民交错杂居，甚至通婚，相互融合。而中原的一些居民又南迁长江流域、东南沿海，与当地的百越族等融合，产生新的文化要素。

世界上人口最多的民族——汉族就是由于无数次的融合而形成的。闽南人、闽南文化就是这无数次融合中的几次形成的。

中原向闽南的大批移民，一般认为主要有三次，即晋代永嘉年间的衣冠南渡，唐朝总章年间陈元光父子开漳，唐末王潮、王审知开闽。这三次大移民使中原汉文化挟带着经济、政治、军事的强势在闽南扎下了根。闽南文化就是中原汉族文化随移民播迁闽南后，融合当地的古百越文化而产生的。

而中原汉族正是中国农耕文明的创造者，古百越族的疍民则是中国海洋文明的开创者。他们的融合诞生了闽南文化，既将中原先进的农耕文明传播到闽南，也使闽南人遗传了人类最悠远的海洋基因。从此，闽南人无论惊涛骇浪，还是海禁海匪，始终不渝地走向海洋。

于是，有了宋元海上丝绸之路的鼎盛，有了当时世界最大的港口刺桐港。

郑和下西洋，副帅是闽南漳平人王景弘❶。

明代海禁，闽南人以海盗、海匪、走私、海上武装贸易集团来抗争，九死一生向海洋，终于逼得明王朝到晚期明白了"禁则海商变海匪，放则海匪变海商"。于是在漳州九龙江口设海澄县，开放月港，遂使月港成了"天子南库"。

雄踞东亚海域的郑芝龙，被称为"经济全球化，东亚第一人"。从1632年到1646年，他夺取了东亚海上霸权，连荷兰人也只好向他纳税买海上通商权。他的儿子郑成功赶走了窃据台湾的荷兰侵略者。

---

❶ 陈培基：《王景弘——出自闽南的伟大航海家》，厦门市台湾艺术研究所《闽南文化研究》第2辑，2002年4月。

清代又海禁，闽南人于是"过台湾、下南洋"，把闽南文化、中华文化远播他乡，直至今日依然深刻地影响着中国台湾和东南亚❶。

闽南和海洋渊源久远的历史告诉我们，闽南最早的先民是中华民族走向海洋的先驱；闽南人的心始终向着海洋；闽南文化正是中华文化走向海洋的经验总结和智慧结晶。把闽南文化和海洋文化割裂开来，是对闽南文化的极大误解。

正是大海培育的闽南文化赋予厦门海洋的性格。

历史上，代表闽南文化的海洋性格有宋元时期的泉州，明代的月港和明末清初以后的厦门港。

（二）闽南文化——厦门的根和本

1. 厦门是漳、泉、台、侨、港澳所有闽南人共同建成的

城市不是一天建成的，前人栽树，后人乘凉，我们是在无数先人心血栽培的树荫下，开始我们这一代建设的。

厦门处于闽南厦漳泉小三角和闽南、台湾、东南亚闽南华侨华裔聚居地大三角的交汇地，明末清初以来，成为闽南人过台湾、下南洋的主要出发港和回归地，成为闽南人、闽南文化的聚散中心。所有闽南人共同创建了厦门。

厦门岛为同安县嘉禾里，最早的移民是唐代的南陈北薛，建城则是六百年前洪武年间的中左所。

厦门城市建设第一个重要的历史节点是明末清初郑成功经营厦门岛。以郑成功为代表的闽南人及其文化，奠下了厦门城的第一块基石，并从厦门出发打败荷兰殖民者，收复台湾。

第二个历史节点是闽南人施琅收复台湾，把福建水师提督府、闽海关都放在厦门，并确定厦门与台南是大陆与台湾唯一的交通口岸。厦门成为大陆与台湾商贸往来、调兵遣将、人员过往的最重要港口。厦门与东南亚、东北亚、台湾的海商南郊、北郊、台郊等郊商郊行也就在这个时期形成了。

第三个历史节点是鸦片战争，厦门成为"五口通商"口岸之一。西方文化开始大量地从厦门登陆，向内地传播。厦门的码头、海关、商贸逐步被外国人所控制，外国的教会、学校、医院进入厦门，鼓浪屿成了万国租借地。

第四个节点是1895年"马关条约"之后，以板桥林家和雾峰林家为代表

---

❶ 中共厦门市委宣传部、厦门市社会科学界联合会、厦门市闽南文化研究会合编《厦门社科丛书闽南文化系列》之一，陈耕《闽南民系与文化》，鹭江出版社，2009年9月。

的一批台湾士绅不愿做日本的亡国奴，毅然回到原乡故土的闽南，大多数定居于厦门。此后，以陈嘉庚、黄奕注为代表的许多南洋闽南华侨怀抱着"实业救国""教育救国"的理念回到闽南，大多也定居于厦门，办学校、办工厂、修路建桥，开始了厦门现代化的城市建设。规划领导当时厦门城市建设的厦门市政委员会会长是从中国台湾回来的漳州龙溪人林尔嘉，副会长是印尼归来的泉州南安人黄奕注。厦门的电厂、自来水厂、电话公司、电灯公司，现在的开元路、大同路、中山路、中山公园都是厦门市政委员会规划建成的。泉州府同安县集美人陈嘉庚先生创办的集美学村和厦门大学荟萃全国精英，培育闽南学子，对厦门的影响至深至远。

改革开放之前，厦门城区的基本面貌就是 20 世纪二三十年代的市政委员会规划建设的。可以说厦门是漳、泉、台、侨、港澳所有闽南人共同建成的。

厦门人不能忘记厦门建设的历史，不能忘记漳、泉、台、侨、港澳的闽南人为厦门所做的杰出贡献。厦门或许比漳、泉建设得更好、更美丽，但这不是厦门人独自完成的，我们应当对漳、泉、台、侨、港澳所有闽南人永远怀抱一颗感恩的心，更不能自我设限地切割与他们的紧密联系。假使我们以为自己可以傲视闽南，凌驾于闽南之上，那就是自断根脉，自绝源泉。

今天虽然交通更发达了，但我们与漳、泉、台、侨、港澳的联系，那种开放度，那种民间往来无碍的自由度，恐怕还比不上 20 世纪上半叶。改革开放，没有开放，就没有改革。无论对外的开放，还是对内的开放，我们还有许多未了的文章。厦门要思考对漳、泉、台、侨的开放是否达到或超过历史那个最好的水平？那个曾经是厦门城市建设最大的、决定性的推动力，我们丢失了吗？

2. 厦门是闽南文化现代转型的中心舞台

闽南的各路精英创造了厦门，聚汇在厦门开辟闽南文化现代转型的中心舞台。有一种观点，认为厦门的现代化是鼓浪屿的外国人推动的。应该说鼓浪屿外国人的教会、学校是有不少善良的外国人，带来了许多先进的西方文化。但是，鼓浪屿日本领事馆、英国领事馆、美国领事馆和公共租界的巡捕房，许多令人发指的欺凌和残害厦门人的罪恶不能忘记，不能被淡化。日本领事馆那个关押、残害抗日义士的地下室已经被关闭很多年了，卖"猪仔"的洋行也很少有人知道了。

鼓浪屿、厦门的外来文化，实际上更多是闽南华侨在南洋遭遇、碰撞、消化之后带回来的。鼓浪屿虽是万国租借地，但实际上外国人盖的房子屈指可数，鼓浪屿上95%的房子是华侨和台湾同胞建造的。鼓浪屿主要是闽南归侨和甲午归来的台湾同胞建成的。其中杰出的代表人物，一位是黄奕注，他是泉州南安人，在印尼奋斗多年，成了印尼糖王，他的身上和陈嘉庚一样具有那个时代的中国人极其少有且又极其宝贵的民族文化自信。因为在和英国人、荷兰人的竞争中，他们没有落败反而占了上风。所以他们在强大的西方文化面前，保有自己民族的文化自信。另外，他们又非常了解西方文化的宝贵东西，黄奕注手下四个会计师有两个是外国人，陈嘉庚先生甚至聘请了一个美国退役将军来当他的销售部主任。他们知道现代市场经济、财务会计、销售经营等是西方人的专长。这实际上体现的就是文化自觉的各美其美和美人之美。

和嘉庚建筑一样，鼓浪屿华侨房子，许多都是中西合璧，引进西方的建筑设计、材料、施工方法，高楼大厦，精致洋房，又揉进中华建筑、闽南建筑的传统基因。这不就是美美与共吗？这正是闽南文化在那个时期与时俱进的创造、创新，展现了闽南文化不屈的生命力。

鼓浪屿另一位代表人物，台湾板桥林家的林菽庄。他是漳州龙溪人，他所修建的菽庄花园、林氏府保留了更多中国园林、闽南建筑的因素。这是另一种美美与共，即闽南文化和中国其他区域文化的融合，成为独具一格的观海园林，直至今日依然吸引游人如织。

厦门的中山路、大同路、开元路都是骑楼建筑，这也是他们从南洋引进的街市形态，同时又保留了许多闽南建筑的传统元素。嘉庚建筑的中西合璧更是美美与共的典范。

正是这些先贤所秉持的朴素的文化自觉理念，引领了闽南文化的现代转型，其中心舞台就在厦门城，就在鼓浪屿，在集美学村，在厦门大学。

正是这种坚守民族文化自信又善于美人之美的文化精神，催生了鼓浪屿第一位女指挥家周淑安、第一位现代体育导师马约翰、汉语拼音先行者卢赣章、名闻中西的文学家林语堂、中国著名的妇科医生林巧稚等闽南文化、中华文化现代转型的杰出人物，展现了闽南文化在现代转型中无限的创造力。

在厦门，各美其美、美人之美、美美与共不仅是书本上的理论，更是闽南先贤用自己艰苦卓绝的实践传递给我们的理念。这是厦门，也是闽南、中国最宝贵的非物质文化遗产。它必将成为21世纪实现中国梦的思想基石，成为全体厦门人民、闽南人民共同的文化理念。

厦门人民不能忘记厦门现代转型的引领者，应当永远对他们充满礼敬和感恩。无论你来自什么地方，当你定居在厦门，赞叹厦门的美丽和宜居，不能忘了这是先人殚精竭虑的劳动果实、智慧创造。

喝水不忘挖井人，我们应当感恩一代又一代的先人为我们创建的这个美好城市。感恩他们在城市建设中给我们留下的有形和无形的文化遗产——闽南文化。我们应当认同她，融入她，把自己身上那份文化奉献给脚下这块土地及其文化，为她添砖加瓦，推动她新的现代转型，让她焕发出新的光彩。

文化是一条历史长河，每一代人在享用先人余泽的同时，理应对自己的文化有所贡献。今天，厦门应该认真总结一百年前先辈推动闽南文化现代转型的经验教训和智慧，以更加自觉的文化理念推动引领闽南文化当代的创新发展，推动闽南文化与时俱进，创造性转型、创新性发展闽南文化，使闽南文化成为厦门走向未来的不竭动力。这正是厦门学重要的课题。

3. 闽南文化，养育了厦门的英雄儿女

认识闽南文化不能只看一千年，不看最近一百五十年。

闽南文化不仅仅是封建社会的传统文化，它也是革命的传统文化。从鸦片战争开始，闽南人从未缺席中国现代革命的战斗。

鸦片战争中抗击英军战死于吴淞炮台的陈化成，打败侵略台湾法国军队的林朝栋，1895年与孙中山共同创建兴中会，并担任首任会长领导第一次广州起义、后被清王朝暗杀的杨衢云，孙中山亲自任命的闽南军司令林祖密等，都是流芳千古的民族英雄。投身辛亥革命的闽南儿女更是不胜其数。

中国共产党领导的革命与建设，闽南儿女前仆后继、奋勇争先。福建省第一个党支部1926年成立于厦门。1928年中共福建省委机关就设在厦门。

闽中根据地、闽西南根据地从土地革命坚持到全国解放，被毛主席誉为"红旗不倒"。

厦门人陈嘉庚、罗扬才、方毅、彭德清、卢嘉锡、童大林……一个个闪光的名字，记载在共和国的史册里。刘惜芬等牺牲的英雄更是永远活在人民心中。

解放以后，"9.3""8.23"炮战，闽南人民奋勇支前，诞生了"英雄小八路""前沿十姐妹"等一批又一批英雄模范。厦门被誉为海防最前线"英雄的城市"。

改革开放后，厦门特区是全国改革开放的先行者，是海峡西岸经济区耀眼的明珠。

文化，是以文化人，是一个民族教育子孙做人要做什么样的人。正是闽南文化养育了厦门英雄辈出。这也是厦门学不可或缺的研究课题。

（三）历史文化和地理环境培育了厦门文化的海洋性格

600 年前，厦门作为中国东南海防前哨诞生，从此英雄城市屹立于台湾海峡千里海涛万里浪，抗倭、驱荷、鸦片战争、抗日战争、解放战争、炮击金门，血火洗礼，威震海疆。

与此同时，厦门成为渔船云集的鱼市、渔港。20 世纪 30 年代厦门的GDP47%来自渔业，渔业成为厦门海洋经济的支柱。

300 多年前，郑成功改厦门为思明，设山海五路商帮，独揽中国海外贸易。鸦片战争以后，厦门更成为东南沿海最大的海上交通贸易港口。

20 世纪前 30 年，厦门的城市建设，以及解放后，特别是改革开放以来的港口建设，奠定了厦门作为国际化海洋港口城市的基础。

军港、渔港、商港，使厦门成为中国走向海洋的重要港口城市，并形成独具特色的厦门海洋文化。

海洋文化和海洋知识是两个不同的概念。如果说海洋知识指的是客观存在的潮汐、海象、海流现实，那么海洋文化则指的是人类对海洋的主观认识和创造。中国人有中国人的海洋文化，日本人有日本人的海洋文化；闽南的渔民不同于广东的渔民，这是一种常识。世界上有统一的海洋科学知识，但并不存在统一的海洋文化。厦门的海洋文化有自己独特的历史、独特的内涵。

厦门海洋文化大体包含以下三个方面：其一，厦门海洋文化的孕育、形成和发展的历史。其二，厦门海洋文化的内涵，主要有：①海洋经济文化，包括海洋渔业、海洋养殖、海上交通运输、海上贸易（如郊商郊行、侨批）、港口建设与管理、海洋工业（如造船、潮汐发电）、海洋旅游、厦门疍民习俗等；②海洋权益与海防文化；③海洋科技（如传统的观天象、观海象、水密隔舱技术，现代的海洋研究所、厦门大学海洋系）；④海洋生态环境；⑤由海洋衍生的台湾文化、华侨文化。其三，海洋民俗、信仰，及其蕴含的智慧和价值取向。

厦门的地理环境更强化了厦门文化的海洋性。

厦门本是一个岛，城在海中，海在城中，整个城市就像一条船。这样的地理环境和历史文化就决定了厦门文化最主要的特色：海洋气魄、海洋性格。

1. 开放包容、海纳百川的胸襟

船行大海，大海的宽广培育了厦门人开阔的胸襟。四海之内皆兄弟，真心欢迎你！这是海洋文化与农耕文化根本的区别。一亩地，3 口人，再来 3 个 5 个，那是抢饭碗，根本的利益冲突。一条船，3 个人打一百斤鱼，再来 2 个人，能打 200 斤鱼。更多人来，就造更多的船，打更多的鱼。耕田和耕海，养育不一样的人，不一样的性格。

厦门本就是漳泉台侨，五湖四海来相聚，先来后到，彼此尊重，守望相助，温馨无限。宋元时期和海外客商的合作，创造了世界第一大港的辉煌；元末明初的相互残杀，毁灭刺桐港的辉煌。这一历史永远教育厦门人：有量才有福，相让食有剩。

2. 不畏强权、迎风搏浪的气概

船行大海，无数次台风海难，无数次海匪、倭患、红毛大煩、列强炮舰锻炼了厦门人不畏强权、迎风搏浪的气概。鸦片战争以来，厦门人民与外国侵略者一场又一场捍卫主权的战斗，使厦门的海洋文化积蓄了浓烈的爱国主义色彩和英勇不屈、敢于拼搏的性格；解放后，厦门作为海防最前线，在"9·3""8·23"炮战和反匪谍、反偷渡的斗争中更增添了革命文化鲜红的色彩。

一首闽南歌"爱拼才会赢"，传遍五洲四海。

3. 急公好义、守望相助的性格

海岛有如一条船，来到厦门，我们就是同船共渡。百年修得同船渡，这是我们的缘分。无论是风平浪静，还是台风、倭寇进犯的时刻，我们同舟共济。不但要同心协力战斗，就是船上任何小洞、任何不周，任何人都必须及时发现，奋力补救；船上任何人的伤病，都会减损全船的战斗力，都会关系船的生存，关系每一个人的安危。所以，救船就是救自己，帮人就是帮自己。这个城市好，这条船就乘风破浪；这条船进水了，人人都要奋力舀水、堵漏。谁退却了，千夫所指，被众人抛弃；谁奋不顾身，就是人人景仰的英雄榜样。这种风气、这种理念养成厦门人急公好义、守望相助的民风正气，很早就记载在厦门的志书上：岛中风俗，好义者多，凡遇义举、公事，众力易擎❶。

厦门是商港，早期的商船装载的常常不是一家的货，而是几家、十几家的货。同舟共济，生死与共，合作共赢的理念早已深入人心。

4. 感恩敬畏、悲悯宽容的情怀

华侨是海洋文化的产物。厦门是著名的侨乡，解放初期，归侨、侨眷、

---

❶ 《厦门志》卷十五《风俗记：俗尚》，清·道光十九年（1839）。

侨生是厦门居民的主体。20 世纪 60 年代初的统计，厦门居民户 90% 有海外关系。厦门大学历史系 1957 年招 50 多名新生，1/4 是侨生。集美学校的侨生就更多了。为了安置被排华归来的华侨，厦门还专门建立竹坝华侨农场。

厦门的华侨文化是以嘉庚先生为代表的，洋溢着爱乡、爱国的精神。嘉庚先生的倾家办学和许多华侨回乡回国建学校、修桥修路、赈灾济贫乃至捐资革命、投身革命体现的正是对祖国、对故乡的感恩。吃水果，拜树头，喝水不忘挖井人，事业有成就要回馈故土，回馈养育自己的父老乡亲，这已经成为厦门文化最宝贵的价值取向。

华侨在海外受过异族的欺压、凌辱，甚至残杀。他们没有选择复仇，而是选择宽容和努力了解他者文化的优点、长处。尊重他者文化，欣赏他者文化，学习他者文化。嘉庚建筑、鼓浪屿上许多中西合璧的华侨建筑、厦门第一小吃沙茶面，都体现了各美其美、美人之美、美美与共的文化自觉理念，以及追求世界和平、社会和谐的理想。

早期厦门几乎每一户人家都有因海难、台风、海匪、战乱，或是过台湾、下南洋而死难或失踪的亲友。海头宫、送王船、七月普度等民俗在厦门的盛行，正体现了厦门人对死难者"生是好朋友，死是好兄弟"的怀念，对不幸者的悲悯和宽容。

回顾厦门的历史，我们的先人不仅建造了一座城市，更以集体的价值取向塑造了城市的灵魂——厦门文化。时代在前进，城市会转型，而灵魂永在。这是先人留给我们最宝贵的遗产，也是城市建设最宝贵的经验。

厦门文化的海洋气魄、海洋性格所体现的价值取向正是我们民族向上向善的思想文化，是厦门培育新人、转型发展和构建 21 世纪海上丝绸之路战略支点城市、对台交流战略支点城市的重要文化资源，也是厦门走向未来最宝贵的精神财富、不竭动力。

如何传承它、发展它，这是厦门学研究的重要课题与方向。

关于启动"内蒙古学"研究的可行性分析

哈　达❶

摘　要："内蒙古学"概念的提出，为"内蒙古学"的研究和构建开辟了有效路径。本文从深厚的草原文化及其核心理念为"内蒙古学"研究打下的文化底蕴，辉煌的民族区域自治实践历程为"内蒙古学"研究铸就的文化自信，众多的地方性文化研究团体资源为"内蒙古学"研究营造的文化环境，先行的兄弟省市区地方学探索为"内蒙古学"研究提供的可借鉴经验诸方面，论证"内蒙古学"研究恰逢其时。

关键词：内蒙古学；研究；可行性分析

2017 年 9 月，在鄂尔多斯市举办的"中国地方学研究交流暨鄂尔多斯学学术座谈会"上，内蒙古社科联主席杭栓柱先生正式提出"内蒙古学"概念，他认为"构建内蒙古学是构建自己的特色和优势的学科体系、学术体系的一个有效路径"。同月，鄂尔多斯学研究会副会长包海山先生在"草根网"发表《关于构建"内蒙古学"的思考》一文中提到，"内蒙古学"必然出现，"这是系统性研究内蒙古自然科学、人文社会科学的必然要求所决定的"。内蒙古北宸智库研究中心作为"具有一定社会影响力和代表性的团体"（举办方语），被邀参加此次会议，并与参会的地方文化研究团体开始共同商讨"内蒙古学"的构建课题。毫无疑问，"内蒙古学"研究恰逢其时。

---

❶　哈达（1960—），男，内蒙古锡林郭勒盟太仆寺旗人，内蒙古北宸智库项目总监、首席研究员，以民族文化、智库建设为研究方向。

一、深厚的草原文化及其核心理念为"内蒙古学"研究打下文化底蕴

内蒙古历史悠久、民族众多、地域辽阔、资源丰富，在这片神奇的土地上，孕育了源远流长、博大精深的草原文化，孕育了"崇尚自然、践行开放、恪守信义"的核心理念，对构建各民族共有精神家园做出了突出的历史贡献。

草原文化是世代生息在草原地区的各民族共同创造的一种与草原生态环境相适应的文化。这种文化是具有浓厚的地域特色和民族特征的一种复合性文化，是一个宏富的整体，包括各民族的生产方式、生活方式以及与之相适应的风俗习惯、社会制度、思想观念、宗教信仰、文学艺术等，其中价值体系是其核心理念。多年来，内蒙古着力弘扬草原文化及其核心理念，促进了内蒙古文化生产力的极大解放和发展，文化竞争力和影响力与日俱增，有力地提升了内蒙古的软实力，推动了民族文化大区建设。

草原文化及其核心理念是内蒙古最鲜明的社会文化特色。内蒙古实施的"草原文化研究工程"提出的草原文化与黄河文化、长江文化同为中华文明三大源流的重大观点，为中华民族多元一体历史结论注入了更为坚实的学理基石；深入挖掘、概括、提炼草原文化的核心理念，是一个符合逻辑的推演和递进过程，因而也是一个行之有效的研究方向和深入拓展的领域，它将草原文化提升到了一个最高的理论层次。由此，深厚的草原文化及其核心理念本身就是一种天然资源而成为"内蒙古学"研究的稳定载体。

二、辉煌的民族区域自治实践历程为"内蒙古学"研究铸就文化自信

在内蒙古自治区成立后70年的革命、建设、改革的历程中，贯穿了吃苦耐劳、一往无前的蒙古马精神，构建了守望相助、建设祖国北疆亮丽风景线的各民族共有精神家园，优秀民族文化基因与革命文化、社会主义文化、改革文化不断实现有机结合，使内蒙古各族人民对伟大祖国、对中华民族、对中华文化、对中国共产党、对中国特色社会主义的认同从自发不断走向自觉，展现出识大体、顾大局、讲风格、求奉献、有担当的精神风貌，赋予了更为丰富的时代内涵。

曾被周恩来总理誉为"模范自治区"的内蒙古，在70年的发展历程中，孕育出传统与现代、地域与民族相统一、多种经济类型并存的复合型文化形

态，创造了新中国民族工作史上众多第一和先进经验，书写了"最好牧场为航天""三千孤儿入内蒙""各族人民建包钢""草原英雄小姐妹"等历史佳话，赢得并长期呵护了"模范自治区"的崇高荣誉。这种复合型文化形态在当今社会主义经济、政治、文化、社会、生态建设中彰显出重要的价值和借鉴意义，充分诠释了内蒙古各族人民对优秀传统文化的自信坚守和为筑牢各民族共有精神家园做出的多方面奉献，不仅成为取之不尽、用之不竭的宝贵的历史文化资源，同时又以饱含现代文明内涵的丰富内容融入时代潮流，其积极影响广泛而深远。

经过历史的沉淀与实践的熔铸，"蒙古马精神"已融入内蒙古各族人民的血脉，成为内蒙古各族人民的重要精神源泉与纽带。草原文化滋养的内蒙古各族同胞"落地为兄弟，何必骨肉亲"，长期保持守望相助、患难与共、相濡以沫的优秀传统和文化品质。在建设祖国北疆亮丽风景线中，70年来，内蒙古奏响了从落后走向进步、从封闭走向开放、从贫困走向小康的精彩乐章，经济发展优势明显、速度惊人，民族团结基因传承、血脉浸润，文化繁荣绽放草原、享誉世界，边疆安宁助力和谐、惠及友邦，生态文明绿染黄沙、蓝挂苍穹，各族人民幸福生活歌中有景、舞中有型，辽阔北疆到处呈现出经济发展、民族团结、文化繁荣、边疆安宁、生态文明、各族人民幸福生活的美好景象，成为"建设亮丽内蒙古，共圆伟大中国梦"重要支点的重要精神力量。由此，辉煌的民族区域自治实践历程成为承载并传导"内蒙古学"研究的要素。

三、众多的地方性文化研究团体资源为"内蒙古学"研究营造文化环境

在内蒙古地域文化发展的历史上，曾经发生过并且继续发生着参与民族最多、时间延续最长、规模最大、影响最深远的民族大融合，是多元一体的中华民族和中华文化形成过程的缩影。内蒙古众多的地方性文化研究团体立足于本地，开展了卓有成效的研究，为"内蒙古学"的构建提供了资源。

红山文化研究，以赤峰地区中华崇神尚玉古代文明遗址为支点，探究中华文明起源和形成的核心地区。**昭君文化研究**，以民族之间和平友好为中心内容，其内涵包括促进不同地域经济文化交流，促进不同地区、民族和谐相处，促进人们追求内在美和外在美的统一。**鄂尔多斯文化研究**，以成吉思汗

文化的研究为标识，深入挖掘具有独特性的蒙古族帝王文化、宫廷文化、祭祀文化、民俗文化资源，进而研究其显著的地域特征、民族特色和时代特点。**上都文化研究**，以锡林郭勒草原上的元代百年帝都——上都为标识，揭示蒙元帝国文化本源和中华文明史的百年精华，并把发祥于草原的蒙元文化价值纳入学术研究的视野。**察哈尔文化研究**，涉及范围广泛，不仅包括锡林郭勒南部、乌兰察布东南部、河北张家口一带，而且其部落目及新疆博尔塔拉及周边、辽宁、河南等地区，它以探究察哈尔历史渊源、追溯察哈尔部落文化为基点。**科尔沁文化研究**，以成吉思汗胞弟哈布图·哈撒儿的后裔——嫩科尔沁蒙古人为主的科尔沁部落共同创造的文化和孝庄皇后的渊源为切入点，探究历史。**敕勒川文化研究**，涵盖原敕勒川区域阴山两麓、黄河两岸的呼和浩特、包头地区以及乌兰察布、鄂尔多斯、巴彦淖尔部分地区，佐证草原民族文化多元一体。**阿拉善文化研究**，依托黄河以西贺兰山阴至额济纳的广袤地域，以从西夏党项族建国到土尔扈特蒙古族东归再到阿拉善和额济纳解放为主线，探讨阿拉善地区的文化源头和演进脉络。**河套文化研究**，以巴彦淖尔一带黄河流域的岩画文化为印记，整合几千年来，草原文化、边塞文化、农耕文化、移民文化的聚集、融合、传承、积淀。**西口文化研究**，立足包头和内蒙古西部，牵动山西、陕西，将视角关注于清代以来晋、陕农耕百姓涌入归化城、土默特、察哈尔和鄂尔多斯等地谋生的移民活动，并与当地的游牧文化相融合，形成富有活力的多元文化。

内蒙古各地的地域文化虽然各不相同，但都有着草原文化的印记，焕发着"内蒙古精神"的光芒。当前，需要从更加高度、更加广阔和更加深入的层面做顶层设计，发挥好内蒙古地方文化研究团体合力，有效整合各种资源，共同打造内蒙古地域文化研究的新篇章。由此，众多的地方性文化研究团体资源形成"内蒙古学"研究的文化氛围。

四、先行的兄弟省市区地方学探索为"内蒙古学"研究提供可借鉴经验

笔者在参加"中国地方学研究交流暨鄂尔多斯学学术座谈会"期间，与来自多个地方学和地方文化研究团体的同人有一些接触，也关注了他们在构建地方学方面的不懈探索与实践，这无疑为"内蒙古学"研究带来许多启发。

北京学，以微观层次逐次推进的调查研究为重点，积极开展北京城市及

区域发展的综合研究和应用研究，努力为推进首都经济发展、社会进步和文化建设提供决策咨询。**晋学**，将历史上提出的"晋学"概念，重新列入学术研究日程，并推动山西省晋学研究中心成为山西省委宣传部"建设文化强省"战略而组建的八大研究中心之一。**上海学**，以推出《上海学》期刊为抓手，将学界争鸣的概念付诸实践指导。**扬州学**，由扬州市历史文化名城研究院牵头，联合扬州市历史文化名城研究会、扬州市文化研究会、扬州大学淮扬文化研究中心、广陵书社、扬州市图书馆、中国名城杂志社等单位共同发起成立扬州学研究中心。**桂学**，作为少数民族自治区成立的第一个地方学研究会——广西桂学研究会，把壮族学等多民族文化以及各行各业多学科整合在一起，形成集社会科学、文学艺术等研究领域为一体的综合学科研究合力。**藏学**，作为举世瞩目的国际性学科，在中国已有 50 余家藏学研究机构，成为研究以西藏为主并包括川、青、甘、滇整个藏族社会历史和文化的综合性学科。

地方学是一门新兴科学，研究对象的多学科交叉性、多范式综合性、多领域应用性特点，决定了这一学科在发展过程中不要拘泥于固定思维模式和运作态势。随着历史发展的客观条件，在不同地域创造的无限丰富的物质财富和精神财富，必将推动社会发展。由此，先行的兄弟省市区地方学探索构成"内蒙古学"研究的外部环境。

地方学实践探索

地方学学科新认识与北京学研究新进展

张宝秀❶

摘　要：城市科学、区域科学和地方学都是跨自然科学和人文社会科学多个学科的综合性学科，研究对象都是所在地的地域综合体。城市科学、区域科学和地方学三个学科彼此之间关系密切，但是因兴起背景不同，社会需求方向有别，因此学科宗旨和研究内容各有侧重，学科内涵和外延既有交叉，又有区别。城市科学和区域科学主要关心城市与区域的当下状况，并运用现代技术规划城市与区域的未来发展。而地方学重点研究地方的历史和文化，这是地方学与城市科学、区域科学的最大区别，是地方学的主要特色。

关键词：地方学；城市学；城市科学；区域科学；北京学

地方学（Localogy，Local studies）、城市科学（也被称为城市学，Urbanology，Urban Studies，Urban Sciences）、区域科学（Regional Sciences，Regional Studies）都是跨自然科学和人文社会科学多个学科的综合性学科，研究对象都是所在地的地域综合体，学科的兴起和发展都是与地方、城市、区域的发展实践与应用需求紧密相关的。三个学科的内涵和外延既有交叉，又有区别。

一、对城市科学的认识

世界上，"有关城市科学的研究由来已久，其研究重点始终是城市化的研

---

❶　张宝秀（1964—），女，博士，教授，毕业于北京大学历史地理研究中心，北京联合大学应用文理学院院长、北京学研究基地主任、北京学研究所所长。研究方向：历史地理、人文地理、北京学。

究"❶。西欧学术界对城市研究虽较早，但全面、深入的城市研究也是近百年，尤其是20世纪五六十年代以后的事，已经形成一个范围广、分支细、派别多的学术领域。这个学科的发展状况概括地反映着西方城市发展的历史，也反映着西方人对城市认识的逐步深入过程。❷随着城市科学各分支学科的发展，世界上一些全国性、国际性学术团体纷纷出现。1965年国际城市与区域规划师学会（International Society of City and Regional Planner）成立，总部设在荷兰海牙市，每年在不同的国家举办年度大会，已汇集来自全球80多个国家的规划专家和专业机构成员，代表了当今国际城市规划设计领域的最高学术水平。

中国城市化的研究开始较晚，成果较为集中地发表始于改革开放初期的20世纪70年代末。1985年，钱学森提出"城市学"的概念，认为城市学是以系统科学和协同论的观点，以地理学科为基础，定性与定量相结合，研究城市本身以及城市体系，解决复杂城市问题的应用理论科学。❸

1984年，全国性、公益性、学术性法人社团——中国城市科学研究会（Chinese Society for Urban Studies）正式成立，这是中国城市科学蓬勃兴起的重要标志。研究会的宗旨是为适应我国健康城镇化和城市科学发展的需要，组织并推动会员对城市发展的规律，对城市社会、经济、文化、环境和城市规划建设管理中的重大理论和实际问题进行综合性研究。研究会挂靠建设部，由全国从事城市科学研究的专家、学者、实际工作者和城市社会、经济、文化、环境，城市规划、建设、管理有关部门及科研、教育、企业等单位组成。现任理事长是原住房和城乡建设部副部长仇保兴。目前，中国城市科学研究会已设立17个专业委员会，在全国省（区、直辖市）、市设有约100个地方城市科学研究会，分支机构团体会员单位500多个，个人会员16000多名。❹其先后设立的17个专业委员会包括中小城市委员会、投融资研究、城市管理与监察、城建经济、城建档案信息、历史文化名城、城市更新、城市公用事业改革与监管、住宅产业化、绿色建筑与节能、生态城市研究、信息技术、数字城市、城市大数据、景观学与美丽中国建设、新型城镇化与城乡规划研究、健康城市研究专业委员会。这些专业委员会体现了目前我国城市科学的

❶ 顾朝林、陈璐、王栾井：《论城市科学学科体系的建设》，《城市发展研究》2004年第6期，第32页。

❷ 宋俊岭：《西方城市科学的发展概况》，《北京城市学院学报》2007年第2期，第13、第16页。

❸ 钱学森：《关于建立城市学的设想》，《城市规划》1985年第4期，第26-28页。

❹ 中国城市科学研究会官网：中国城市科学研究会简介. http://www.chinasus.org/chinasus/intro/leaders/index.shtml.

主要研究领域。此外，国内还有中国城市规划学会（Urban Planning Society of China）等专业类学术团体，该学会是我国在国际城市与区域规划师学会的官方代表。

北京市于1987年成立了北京城市科学研究会，主办单位是首都规划建设委员会办公室。其宗旨是团结和组织北京地区有关学科的学者、专家和实际工作者，对城市建设和发展的重大实际问题，开展城市科学综合研究，为发展有中国特色的城市科学理论，为把首都建设成为社会主义高度文明的现代化城市充分发挥其全国政治中心、文化中心的功能服务。笔者曾在北京城市科学研究会担任理事、常务理事十多年。在运行30年以后，为了加强人员和职能的集中，发挥资源集聚优势，2017年北京城市科学研究会与北京城市规划学会合并，形成了新的北京城市规划学会，笔者继续在其中担任常务理事。

进入21世纪，城市已经演变为一个复杂大系统，城市科学发展成为集理、工、文、经多学科的综合性学科，因其具有极强的应用性，在与地球科学、土木工程、经济学、人文科学、社会科学和信息科学的广泛交叉中迅速发展起来，对城市建设、区域开发和社会经济可持续发展研究、人才培养都具有十分重要的意义。❶

中外文城市科学领域的学术期刊发表了大量城市科学研究成果。高水平英文期刊主要集中在英国、美国和荷兰等发达国家，如 Urban Studies，Cities，Urban Research and Practice，Urban Geography，Journal of Urban Economics，Urban Ecosystems，Urban Geography，International Journal of Urban and Regional Research，Review of Urban & Regional Development Studies，European Urban and Regional Studies 等。国内中文期刊有《城市发展研究》《城市问题》《现代城市研究》《城市规划》《城市规划学刊》《国际城市规划》等。

纵观国内外，城市研究分散在大学的若干院系，主要力量集中在相关的城市与区域规划院系、城市规划与设计院系、城市经济院系、城市研究中心、城市与区域研究中心等。如，美国GVC教育奖学金网站专门集中列出了最具价值、排名前50名的大学城市科学领域学位项目，哈佛大学、加州大学伯克利分校、斯坦福大学等名校名列前茅。❷ 笔者所在的北京联合大学应用文理学

---

❶ 顾朝林、陈璐、王栾井：《论城市科学学科体系的建设》，《城市发展研究》2004年第6期，第34页。

❷ 美国GVC教育奖学金网站：Great Value Colleges for Urban Studies. https://www.greatvaluecolleges.net/rankings/urban-studies.

院是我国最早举办"城市与区域科学系"的单位之一，在深入调研的基础上，1983 年将传统地理学专业改为"城镇规划与管理专业"进行招生，1986 年经北京联合大学和北京市高教局批准，将北京大学分校地理系（创建于 1978 年）改名为"城市与区域科学系"，成为我国第一个应用地理系，❶ 即今"城市科学系"。目前，国内北京大学、清华大学、南京大学、浙江大学等著名高校和部分地方高校都设有城市科学相关院系，如北京大学城市与环境学院、浙江大学城市学院、首都经济贸易大学城市学院等。

城市科学（城市学）是在城市发展、城市化进程加快过程中面临很多现实问题需要多学科参与研究解决而兴起的综合性学科，旨在从整体上研究城市产生、运行和发展规律，主要涉及城市地理学、城市经济学、城市规划、城市建设、城市管理、城市社会学等学科，重点研究城市的发生与发展、结构与功能、组合与分布等方面的规律性，侧重研究城市功能、规划布局、城市化、人口、交通、住宅、就业、治安、环境、社会保障等各种城市问题产生、发展与解决的战略与机制。

从多个顶端国际期刊名称和高等学校院系名称都是城市与区域并列的情况可以看出，城市科学与区域科学关系十分密切，区域研究的重要组成部分就是区域的核心——城市，同时，城市研究应放在区域大背景下，这样才能对城市的发展有着更为深刻的理解和认识。

二、对区域科学的认识

相对于城市研究，人们对于区域的研究更是由来已久。但是，区域科学作为一门学科，起步于 20 世纪 40 年代末至 50 年代。第二次世界大战以后，人们对于区域分析的兴趣迅速加强。由于战争，不仅旧的区域问题更加突出，而且出现了一些新的区域问题。区域科学作为一个新领域和新专业的第一个标志，就是 20 世纪 40 年代末和 50 年代初，美国经济学家、区域科学之父沃尔特·艾萨德（Waletr Isard）在美国经济学协会年会里组织了对区域问题感兴趣的经济学家小组会议。参加这些会议和对这些会议感兴趣的人迅速增加，加入这个小组的有规划工作者、社会学家、地理学家、少数工程师以及个别

---

❶ 卢培元：《一个应用地理学系——城市与区域科学系的诞生》，《经济地理》1987 年第 2 期，第 150 页。

其他学科的学者。● 1954 年，艾萨德领导创立了区域科学协会（Regional Science Association），1984 年该协会改组为国际区域科学协会（Regional Science Association International）；第二个标志是 1954 年艾萨德领导创立了世界上第一个区域科学系——宾夕法尼亚大学区域科学系和第一个区域科学研究机构——费城区域科学研究所；第三个标志是 1958 年艾萨德领导创立了《区域科学学报》（Journal of Regional Science）。自此以后，这门科学便迅速向世界各地广泛传播，如 1961 年欧洲区域科学协会成立，1963 年太平洋区域科学会议组织成立。❷

国际区域科学协会，作为一个跨学科的国际学术组织，着重于理解城市、区域和国际体系的增长和发展，致力于组织研究国家或全球经济、社会变革进程的区域影响。其工作借鉴了许多不同学科的专业知识和研究方法，这种多学科方法有助于促进解决区域问题的新理论新见解产生，也为协会内的学者提供机会以便更充分地与规划者和政策制定者接触。区域科学重视定量方法的运用，国际区域科学协会引领着区域分析和影响评估新模型设计研究的前沿。❸

在中国，全国性的区域科学学术团体创立于 20 世纪 90 年代初。1991 年，在北京大学区域经济学家杨开忠的领导下成立了中国区域科学协会（The Regional Science Association of China），协会秘书处设在北京大学。协会的宗旨是团结组织我国地理学、经济学、社会学、管理科学、政策科学、信息科学、系统科学、行为科学、环境科学等多学科的有关学者、专家和实际工作者，开展多学科、多层次的区域综合研究，开展国内外学术交流与合作，积极为政府和企业的决策提供科学依据和咨询，发展和繁荣中国区域科学，为社会主义现代化事业服务。协会现有会员 1000 余人，设有 23 个专业委员会，即长江流域经济带、城市管理、城市经济、东北发展研究、国土规划、海洋经济研究、精准脱贫、空间分析、空间经济学、民族经济、区域创新、区域经济学、区域可持续发展、区域旅游、区域文化发展、区域与城市规划、人口研究、生态文明研究、西部发展、新经济地理、"一带一路"经济带、中部发

● [美] 沃尔特·艾萨德、王念棋：《区域科学的起源、发展和未来》，《生产力研究》1990 年第 6 期，第 3 页。

❷ 杨开忠：《区域科学学科地位、体系和前沿》，《地理科学》1999 年第 4 期，第 358 页。

❸ 国际区域科学协会官网：Organization. http://www.regionalscience.org/index.php? option = com_k2&view = itemlist&layout = category&task = category&id = 2&Itemid = 576.

展、中国自贸区研究专业委员会。❶ 这些专业委员会体现了目前我国区域科学的主要研究领域。

区域科学领域高水平英文期刊主要集中在美国、英国、荷兰、德国、日本等发达国家，如 *International Regional Science Review*，*International Area Studies Review*，*Review of Regional Research*，*The Review of Regional Studies*，*Studies in Regional Science*，*Regional Science Policy and Practice*，*Economy of Region*，*Regional Statistics*，*Area Development and Policy*，*Space Geography*，*International Journal of Geography and Regional Planning Research*，*Journal of Geography and Regional Development*，*Regional Science and Urban Economics*，*Regional and Federal Studies* 等。国内研究区域科学的中文期刊主要有《地域研究与开发》《干旱区资源与环境》《干旱区研究》《干旱区地理》《热带地理》《地理学报》《地理研究》《地理科学》《人文地理》《经济地理》《中国历史地理论丛》等，其中专门的区域科学期刊很少，主要是地理类期刊。

区域科学是在区域发展过程中面临很多现实问题需要多学科参与研究解决而兴起的综合性学科，旨在从整体上研究区域产生、运行和发展规律。区域科学是有关区域的多学科研究，其学科分类体系主要包括区域系统科学、区域管理科学、区域经济学、区域社会学、区域生态学、区域环境学、区域经济人口学、区域政治学等。❷ 区域科学的研究对象区域，有城市区域，也有非城市区域。区域科学的特点是重视区域定量分析技术方法的运用，侧重研究和解决区域的经济发展、资源开发、治理政策等方面的问题。

三、对地方学的认识

20世纪80年代以来，日本、韩国等国家地方学（亦称地域学、地区学）兴起并不断发展。我国在改革开放以后特别是20世纪90年代以来，各地地方学亦呈现蓬勃发展的势头，其背后的动因是研究地方文化、服务地方发展的需要，是多学科参与、综合性研究、全方位认识一个城市或区域，总结其发展规律、系统性规划其未来发展的需要。近20多年来不断兴盛繁荣的地方学，应称之为现代地方学，有别于100多年前出现的以地名学、以地域划分

---

❶ 中国区域科学协会官网：中国区域科学协会简介. http://www.rsac.org.cn/article/read/id/155；中国区域科学协会章程. http://www.rsac.org.cn/article/read/id/156.

❷ 杨开忠：《区域科学学科地位、体系和前沿》，《地理科学》1999年第4期，第360-361页。

经学不同流派的传统地方学，如鲁学、齐学、晋学等。

从内涵上看，现代地方学是研究地方的综合学科，以某一地域（含城市）甚至国家为研究对象，将其作为自然、人文要素共同构成的有机整体——地域综合体进行跨学科综合性研究，研究其演变过程、地方性特色及各个组成要素的相互关系，探究其发生发展的规律，并预测未来发展趋势。

从外延上看，现代地方学将时间与空间相结合，天、地、人统筹兼顾，某个地方学学科的具体研究内容理论上可以包括该地区的自然、历史、文化、社会、政治、经济、人口等各个方面，既研究历史，也关注现实和未来，总体上是基于历史，理解当下，预测未来。

地方学的研究对象，和城市科学、区域科学一样，也是城市或非城市地域综合体，是综合性学科，涉及地理学、历史学、经济学、社会学、文学、艺术学等多个学科领域。根据研究的地域类型不同，地方学可以分为城市地方学和区域地方学。地方学的分支学科主要包括地方史、地方文化、乡土地理、地方文学、地方艺术、地方经济、地方社会、地方文献等。

"地方（place）"不同于"空间（space）"，空间被赋予文化意义的过程就是空间变为地方的过程。地方学就是要深耕脚下的土地，系统性、多要素、立体化、全方位研究地方，研究某一空间变为某一地方的历史过程，揭示其地域综合体的发展规律，科学分析地方的形成机制，对地方的未来做出判断。地方学的使命可以界定为：研究地方，挖掘文化，传承文脉，服务发展。

地方学的研究框架，无论是城市地方学还是区域地方学，都应该是时间纵向与空间横向相结合。城市地方学侧重挖掘城市的文化传统、传承城市的历史文脉、强化城市的文化认同、推动城市可持续发展。城市、区域、社会发展的终极动力是文化，人是文化的载体。文化包括经济文化、政治文化、传统文化、历史文化等各方面的文化。做地方学研究，就是要传承地方的、民族的历史文脉。地方学研究一定要有文化的视角、地域的视角，在此基础上还应总结、追寻、研究地方发展的阶段特征、发展规律、发展动力与特点，进行理论提升。

四、地方学与城市科学、区域科学的关系

城市科学、区域科学和地方学都是多学科性的综合学科，均符合世界跨

学科融合发展的潮流。欧美国家知名大学学科发展不再局限于传统单一的学科发展模式，而是通过跨学科建制另辟蹊径，学科交互成为不可逆转的国际趋势。❶ 日本、韩国大学的学科发展也出现了同样的趋势。

城市科学、区域科学和地方学三个学科彼此之间关系密切，但是因兴起背景不同，社会需求方向有别，因此学科宗旨和研究内容各有侧重，各有特色。城市科学和区域科学主要关心城市与区域的当下状况，并运用现代技术规划城市与区域的未来发展。而目前，国内外各地的地方学研究领域虽然各有侧重，但是大多数是重点研究地方的历史和文化，这是地方学与城市科学、区域科学的最大区别，或者说是地方学的主要特色所在。

城市科学、区域科学和地方学三个学科关于城市与区域的知识和认识、研究方法、研究成果等互有补充、启发和借鉴作用，三个学科关于某个地方的研究成果可以形成对这个地方过去、现在、未来较为完整的认识，所以理想的状态是三个学科之间能够加强联系和信息沟通。

五、北京学研究新进展

北京学是城市学与地方学相复合的综合学科，属于城市地方学。北京联合大学的北京学学科是在北京市政府直接支持下发展起来的，以"立足北京，研究北京，服务北京"为学科建设宗旨，以北京城市地域综合体为主要研究对象，以"时—空—人相结合"为学科研究框架，以北京历史文化名城的时空演进、保护与发展为主线，坚持研究北京、挖掘文化、传承文脉、服务发展，重点开展北京城市及周边区域文化遗产挖掘、保护、传承与利用的综合研究、应用研究和人才培养，是体现当今世界人文社会科学与自然科学跨学科融合发展的优势特色学科。

近几年，北京联合大学的北京学研究不断取得新的进展，主要体现在：智库作用日益凸显，研究成果更加丰富，社会影响不断提升，国际交往逐渐深入，学术团队渐趋成熟，人才培养取得经验。在北京历史文化遗产保护与传承、北京中轴线、西山永定河文化带、大运河文化带、长城文化带研究、传统节日文化内涵与传承、北京城市发展时空特征与空间组织优化等方面取得了一批具有较高学术水平和实际应用价值的研究成果，在科研成果转化应

---

❶ 焦磊：《国外知名大学跨学科建制趋势探析》，《高等工程教育研究》2018 年第 3 期，第 124-129 页。

用和学术影响力提升方面取得了明显进步，为北京市政府部门科学决策的智库咨询服务作用明显加强，研究成果直接服务于北京市政府部门的北京历史文化名城保护、文化遗产保护与城市区域发展决策，服务于首都北京的文化建设工程，为北京建设全国文化中心做贡献。

北京学研究基地在北京市社科规划办公室和市教委组织的基地三期建设（2011—2013 年）和四期建设（2014—2016 年）验收中均被评为优秀基地。2016 年 12 月，北京学研究基地入选由南京大学中国智库研究与评价中心、光明日报智库研究与发布中心联合研发的我国首个智库垂直搜索引擎和数据管理平台"中国智库索引"（Chinese Think Tank Index，简称 CTTI）首批来源智库名录。

北京学研究基地已进入五期建设（2017—2019 年），将继续在北京市社科规划办和市教委的领导下，在学校的支持下，坚持"立足北京、研究北京、服务北京"的宗旨，充分发挥链接学术与应用，链接高校、科研院所与政府部门、实际工作单位的作用，坚定不移地走服务政府、服务社会和服务广大市民的应用性科研道路，努力建设成为有特色、高水平、创新型的优秀社科研究基地和首都文化智库，为北京历史文化名城保护与文脉传承，为首都北京强化全国政治中心、文化中心、国际交往中心、科技创新中心的核心功能，努力建设成为国际一流的和谐宜居之都和世界级文化城市，实施京津冀协同发展重大国家战略提供高水平的智力支持。

努力开创地方学研究与实践的坚实阵地

杨　勇❶

摘　要：在中国地方学研究联席会的平台上，有 30 多家遍布全国各地的地方学研究机构，目前，这是我国地方学研究的一支重要力量，也是中国地方学研究与实践领域真正意义上的开拓者。鄂尔多斯学研究会伴随着中国地方学研究联席会的发展历程，现在也已走过了 15 个年头，以正确的办会理念与宗旨，走出了一条特色鲜明、成效显著的地方学发展之路。

关键词：中国地方学；联席会；鄂尔多斯学；北京学；理论；实践

一、鄂尔多斯学也是中国地方学研究的一支中坚力量

鄂尔多斯学研究会，是 15 年前由奇朝鲁同志从伊克昭盟副盟长、巡视员的领导岗位上退下来后创办的一个民间社会组织。在创办之初陈育宁教授给予了理念上的支持与依据；夏日主席给予了精神上的鼓励与信心；周围的诸多老同志给予了创业式的鼓动和参战般的期盼；从鄂尔多斯走出去的老领导和盟委行署的领导更是赞美有加、大力支持。时至今日，鄂尔多斯学已经成为一门独立的学科体系。

鄂尔多斯学研究历经 15 年的不懈努力，表现出了非常显著的三大特点。

第一，始终坚持办会宗旨不变。在办会之初鄂尔多斯学研究会即确立了"立足学术、服务建设、创新机制、着眼未来"的办会宗旨；提出了"打造品

---

❶ 杨勇，研究员，内蒙古鄂尔多斯学研究会常务副会长兼秘书长。

牌地方学，构建和谐研究会"的战略目标；提出了"举社会之力，办大众之事"的办会理念；明确了"向心、奉献、低调、务实、节俭、高效"的会风建设标准，以切合实际的要求，自我约束的态度，坚持开展鄂尔多斯学研究，坚守鄂尔多斯学研究阵地。

第二，建立专家委员会研究机制。鄂尔多斯学研究会在全国，特别是在边疆少数民族地区率先成立了地方学研究机构，首创性地设立了专家委员会的研究机制。陈育宁教授连续 15 年担任专委会主任委员，极其有力地把鄂尔多斯学研究带到了中国地方学研究的前列。15 年来鄂尔多斯学研究会已有专家委员会专家 160 余人，研究会会员 240 人，建立起了一支强有力的研究队伍，专家委员会成为鄂尔多斯学研究会的制胜法宝。

第三，开展学科体系建设与课题性研究。鄂尔多斯学研究会建立之初，陈育宁教授就提出了鄂尔多斯学学科体系建设的必要性，在 15 年发展过程中，研究会不断进行探索，直至 2015 年陈育宁教授归纳为"鄂尔多斯学＝知识体系+应用服务"，将鄂尔多斯学研究界定在理论性研究与实践性应用的范畴，从理论与实践上对鄂尔多斯的历史与民族文化、祭祀文化、经济社会发展、生态文化、文化建设和鄂尔多斯精神六大领域进行学术性探讨和研究，形成了鄂尔多斯学丰厚的研究成果。至今已出版专著近百部，达 2000 余万字，编辑《鄂尔多斯学研究》专刊 60 余期，组织《鄂尔多斯日报·鄂尔多斯学研究》专版 180 期。举办了约 60 多次各种类型的大型学术研讨会，每年参加地方各级党委政府与各种社会活动百余次，有力地助推了鄂尔多斯经济社会发展和文化繁荣建设。

鄂尔多斯学研究会首次提出"中国地方学"的概念，共同倡导成立了中国地方学研究联席会。中国地方学研究联席会，是我国地方学在改革开放历史时期的一个新产物。2005 年 9 月 16 日，鄂尔多斯学研究会共同倡导和联系分散在全国各地的地方学研究机构与专家学者，牵头建立了全国性地方学研究平台——"中国地方学研究联席会"，从成立之初的 6 家单位，达到现在 30多家机构。鄂尔多斯学研究会 2008 年在担任两届执行主席方后，推荐北京学研究所继任执行主席方，自此，北京学研究所带领着中国地方学研究联席会的所有研究机构和专家开展了一系列卓有成效的工作，不仅在国内开展研究活动，而且，还积极开展了与日本、韩国和中国台湾地区的学术交流，实现了国内外地方学研究的学术交流与合作，行之有效地推动了全国性地方学研究的学术活动，在国内逐步掀起了地方学和地方文化研究的热潮。

二、鄂尔多斯学研究会也是中国地方学实践的先锋者

地方学研究的实践性，体现出地方学在地区经济社会中的作用和价值，鄂尔多斯学研究会从建立之初，就深深扎根于社会实践的土壤，其研究队伍、研究内容、研究方法均得益于来自最基层的研究者和他们的调查研究与亲身经历。鄂尔多斯学研究会先天性地决定了其在社会实践中的优势和原真性的特色。

15年来，鄂尔多斯学研究会社会实践与调查研究的成果及活动主要有：发起和参与了鄂托克旗阿尔寨石窟以特例的方式成功申报为国家级重点文物保护单位的活动，联合市委宣传部组织开展了多次鄂尔多斯文化学术研讨会，联合乌审旗召开了《蒙古源流》作者萨冈彻辰诞辰400周年纪念活动，联合伊金霍洛旗举办了连续三届的成吉思汗文化研讨会，联合东联文化旅游集团举办了多次鄂尔多斯文化产业发展研讨会、联合准格尔旗召开了文化旅游发展研讨会。在市委市政府支持下，鄂尔多斯学研究会几乎每年召开一次结合实际、突出时效的文化建设与经济社会发展的主题性研讨会，形成会议成果，将建设性意见和建议提供给地方各级党委政府和企事业单位在决策和工作中参考、在实践中推广，真正体现出了一个民间社会组织的研究作用和研究价值。

近几年来鄂尔多斯学研究会的实践性研究更加蓬勃发展。

第一，2016年年底奇朝鲁会长提出了"三个走进"的实践活动，即走进大学、走进基层、走进网络。

走进大学主要是以走进鄂尔多斯市本土大学为主，走进鄂尔多斯市党校、鄂尔多斯应用技术学院（原内蒙古大学鄂尔多斯学院）和鄂尔多斯职业学院，开展有关鄂尔多斯学的教学、讲座、沙龙和校园文化建设等活动。

走进基层，在西部牧区重点开展了几项专题性调查研究，如对阿尔巴斯羊绒原产地老牧区苏木和棋盘井煤矿以及工业园区的发展进行调查研究等，走进杭锦旗成立了"鄂尔多斯学杭锦旗研究会"，走进伊旗成立了"鄂尔多斯学长城文化研究中心"，走进乌审旗开展了"嘎鲁图红色文化与全域旅游文化研究"，走进鄂托克前旗开展了"鄂托克前旗特色乡村文化定位与建设研究"，等等。

走进网络，主要是加强网络信息平台化建设，研究会在成立之初即建立

了"鄂尔多斯学研究会"网站；近年来，又搭建起了"鄂尔多斯学研究""地方学研究"的微信公众平台，利用微信空间开辟出一个更加直接便利的互动信息交流平台；特别是 2015 年在国内最大的民间智库"草根网"认证建立了"地方学研究"团体博客，首创了地方学研究成果与动态信息的发布平台，推送文章 1500 多篇，国内外点击率逾 1000 万次，成为中国地方学研究最重要的网络信息平台。

第二，2017 年 6 月 24—26 日举办了以"草原 城市 文化"为主题的"康巴什论坛"，汇聚了中国社科院、中国人民大学、中央民族大学和自治区科研院所馆和大学的专家学者，在国内首次进行草原城市与草原文化的研讨，首次对康巴什从草原城市文化的角度进行主题研讨，进一步明确了康巴什草原城市文化的主题定位，进一步明确了将康巴什建设成为一座新型时尚的草原文化城市的历史作用与现实意义，创新性地提出了打造永久性"康巴什国际论坛"的建议，提出了以鄂尔多斯康巴什为发起者、成立"中国·鄂尔多斯国际草原城市联盟"的建议。

三、鄂尔多斯学也是中国地方学研究的一个坚强阵地

鄂尔多斯学研究会 15 年来紧扣时代脉搏，围绕重大社会主题，为鄂尔多斯地方经济建设和社会发展服务，为地方政府转型发展当参谋、做咨询、提建议，成为地方发展重要的理论平台、咨询机构、文化智库、科普基地。鄂尔多斯学研究会 15 年来研究队伍坚强有力，研究活力生机勃勃，研究成果丰硕盈实。15 年来多次荣获自治区和鄂尔多斯市两级的各项荣誉，三次荣获国家级荣誉和奖励，近期又获得了"全国创建新型智库先进社会组织"的奖励，成为名副其实的全国先进社会组织，成为鄂尔多斯市乃至内蒙古自治区的一支强有力的社会科学理论研究与社会科学实践相结合的生力军，也成为扎根在鄂尔多斯大地上的中国地方学研究领域的一个坚强阵地！

鄂尔多斯学研究会，在未来学术研究与服务地方的道路上更加任重而道远，鄂尔多斯学研究会必将百尺竿头更进一步，"立足学术，服务建设，创新机制，着眼未来"，与中国地方学研究机构和专家学者一道，站在新时期中国地方学研究新领域、新高地，朝着更加明确的方向与目标，创造出更加辉煌的业绩！

对地域文化研究与地方学建设的阐述和探寻

——以元上都历史文化研究会为例

徐进昌　闫甚普❶

摘　要： 元上都历史文化研究会成立 14 年来，由上都文化研究出发，对所在地锡林郭勒的地域文化和国内外地方学建设与地域文化研究给予了高度关注，多方阐述了锡林郭勒文化和地方学建设的整体进展与理论框架。

地方学作为一个学科还在一个拓展与探寻的阶段。多年来，我们在研究上都文化与上都文化学的过程中，追溯和延伸了对地方学与地域文化的理论探讨。我们的地方学与地域文化的理念是：把地区作为特定的范畴进行综合研究，作为一个学术体系，探索地区特有的属性和衍变的过程，预测和推动地区的良性发展。地方学框架下的地方历史文化、社会经济、社会发展、地理风情都应该从地域文化的视角切入，展示地区独特的属性和风采。

目前的地方学与地域文化学术队伍，大体可以分为学院派与草根派两大体系。以北京学为代表的属于学院派，以高等学府或科研院所为依托，起点高，影响面广，实力强，成为地方学建设的旗帜。学院派有温州学、晋学、扬州学、三峡学、红山文化、敕勒川文化等。以鄂尔多斯学为代表的属于草根派，以故土的民间社团和文化人为依托，扎根当地，基础稳固，面对故土和乡亲，爱家乡与爱文化同在，成为地方学建设的根基。草根派有上都文化、西口文化、科尔沁文化、察哈尔文化等。

---

❶　徐进昌（1948—），元上都历史文化研究会理事长。研究方向：上都文化、蒙元文化、锡林郭勒文化、地域文化与地方学理论。闫甚普，元上都历史文化研究会理事，《锡林郭勒职业学院学报》常务副主编。研究方向：锡林郭勒文化、上都文化、地域文化。

关键词：地方学与地域文化；地区独特的属性；草根派与学院派

关于地域文化和地方学建设的阐述和探寻。14 年来，我们确立上都文化研究体系，构建地方学建设框架，对上都文化、锡林郭勒文化和地域文化、地方学建设理论框架做了积极而有成效的探索。上都研究从此走出了单纯考古、考证的阶段，揭示元代上都标识的文化价值和历史地位，开启了上都遗址的历史文化研究篇章，走上了构建地域文化研究和地方学学科体系的探寻之路。2004 年以来发表了多篇上都文化、锡林郭勒文化、蒙元文化、滦河文化和地域文化、地方学建设学术领域的论著，参加在北京、温州、泉州、临汾、呼和浩特、鄂尔多斯、包头等多地举办的多场学术研讨会，多篇论文在研讨会宣讲并编入学术文集，产生了广泛的影响。从 2004 年 5 月到 2016 年 7 月 12 年间的 15 篇学术论著体现了锡林郭勒本土文化人对地域文化的建树，他们孜孜不倦、锲而不舍，执着地探寻上都文化和地域文化建设的漫漫长路。

15 篇上都文化研究与地方学建设的著作：其一，《蒙元文化多元性和历史地位及其在当今文化建设中的重要性》发表于 2004 年 5 月。分"上都文化的多元化和繁荣""上都文化在当今文化建设中的地位和作用"两部分论述。始发元研会《上都文化研究》报，2004 年 7 月 3 日刊在《锡林郭勒日报》，并被新华网、内蒙古新闻网等广泛转载。2005 年 8 月 8 日在"中国·内蒙古第二届国际草原文化节暨内蒙古第二届草原文化研讨会"上获优秀论文奖。

其二，《百年帝都成就了灿烂的上都文化》发表于 2005 年。分"百年帝都历史悠久""海纳百川多元共荣"两部分论述。始发于元研会《上都文化研究》报，又于 2005 年 11 月 23 日和 12 月 14 日，以及 2006 年 1 月 25 日连载在《锡林郭勒日报》。新华网、内蒙古新闻网（www.nmg.xinhuanet.com）等也广为转发。2007 年 10 月内蒙古文史馆、内蒙古国际文化交流中心、内蒙古史学会主办"元大都建城 740 周年学术研讨会"，该论文在研讨会宣讲，被确认为研讨会主题，与会者一致通过"关于加强元上都历史文化研究的倡议"。

其三，《忽必烈治国的儒学理念和对草原文化的影响》发表于 2009 年 4 月。2009 年入编"地域文化与城市发展"北京学国际学术研讨会论文集，2010 年出版。2010 年 1 月发在《锡林郭勒日报》"文化"专栏。论文由"忽必烈对儒学的接受和治国理念"和"兼收并储、和而不同草原文化融入多元的中华文明"两个方面的论述组成。

其四，《上都文化、上都文化学的立论与思考》发表于 2008 年。论文由

"上都文化、上都文化学的内涵与外延""上都文化、上都文化学的历史渊源和价值""上都文化、上都文化学研究的思考"三部分组成。

其五,《锡林郭勒文化的立论与思考》发表于 2007 年。2008 年入编北京"地方学与地域文化"国际学术研讨会论文集并编入《北京学研究论文集》正式出版。分"特有的历史积淀孕育了锡林郭勒文化深厚的底蕴""上都文化在锡林郭勒文化的重要地位""锡林郭勒文化的几点思考"三个方面论述。2009 年 1 月 9 号发在《锡林郭勒日报》,9 月 15 日受到《人民日报》定制网函约。

其六,《上都文化、蒙元文化、锡林郭勒文化定义探讨》发表于 2011 年 5月。见《锡林郭勒日报》"文化"专栏和元上都文化网。

其七,《滦河文化的概念、文化价值和对打造地域文化的意义》发表于2011 年 12 月。见《锡林郭勒日报》"文化"专栏和元上都文化网。论文揭示了滦河文化融汇游牧文明、商业文明塞外文化特点。

其八,《地域文化研究和地方学建设的实践与思考》发表于 2013 年。分"地域文化研究的要素和我们的实践""地方学建设的框架和我们的思考"两部分论述。入选"中国地方学建设与发展研讨会"会后出版的论文集。

其九,《试论内蒙古各地地域文化的独特性、关联性与世界性》发表于2014 年 7 月。2014 年在中国地方学研究联席会主办的泉州学术研讨会"走向世界的地方学"作主题发言并入编《走向世界的地方学研究学术研讨会论文集》。

其十,《浅谈地方学、地域文化研究与晋、蒙文化圈》发表于 2015 年 7月。2015 年 9 月 9 日在"第二届晋学与区域文化国际学术研讨会暨荀学与诸子学论坛"宣讲,并入编该会议论文集。2016 年 1 月 20 日在《锡林郭勒日报》"文化"专栏连载。

其十一,《简述地域文化的深厚蕴涵和目前地域文化研究的特征》发表于2015 年 9 月。9 月 16 日参加中国地方学联席会组织的"地方学的应用与创新座谈会",论文编入文集并正式出版。

其十二,《浅谈地方学、地域文化研究的现状与展望》发表于 2016 年。2016 年 8 月在"中、日、韩地方学理论与实践学术研讨会"上宣讲,会后编入研讨会文集。这是一个对地域文化和地方学研究最新的概括和展望,承继并提炼了多年来我们在地方学领域的研究成果。

其十三,温茹雅的论文《上都文化、上都文化学的传承与创新》发表于2016 年。在 2016 年 8 月"中、日、韩地方学理论与实践学术研讨会"上宣讲，会后编入研讨会文集。

其十四，《元上都历史文化研究会对地域文化研究与地方学建设的阐述和探寻》发表于 2017 年。此论文在 10 月 21 日—22 日 "海峡两岸地方学与地方文化学术研讨会" 上宣讲并编入论文集。会上播放了这篇论文的部分内容——徐进昌理事长讲述上都文化的视频。

其十五，《上都文化研究的初步成果与地方学理论框架初探》发表于 2018 年。元上都历史文化研究会成立 15 年来，解读上都，探寻元代历史文化的深厚底蕴，构建上都文化研究的理论框架，弘扬优秀的中华传统，取得了七个方面的显著成果。在 7 月 28 日 "2018 元上都暨蒙古历史文化学术研讨会" 上宣讲并编入 "论文集"。以这篇论文为主旨，在研讨会上的发言受到广泛好评。主办方正蓝旗政府微信平台整体播发。

以上就是上都文化研究和地方学建设 15 篇论文的简明提示，大致勾勒了我们在这方面研究的学术成果的梗概和脉络。

一、地方学与地域文化的学科属性与内涵

地方学是一项研究特定地域总体属性的综合学问，通观这一地方的历史与文化的根脉，也关注当今经济社会发展的独具特性和总体趋势。地域文化是地方学的经脉和血液。地方学的各项研究方向都从地域文化的视觉角度来审视和探讨；而地域文化研究要在地方学总体框架下立论和探究，以使这项文化研究规范在地方学的范畴。

地域文化是表现为地域性的文化现象，是通过特定地域的人们在继承和发展中创造的。地域文化是对特定地域空间内的生态环境、经济方式、社会结构、文化传统的诸方面进行综合研究的学问。

地域文化首先在地域范围上必须有确定的指向，有个核心的区域。其次，必须有独特的历史文化特性，是某种草根文化、乡土文化的发祥地，并且有着足够的影响力和延续力。其次，这种文化形成一定的体系，有相对完整的学术理论框架和一定数量的研究人群。最后，这种文化在历史上或当今地区经济社会的发展中发挥过或发挥着重大的影响力。

地域文化是特定时期和特定地域形成的国家大文化中的一个子系统，地域文化研究就是专门考察和分析某一地区独特的地理人文环境、经济形态、政治状况、文化教育、社会习俗、文化心理等方面。透过区域文化研究成果，

寻找出中国文化在地方上的表现特征，从而有助于更加清晰地审视中国经济社会和文化的发展脉络。

地方学建设与地域文化研究需要建立完整的框架结构规范和学术体系。全国的地方学建设和地域文化研究需要形成高架构的合力。在中国地方学建设联席会的基础上，进一步联络相关国内外学术团体，搭建地方学建设与地域文化研究的高端学术平台。草根派要走进学府，学院派要走进社会，共同构建深深植根于社会的地方学建设与地域文化研究的学科。

文化是人类的共同记忆，沉淀和结晶了人类生存与发展的实践和智慧。一个独具特色的地方文化，区域或大或小，小到几村几乡，一城一地，大到毗邻的几地几域，属于一个特定属性的文化发祥地，特定人群生存发展的集聚地，积淀了独特风情的社会生活境况。这种文化，这种地域，作为一个专门的学科进行挖掘、研究、阐释，继往开来，发扬光大，无疑是对人类走过的历史的追寻与弘扬，也是对人类前行道路的探寻与开拓。

地方学作为一个学科还在拓展与探寻的阶段。多年来，我们在研究上都文化与上都文化学的过程中，追溯和延伸了对地方学与地域文化的理论探讨。我们的地方学与地域文化的理念是：把地区作为特定的范畴进行综合研究，作为一个学术体系，探索地区特有的属性和衍变的过程，预测和推动地区的良性发展。地方学框架下的地方历史文化、社会经济、社会发展、地理风情都应该从地域文化的视角切入，展示地区独特的属性和风采。

国内外的地方学和地域文化研究，凸显了这门新兴学科的重大意义和巨大的发展潜力。地方，对于一个更大的整体来说，它只是一部分，它的特殊性的奇异光彩，正是大整体辉煌的有机组成部分。在迅速发展的现代社会，每个地区都在焕发着特有的活力，地方学和地域文化研究正是为这种各具特点的发展提供文化的营养和历史的动力。

我国历来有撰写地方志的传统，而且留存了大量的地域文化的珍贵资料。几千年来的丰厚人文资料，佐证了地方生存发展和地域文化的面貌。但是，一般来说，多数属于一些人物和文化的片段，缺乏系统和规范，还算不上现代意义上的地域文化。近代对于敦煌学、藏学方面的研究取得了令世人瞩目的成果，作为地方学我们一直还缺少一个学科框架和学术体系。

二、地方学与地域文化研究的现状与成果

我们认为，近十几年来，地域文化研究开启了一个新的阶段。地方学建

设初露端倪，值得下功夫认真探讨和推动。21 世纪初，鄂尔多斯学研究会、北京学研究所、温州学研究会、扬州学研究会、西口文化研究会、三晋文化研究会、元上都历史文化研究会、三峡学研究会、敕勒川文化研究会、燕赵文化研究中心、珠江文化研究中心等以地域文化研究和地方学建设为对象的学术单位相继成立，开启了地域文化研究和地方学建设的新篇章。中国地方学研究联席会 2005 年正式成立，由鄂尔多斯学研究会发起，首批 12 个会员单位，至今有会员单位 30 多家。鄂尔多斯学研究会和北京学研究所先后担任轮值主席单位，每季出版一期《地方学研究信息》，每年有相关的学术研讨会召开。与此同时，还有徽学、上海学、齐鲁学、楚学等国内外许多地域文化研究和地方学建设的学术机构，在不约而同地大力开展地域文化研究和地方学建设工作。

内蒙古各地的地域文化研究正规的起步多在近几年内，十多年的有三五个。2013 年 9 月内蒙古地域文化研讨会聚集了 14 家各盟市的学术团体，交流了近年来内蒙古地域文化研究的成果，决定成立内蒙古地域文化研究联席会。敕勒川文化研究涵盖呼、包地区和乌兰察布、巴彦诺尔、鄂尔多斯部分地区，起点高，影响大，聚拢内蒙古多地的地域文化研究，形成了综合影响。鄂尔多斯学提出得比较早，并且与区外的地域文化研究团体长期坚持交流，取得了广泛的成果。在成吉思汗文化的研究和宣传方面有了长足的进展。包头的西口文化，立足包头和内蒙古西部，牵动山西、陕西，所办《西口文化》双月刊，已办 36 期，产生了广泛影响。科尔沁历史文化研究会暨孝庄研究会立足本土，追溯科尔沁部落和孝庄皇后的渊源，探究历史，服务现代，主办《科尔沁历史文化研究》，产生了广泛影响。赤峰地区的红山文化，以中华第一龙的出土闻名天下，成为中华文明起源和形成的核心地区。巴彦诺尔一带的河套文化、岩画文化国内外闻名。乌兰察布一带的察哈尔文化，追溯察哈尔部落文化，探究当地历史文化渊源，崭露头角。锡林郭勒草原的上都文化，以百年帝都孕育的历史文化内涵为切入点，揭示蒙元帝国文化本源和中华文明史的百年精华，把游牧文明与农耕文明交汇融合的独特历史文化蕴含呈现的历史文化意义和在人类文明进程的价值纳入学术研究的视野。一座上都城，半部元朝史，百年帝都成就了灿烂的上都文化。

近年来，特别是近十几年来的实践，积累了地域文化研究和地方学建设的丰硕成果。毋庸置疑，北京学作为地方学首衢地位和首都学引人注目，鄂尔多斯学紧随鄂尔多斯现象和成吉思汗研究声名鹊起，上都文化学也伴随上都遗址获准为世界文化遗产大张名气。中国地方学联席会作为跨地区的全国性地方学研究机构正成为地方学研究的一面旗帜。

鄂尔多斯学研究会、北京学研究所作为中国地方学联席会的轮值方做出了有目共睹的贡献。建立在北京联合大学的北京学研究所是一个重要的启示，各地的高等学府把地方学作为一个学科开展深入持久的研究，应该是可行的，也是必要的。建立在内蒙古鄂尔多斯市的鄂尔多斯学研究会带动了一个学科并走进了学府，建立在包头市的西口文化研究会也创立了西口文化学，都是有深远意义的尝试，值得认真总结和探讨，以求提升到学术的层面，并不断得到推广和发扬。

近年来我国各地的地方学和地域文化的研究机构不断涌现，顺应了经济社会发展对文化提出的新要求。地域文化的挖掘，实现了对经济社会发展的应有贡献，体现了文化作为社会发展的软实力的重大作用。纵观地方学和地域文化发展的情势，可以看到以下几种情况。其一，地方学与地域文化研究需要经济社会的发展作为依托，快速发展且具有较高实力的地区有着开拓地方学和地域文化研究的先机。比如，北京学、鄂尔多斯学、温州学等都有经济社会迅速发展的背景。其二，深厚的历史文化底蕴是地方学与地域文化研究的基础和潜力。比如，上都学和上都文化。锡林郭勒草原是欠发达地区，经济社会相对落后，但是大元帝国的京城——"上都"在锡林郭勒，百年帝都成就了上都文化，这成为上都学和上都文化研究的得天独厚的条件。其三，有传统的文化氛围和一支有学术功底的文化人队伍。比如，晋学、齐鲁学、徽学等。这三个条件实现一个都会有地方学和地域文化研究的兴起，达到的条件越多，学术研究的发展就会越快越好。一些经济社会发展较好、实力较强的地区，如果缺乏历史文化的渊源，又没有特殊的筹划和关注，也难以有地方学与地域文化研究的兴起。深厚的历史和浓厚的文化传统是地方学与地域文化研究的基础，对地方学和地域文化的明智认知与高度重视是后发条件。但愿我们的地方学与地域文化研究更快地走出初始阶段，有条件的地方和个人都积极开启这项工作，有条件的大学和研究机构都设立相关部门，使地方学与地域文化研究一步步地走向成熟和辉煌。

一个特定区域的历史文化积淀是一份宝贵的财富，彰显了这个地区的历史色彩和文化特性，以鲜明的区域特点标识着这一地方区别于其他地域的特殊属性，显示着独特的风采。它属于国家整体和民族整体的一部分，它的独特性显示了整体的丰富多彩和华丽辉煌。作为一个子科目，对于一个国家和一个民族的历史文化传承和经济社会发展有着不可或缺的支撑作用。

三、目前地域文化研究队伍的学院派与草根派

目前的地方学与地域文化学术队伍，大体可以分为学院派与草根派两大体系。以北京学为代表的属于学院派，以高等学府或科研所为依托，起点高，影响面广，实力强，成为地方学建设的旗帜。学院派有温州学、晋学、扬州学、三峡学、红山文化、敕勒川文化等。以鄂尔多斯学为代表的属于草根派，以故土的民间社团和文化人为依托，扎根当地，基础稳固，面对故土和乡亲，爱家乡与爱文化同在，成为地方学建设的根基。草根派有上都文化、西口文化、科尔沁文化、察哈尔文化等。

学院派的优势是在学术体制内，在体制内成长，有得天独厚的条件。但因为还不是一个显学科，不是一个热门学科，有后发的优势，也有后发的弱势，不被其他学科的精英看重。一个创新和成长的学科，也可能让一些人瞻前顾后，裹足不前，也可能会有一些业界的条条框框必须遵循，必须顾及。

学院和研究机构是讲究师承关系的，有确定的学科带头人、导师与学生。优势是有学术研究的各方面保障，受限制的是一般工作人员，包括研究生、博士生处于随从的地位，难以独立提出创新的观念。因此，多见大主题之外的支脉和细节的查证与论述，对个别细枝末节做详尽的考证与补充。扎实细致，零碎周到。

草根派的优势是本乡本土，根基牢固，不仅是做一门学问，也是一份情感的寄托。甘愿为故土奉献一份赤诚，不计名望得失。有开拓的足够勇气和活力，从无到有，从小到大。敢想敢干，意气风发，开拓创新，没有顾虑和羁绊。但因为在体制外，根底不足，创业艰难。势单力薄，人微言轻。

地方草根没有明显的师承渊源。大刀阔斧，披荆斩棘，不惧艰险，勇于开拓创新，敢于言人所未言，勇于建树新的立论框架，虽然缺乏翔实周密的资料，却能构想总体的框架结构，有大的指向和潜在的前景。

两派的长足发展和密切结合，应该可以相得益彰、共筑辉煌。全国如果出现几个到十几个与北京学、鄂尔多斯学一样规模和影响力的地方学研究机构，就会有大的改观。现在的地方学研究机构规模偏小，资金不足，名望不够，理论体系欠缺，严重制约着学科的发展进程。

地方学建设与地域文化研究作为一个学科，应该成为各地高等学府的一

门专修课，作为一个专业，培养具有地方学与地域文化修养的专业人才势在必行。北京联合大学1998年设立北京学研究所是一个大手笔，北京学已经进了学府，首都学已经进了学府。北京学研究所2004年拓展为北京市社科部门的北京学研究基地，走出了课堂，成了一个社会场所。

鄂尔多斯学研究会十年磨一剑，创立了鄂尔多斯学科。鄂尔多斯学研究会已经和当地的鄂尔多斯学院达成协议，鄂尔多斯学作为一门专业课程进入鄂尔多斯学院课堂。从群团民间学术机构登上了大学学术殿堂，完成了华丽转身，为锤炼和发展地方学与地域文化学科迈出了坚实的一步，也为地方经济社会的发展注入了文化的活力。

地方学与地域文化研究走进社会，走进课堂，必将使这门新兴的学科不断成长和成熟，以造福于我们的每一个地方和整个社会。我们期盼这个地方学建设与地域文化研究的兴旺期早日到来！

地方学应用的实践与探索

——以黄石港工业遗产旅游为例

刘金林❶

摘　要：黄石地方学学科体系（大冶学）的核心基础是黄石港模式，该模式是中国近代重工业发展成功之路。黄石地方学学科体系（大冶学）构建的物质基础——近代黄石港重工业遗产之城。黄石地方学学科体系（大冶学）应用的实践与探索——黄石港工业遗产旅游。

关键词：黄石港；重工业；工业遗产；大冶学

黄石地方学学科体系——大冶学是以历史上的大冶地区为核心，以矿冶之学为主要内容，包括地方特色文化在内的一门地方学学科。大冶学不仅仅是一门研究地方文化的学科，实际上大冶学是以更宏大的背景、更广阔的视野，从整体史的角度，来研究中国古代以青铜原料铜为核心的矿冶史，以及中国近代以钢铁工业为核心的重工业史的具有地方特色的一门学科。大冶学在中国古代矿冶史以及中国近代工业史的研究方面具有非常典型的代表意义。❷ 大冶学有广义和狭义之分，广义的大冶学是地方学，包括古代、近现代历史文化及地方特色文化等内容。而狭义的大冶学是城市学，主要研究近代大冶重工业城市形成发展的进程，由于近代大冶工矿区已改名为黄石市，狭

---

❶ 刘金林，黄石港地方文化研究会会长、湖北师范大学汉冶萍研究中心及矿冶文化研究中心研究员。

❷ 刘金林、聂亚珍、陆文娟：《资源枯竭城市工业遗产研究——以黄石矿冶工业遗产研究为中心的地方文化学科体系的构建》，光明日报出版社，2014年。

义的大冶学也可以称为黄石学，本文的大冶学特指狭义的大冶学。

一、黄石地方学学科体系（大冶学）的核心基础——黄石港模式

从洋务运动时期开始，近代黄石（即大冶或黄石港）在近代化过程中，逐步形成了以工业化为标志的城市近代化的成功探索模式——黄石港模式，即充分利用所处的长江黄金水道的优越地理位置以及所拥有的丰富的铁矿、铜矿、煤矿、石灰石矿等资源，形成了以港口＋资源型城市近代化的重工业发展模式，为近代荆楚大地探索出一条中国近代重工业发展的成功之路。

随着第一家现代化钢铁联合企业——汉冶萍公司的诞生，大冶成为近代中国重工业的发祥地，成为亚洲及中国钢铁工业的摇篮。洋务运动时期，发源于大冶的汉冶萍公司改变着中国重工业布局，使湖北地区成为中国最早最大的重工业基地。抗战时期，随着大冶重工业的西迁，对西南重工业基地的形成产生重大而深远的影响。近代后期随着大冶国防重工业基地的确立，为新中国初期湖北重工业基地的兴建奠定了坚实的基础，改变了中国重工业集中分布在沿海和东北的不平衡布局。

黄石港模式之所以成功，最关键的是历届中央政府和地方政府重视的结果。黄石港是清政府、北洋政府以及国民政府等历届政府重点建设的重工业基地，汉冶萍地区以港口型城市发展的武汉重工业的最终失败以及以资源型城市发展的萍乡的衰落充分说明了这一点。

抗战胜利后，国民政府在大冶筹建全国最大的钢铁工业基地——华中钢铁公司，兴建大型的大冶电厂，以及全国最大的水泥基地——大冶水泥厂。以这三大企业为中心的大冶国防重工业基地的兴建是以翁文灏、钱昌照、孙越崎等为代表的资源委员会著名重工业专家，在近代中国重工业建设中的成功探索，也是黄石港模式探索成功的主要标志。

这是一条中国近代民族重工业的发展模式，即以国营事业为中心的港口资源型国防重工业发展的黄石港模式。

黄石港模式以国营事业为中心，不仅是企业属于国家所有，即企业国营化，还要求管理科学化、人才专业化。大冶模式在借鉴西方先进的管理制度的前提下，注重企业管理科学化、人才专业化，企业的管理和技术人才都是有丰富管理经验和技术专业深造的高级人才，如：华中钢铁公司代总经理张松龄，南开大学矿科毕业，到美国进修学习，曾任六河沟炼铁厂工程师、本

溪煤铁公司总经理。华中钢铁公司筹备处主任、总工程师刘刚，北洋大学矿冶系毕业，到英国设菲尔德大学冶金系进修，曾任资源委员会矿冶专门委员、大渡口钢铁厂高级工程师。华中钢铁公司副总工程师丘玉池，获英国伦敦大学矿冶学院冶金系学士学位、德国亚琛工科大学冶金系博士学位，曾任资源委员会专门委员。[2]

黄石港模式在重工业厂址选择上注重基地国防化、港口资源化。翁文灏非常注重重工业厂址的选择，他认为："选择地点必须注意到国防安全、运输便捷、资源丰富，因而决定以江西、湖南、湖北为建设中心。"国民政府筹备建设的马鞍山中央钢铁厂由于离海岸线较近，从国防安全的角度上考虑不适应，湘潭中央钢铁厂由于煤铁资源不够丰富，交通也不如长江沿岸便利，都被翁文灏否决了，他认为：大冶为中国的腹地，距离东、南海岸线均在1000公里左右，国防安全有保障，靠近长江边，交通方便，且附近的大冶铁矿为世界著名的富矿，开采规模大，还有盛宣怀开办的汉冶萍公司残存的资产都集中在这里。❶

二、黄石地方学学科体系（大冶学）构建的物质基础——近代黄石港重工业遗产之城

大冶重工业文明为近代荆楚大地保存了一座完整的中国近代重工业遗产之城——近代黄石港重工业遗产之城，也就是120年前汉冶萍铁路建成后形成的近代大冶工矿区的城市格局。

大冶工矿特区即今天黄石市区的形状呈"人"字形，是兴矿建厂，通过铁路连接厂矿、村镇，逐步形成的城市格局。1892年"人"字形框架形成以后一直延续到现在，黄石是一座百年城市格局基本没有变动的城市。"人"字形城市格局的两条线是城市形成的核心骨架，"人"字的"撇"线是指1892年建成的汉冶萍铁路线，它是城市形成的生命线。"人"字的"捺"线是指从1892年开始兴建的汉冶萍运矿码头以及众多厂矿码头所形成的长江航线（后来汉冶萍铁路延伸与长江航线平行）。两条线连接了黄石港、石灰窑（今西塞山区）以及下陆、铁山等村镇，连接了大冶铁矿、大冶钢铁厂、大冶水泥厂、大冶电厂、源华、利华煤矿等厂矿。由于工业遗产集中分布，2011年湖北省政府批准设立黄石工业遗产片区，2012年入选中国世界文化遗产预备名单，这是中国近现代工业遗产获得的最高殊荣。

---

❶ 政协湖北省文史资料委员会：《湖北文史资料·汉冶萍与黄石史料专辑》1992年第2期。

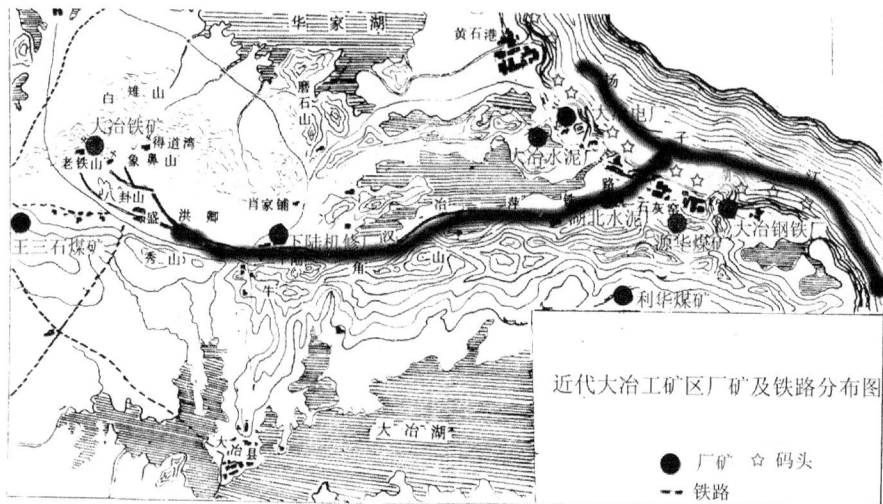

近代大冶工矿区工业布局略图

　　黄石港工业遗产片区的工业遗产不是各自孤立存在的，可以通过汉冶萍铁路连接起来，实际上是一条文化线路遗产。汉冶萍铁路连接了汉冶萍煤铁厂矿旧址、源华煤矿旧址、华新水泥厂旧址、黄石国家矿山公园（大冶铁矿东露天采场）。中华人民共和国成立后，延伸到铜绿山（铜绿山古铜矿遗址博物馆），完全具有文化线路的遗产价值。❶

三、黄石地方学学科体系（大冶学）应用的实践与探索——黄石港工业遗产旅游

　　黄石港区历史文化内涵厚重，工业遗产旅游资源丰富，这里现在保存有全国重点文物保护单位和中国保存最完整的"远东第一"水泥工业遗产——华新水泥厂旧址，全国重点文物保护单位——汉冶萍煤铁厂矿旧址重要组成部分卸矿机和小红楼，中国最早的水泥专用码头——华记湖北水泥厂码头旧址，中国近代最早及使用时间最长的城市轨道铁路——汉冶萍铁路等。

　　黄石港"远东第一"的美誉来源于位于黄石港区的华新水泥厂，1958年9月15日，毛主席视察黄石，在接见华新水泥厂党委书记李秉范时，风趣地说："你们是'远东第一'嘛！年产80万吨，了不起。"

---

❶　刘金林：《黄石工业遗产科普旅游研究》，光明日报出版社，2016年。

在近代黄石港百年曲折发展的进程中，涌现出许多传奇人物，演绎着一部部"远东第一"的历史传奇，创造了亚洲及远东近代工业的辉煌。

1. 远东第一部工矿区建设规划——黄石港湖北钢铁基地建设规划。（1877 年）

2. 远东最早最大的钢铁联合企业——汉冶萍公司（前身为湖北铁政局）。（1890 年）

3. 远东第一座现代化大型露天铁矿——大冶铁矿。（1890 年）

4. 远东现存第一条城市轨道铁路——汉冶萍铁路。（1891 年）

5. 远东第一部城市轨道铁路客运章程——汉冶萍铁路客运章程。（1896 年）

6. 远东第一部城市轨道铁路维护章程——汉冶萍铁路维护章程。（1896 年）

7. 远东早期工业科普旅游的发祥地——黄石港工业旅游。（19 世纪末 20 世纪初）

8. 远东第一条铁路与内河联运的铁矿运输专线——汉冶萍铁路与长江联运航线。（1893 年）

9. 远东第一条铁路与江海联运的铁矿运输专线国际航线——汉冶萍铁路与江海联运到日本航线。（1900 年）

10. 远东第一条高架索道运输线——湖北水泥厂高架索道。（1907 年）

11. 远东最早的内河水泥专用码头——湖北水泥厂码头。（1907 年）

12. 远东第一条索道与内河联运航线——湖北水泥厂高架索道与长江联运航线。（1907 年）

13. 远东第一条翻越高山的高空索道——利华煤矿索道。（1934 年）

14. 远东最早形成的海陆空立体化交通网络体系——黄石港立体化交通网络体系。（1934 年）

15. 远东最大的内河工矿资源运输港口——黄石港。（1910 年）

16. 远东"一战"后建成的最现代化钢铁工业基地——大冶钢铁厂。（1922 年）

17. 远东"二战"后最早兴建的大型钢铁工业基地——华中钢铁公司。（1946 年）

18. 远东"二战"后兴建的最大水泥工业基地——大冶水泥厂。（1946 年）

19. 远东"二战"后最早兴建的大型电力工业基地——大冶电厂。（1946 年）

20. 远东"二战"后兴建的第一工矿特区——大冶工矿特区。（1949 年）❶

---

❶ 刘金林：《中国科普胜地　世界地矿名城　黄石》，光明日报出版社，2016 年。

充分利用近代黄石港百年涌现出的许多传奇人物，演绎着一部部"远东第一"的历史传奇，以及创造亚洲及远东近代工业辉煌的历史文化旅游资源，以建设中国黄石公园品牌为核心，打造黄石港文化旅游模式的工业遗产旅游品牌——远东工业摇篮。

建议按照近代黄石城市工业的分布特点——厂矿高度集中，铁路相连，采用火车旅游是一种比较好的方式。下面就以汉冶萍老式火车铁路游，进行模拟旅游。

现在让我们穿越时空隧道，跟随着学生旅游团，乘坐老式火车，沿着汉冶萍铁路，游黄石工业遗产，重温我们家乡辉煌的工业史。第一站是西塞山下汉冶萍（旧址）站，游汉冶萍广场，参观汉冶萍煤铁厂矿旧址，两座当时亚洲最大的炼铁高炉遗址向我们述说着亚洲最早最大的钢铁联合企业汉冶萍煤铁厂矿有限公司的历史。临走时，我们向张之洞塑像敬礼，感谢他为黄石做出的巨大贡献。

火车缓缓前行，停到了第二站源华煤矿（旧址）站，参观源华煤矿矿井遗址，感受当时煤矿工人的辛劳，看着黄石煤矿博物馆的图片，听着讲解，我们仿佛看到了源华煤矿的辉煌。随后，游飞云洞革命遗址，听长辈们讲林育英在黄石创建共产党的故事，我们也身临其境把自己当成了演员，演义黄石第一代共产党人的革命壮举。离开飞云洞，我们乘坐上了中国第一条翻越高山的架空索道——利华煤矿高架索道缆车，有飞上天的感觉，时间太短了，不知不觉来到了黄荆山南边的柯家湾，参观了利华煤矿，中午到老乡家吃了可口的农家饭，听老奶奶讲述冼星海率领的武汉大学学生救亡歌咏队和著名戏剧家洪深率领的上海救亡演剧二队来这里演出的情形，我们仿佛听到《义勇军进行曲》的歌声在矿山和乡村中回荡。之后我们又乘坐高架索道缆车翻越高山，飞向长江岸边，来到第三站港口（卸矿机码头）站，参观汉冶萍运矿码头，看到日本侵略黄石时修建的两台运输铁矿石的卸矿机，像是在对我们诉说当年日本侵略者掠夺我们宝贵财富的罪行。火车继续前进，我们看到了两座红旗桥，第四站华新水泥厂与电厂站到了，进第一座红旗桥，游华新水泥厂遗址公园，包括华新水泥厂一、二、三号窑旧址，烧成车间，制成车间等。一、二号悬窑为1946年美国埃利斯公司生产，三号窑名为"华新窑"，是中国自产，都是当时先进的水泥生产设备。参观了水泥博物馆后，我们感觉到远东第一水泥厂名不虚传。出第二座红旗桥，我们参观了大冶电厂旧址、黄石电厂博物馆，深感中南第一大电厂对国家贡献真大。

我们结束了第一天旅行，住进沈家营吴王庙五星级大酒店，听说这个地方曾经是中国著名实业家盛宣怀看中的，也是亚洲第一家钢铁厂的厂址，由于当时没有资金，他的宏伟计划没有实现。第二天一大早，我们又开始了愉快又紧张的旅行，火车来到下陆站，参观中南地区现存最古老的火车站——下陆车站，在大冶铁矿下陆机修厂工人俱乐部旧址，我们看着俱乐部里的照片，犹如看到下陆大罢工那激动人心的场面，罢工司机开启老火车的汽笛，工人们浩浩荡荡地从下陆奔向石灰窑，他们的怒吼声响彻云霄。我们乘坐张之洞坐过的火车来到大冶铁矿站，参观大冶铁矿博物馆，这里记述着张之洞和毛泽东等人视察的足迹。游黄石国家矿山公园，层层叠叠的螺旋状的矿冶天坑令人感受到人类征服大自然的壮举。下午的终点站大冶铜绿山站之旅，让我们了解到了一部活的采矿史。参观铜绿山古铜矿遗址博物馆，博物馆展览大厅清晰地再现了3000年前矿工开拓井巷采掘矿石的情境。设置在大厅南侧的辅助陈列室，运用出土文物、矿石标本、照片、图表、模型等反映了遗址的地质地貌、发掘经过、年代测定、采冶结合等状况，并陈列有出土器物，让我们眼花缭乱。

汉冶萍铁路旅游站点附近工业遗产分布简表

序号	旅游站点	站点附近工业遗产分布
1	汉冶萍煤铁厂矿旧址	汉冶萍旧址包括冶炼铁炉、高炉栈桥、日欧式建筑群、瞭望塔、张之洞塑像、汉冶萍界碑等。新中国第二钢都工业遗产包括办公楼、厂房、苏式建筑群等
2	源华煤矿旧址	源华煤矿办公楼、宿舍楼、井口、厂房、小铁路、毛主席塑像以及江边铁路、煤场等。利华煤矿井口
3	卸矿机码头	卸矿机码头、华记湖北水泥厂码头、海关山名人楼及挹江亭
4	华新水泥厂旧址	华新水泥厂旧址包括一、二、三号窑、办公楼、水泥库、高级职员宿舍楼、毛主席塑像、湖底隧道等。黄石电厂厂房、煤仓等
5	汉冶萍操车场	汉冶萍操车场包括铁路、站台。华记湖北水泥厂旧址包括办公楼、厂房、烟囱等。袁仓煤矿三楚第一井、厂房等
6	下陆车站	下陆车站、大冶铁矿下陆机修厂俱乐部等
7	大冶有色	大冶有色苏式建筑群、办公楼、冶炼厂厂房等
8	大冶铁矿	黄石国家矿山公园（大冶铁矿东露天采场）包括东露天采场、汉冶萍平巷、日军碉堡、毛主席石雕像以及大冶铁矿博物馆、盛宣怀纪念碑等
9	铜绿山古铜矿遗址	铜绿山古铜矿遗址包括古代采铜矿井、炼炉以及博物馆等。铜绿山矿露天采场以及新冶铜矿矿井、厂房等

　　汉冶萍铁路沿线工业遗产非常丰富，既有三处全国重点保护文物单位——汉冶萍煤铁厂矿旧址、华新水泥厂旧址、铜绿山古铜矿遗址，又有全国第一座国家矿山公园——黄石国家矿山公园（大冶铁矿东露天采场），还有许多近现代工业遗产，特别是近代工业遗产有着非常重要的历史价值，它们所反映的近代黄石港工业在全国占有极其重要的历史地位。❶

---

　　❶ 刘金林：《再现近代中国工业第一城——历史学视野下的黄石工业遗产价值评价》，《中国工业建筑遗产调查、研究与保护（四）——2013 年中国第四届工业建筑遗产学术研讨会论文集》，清华大学出版社，2014 年。

新疆塔城与塔城学研究

仇安鲁❶

摘　要：本文分三个部分对新疆塔城与塔城学研究进行论述。第一部分为塔城概况，分别介绍塔城地区概况和塔城市概况；第二部分为重点，主要介绍塔城历史文化、塔城学研究和塔城学发展；第三部分为塔城与草原丝绸之路。

关键词：新疆塔城；塔城学；塔城学研究与发展

一、塔城概况

（一）塔城地区概况

位置、面积　塔城地区位于新疆维吾尔自治区西北部、伊犁哈萨克自治州中部，东经 82°16′—87°21′，北纬 43°25′—47°15′。西北部与哈萨克斯坦共和国接壤，边境线长 540 千米。东北与阿勒泰地区相邻，东部以玛纳斯河为界与昌吉回族自治州及石河子市相连，南以天山的依连哈比尔孕山和婆罗科努山为界与南疆的巴音郭楞蒙古自治州和伊犁哈萨克自治州为邻，西南毗邻博尔塔拉蒙古自治州。在地区腹心地带有自治区直属的克拉玛依市与伊犁哈萨克自治州属的奎屯市，在地区沙湾县东部有自治区直属的石河子市。东西横距 394 千米，南北纵距 437 千米，面积94 891平方千米，占新疆面积的 6%，

❶　仇安鲁（1956—），新疆塔城地委党史地方志编辑室工作，2016 年退休。现任新疆塔城学研究室主任。从事新疆地方史、地方志和塔城学研究。已出版《新疆塔城草原丝绸之路贸易史》（合著）。

占全国面积的 1%。辖塔城市（面积 4007 平方千米）、乌苏市（面积14 394平方千米）、额敏县（面积9147 平方千米）、裕民县（面积6107 平方千米）、托里县（面积19 992平方千米）、沙湾县（面积12 460平方千米）、和布克赛尔蒙古自治县（面积28 784平方千米）。❶

塔城，旧称塔尔巴哈台。清代中期，1764 年塔尔巴哈台地方面积218 437 平方千米。西部由铿格尔图喇过额尔齐斯河，经喀尔满岭、爱古斯河到巴尔喀什湖；北部由铿格尔图喇顺额尔齐斯河向东，经斋桑泊到科布多边界；西南部顺勒布什河与伊犁接壤；南部沿阿拉山口、艾拉克淖尔与库尔喀喇乌苏相连；东南部与乌鲁木齐、古城（今奇台县境）接壤。1840 年后，俄国趁清朝腐败之机，采取修筑据点、建设堡垒、强行移民等手段，不断蚕食塔城疆域；进而又通过强迫签订《中俄北京条约》《中俄勘分西北界约记》《中俄塔尔巴哈台界约》《中俄伊犁条约》《中俄塔尔巴哈台西南界约》等不平等条约，共强行划走塔城所属117 100平方千米土地，致使中外驰名的巴尔喀什湖、斋桑湖、阿拉湖及爱古斯河、雅尔河、勒布什河等塔城境内山河湖泊尽被沙俄侵占。1905 年塔城、阿勒泰分治，设阿勒泰办事大臣，原属塔尔巴哈台参赞大臣管辖的吉木乃、布尔津、福海、青河等地划归阿勒泰办事大臣管辖。塔城地区所属土地仅有今塔城市、裕民县、额敏县、托里县、和布克赛尔蒙古自治县一带地方。❷

地名　塔城地名来自塔城北部的塔尔巴哈台山和塔城"绥靖城"（1766年建）的简称，是清代咸丰年间开始有此简称的。塔尔巴哈台是蒙古语，意思为旱獭，此地因旱獭多而得名。塔城市，清朝称"楚呼楚"，又译写为"楚固恰克"，蒙语为木碗意思。"塔尔巴哈台"民族语意为塔城地区。塔城市，蒙古语为"楚呼楚"，维吾尔语译为"缺切克"，哈萨克语转音为"桥协克"。

历史沿革　距今 5 万年前的旧石器时代晚期，在塔城的东北部，赛尔山南部骆驼石发现的砍砸器和手镐等石器，是新疆目前发现的最古老的人类活动地点。在距今四千年至春秋、战国时期，古塞人、月氏人、乌孙人，先后进入塔城地区境内，从事狩猎、采集、游牧、农耕和手工业，开启了塔城地区原始农业、畜牧业和手工业。西汉初年，塔城辖境南部，即额敏河以南为乌孙人游牧地和农耕地，公元前 60 年，为西域都护府统辖。塔城地区北部，

---

❶　中华人民共和国民政部编：《中华人民共和国行政区划简册 2017》，中国地图出版社，2017年，第 190 页。

❷　党东颉：《塔城地区区志》，新疆人民出版社，1997 年，第 61 页。

即额敏河以北，为匈奴人、呼揭人控制。东汉至魏晋时期，塔城地区为西域长史府所辖。隋代，为西突厥铁勒部之地。唐代为北庭都护府所辖。北宋为西辽王朝统辖。南宋为蒙古汗国所统治。成吉思汗分封时，辖境一带为成吉思汗三儿子窝阔台领地，汗府设在也迷里，今额敏县境。明代，为西蒙古土尔扈特部游牧、农耕地。明崇祯元年（1628）土尔扈特部西迁伏尔加河后，塔城一带为西蒙古准噶尔部统辖。清乾隆年间平定准噶尔地方政权后，塔城为清朝统治。

建制沿革　唐朝在今塔城设有：叶河守捉，在今沙湾县境；黑水守捉，在今乌苏市境；东林守捉，在今乌苏市西 30 多千米的四棵树镇；西林守捉，在今乌苏市西 60 多千米的古尔图。唐朝在今塔城还设有：玄池州都督府，在今塔城市北部；匐延州都督府，在今额敏县境；阴山州都督府，在今塔城市西南，今哈萨克斯坦国阿拉湖一带；盐泊州都督府，在今克拉玛依市、和布克赛尔蒙古自治县南部一带；大漠州都督府，在今和布克赛尔蒙古自治县东部一带。这些都督府都隶属北庭大都护府管辖。

1132 年，辽宗室第八代孙耶律大石在也迷里（今额敏县境）城登基称帝，号菊尔汗，意为"大汗"，尊号"天佑皇帝"，建元"延庆"，史称西辽王朝。其声势远扬里海以外，以至今日俄罗斯和中亚各族、希腊、中古英语词汇中仍把中国人称作"克塔依"或"黑达依"，意为中国的、汉人的。"克塔依"为契丹之转音，因辽朝为中国北方契丹族所建。

1762 年清政府在雅尔（今哈萨克斯坦乌尔贾尔）设塔尔巴哈台军台。

1763 年在雅尔建肇丰城，设塔尔巴哈台参赞大臣，置官 65 员，军士 600 名。1766 年因雅尔冬季雪大，夏季多白蝇叮咬，军士不堪其苦，将参赞大臣驻地东移至楚呼楚，今塔城市市区，建"绥靖"城，城址在今市区塔城军分区、塔城地委、行署处。该城于 1865 年毁于战乱。该城又称老城或"汉城"。1889 年清政府在原"绥靖"城东南 1000 米处建"绥靖"新城，又称"满城"。城址在今地区客运站、塔城市第六小学处。1912 年，塔城地区建置沿袭清制。1915 年由绥来县，今玛纳斯县，析出成立沙湾县。1915 年 12 月从沙湾县设和什托洛盖县佐。1929 年和什托洛盖县佐改为设治局。1943 年和丰设置局升格为和丰县。民国五年（1916）裁撤塔尔巴哈台参赞大臣，设塔城道。原属迪化道（今乌鲁木齐市）的沙湾县、乌苏县，改隶属塔城道管辖。当时，塔城道下辖塔城县、沙湾县、乌苏县。1918 年由塔城县析出成立额敏县。1941 年由塔城县析出成立裕民县。1952 年由额敏县析出成立托里县。1945 年

8月，"三区"革命临时政府塔城专员公署成立。1946年8月，新疆省联合政府成立，塔城专员公署称新疆省塔城专员公署。1949年10月，中华人民共和国成立后，原塔城专员公署经改组仍用原称。1950年5月塔城专员公署改为塔城地区行政督察专员公署。1950年8月，中共塔城地委成立。1951年12月塔城区行政督察专员公署更名为新疆省人民政府塔城专员公署，是新疆省人民政府派出机构。1954年11月伊犁哈萨克自治州成立，塔城专区归伊犁哈萨克自治州和新疆维吾尔自治区双重领导。1967年成立塔城专区革命委员会。1971年，塔城专区革命委员会改称塔城地区革命委员会。1979年6月，塔城地区革命委员会更名为伊犁哈萨克自治州塔城地区行政公署。1958年5月经国务院批准，克拉玛依市成立，从塔城地区划出7千多平方千米土地。1975年奎屯市成立，从塔城地区划出1109平方千米土地。1975年6月，沙湾县划归石河子地区。1978年重新划归塔城地区。1976年1月石河子市成立，从沙湾县境内划出土地460平方千米归石河子市。1984年11月国务院批准撤销塔城县，成立县级塔城市。1996年7月国务院批准撤销乌苏县，成立县级乌苏市。

人口、民族　2016年年末塔城地区地方户籍人口941 356人，比上年减少9242人。居住生活有43个民族，其中汉族491 659人，各少数民族449 697万人。在各少数民族人口中，哈萨克族264 573人，回族84 146人，维吾尔族42 257人，蒙古族33 545人，达斡尔族5276人，俄罗斯族3341人，柯尔克孜族2163人，锡伯族1973人，满族733人，塔塔尔族504人，乌孜别克族412人，塔吉克族9人，其他民族10 765人，其中东乡族7509人，藏族971人，壮族652人，土家族344人，土族301人，苗族263人，撒拉族201人。人口在200人以下的少数民族有22个。

2015年年末，塔城地区地方户籍人口950 598人，其中城镇人口413 379人，乡村人口537 219人。居住生活着44个民族，其中汉族499 563人，少数民族451 035人。

2016年年末塔城地区区域总人口约254万人，其中塔城地区地方户籍人口94万人，克拉玛依市（包括石油矿区）30万人，石河子市（包括生产建设兵团第八师师部及所属团场）65万人，奎屯市32万人，生产建设兵团第七师22万人，第九师8万人。塔城地区行政区域有新疆生产建设兵团第七、第八、第九、第十师所属的27个农垦团场，兵团第九师师部驻额敏县城。

清代，1782年，塔城人口12 135人，1909年14 224人。1926年，塔城地

区人口55 182人，1944年增至170 422人，1949年为186 259人。1953年第一次全国人口普查，塔城地区人口199 442人，其中少数民族170 108人。1964年第二次全国人口普查，人口为339 754人，其中少数民族132 692人。1982年第三次全国人口普查，为687 312人，少数民族280 145人。1990年第四次人口普查，塔城地区有30个民族，人口777 412人，少数民族332 230人。2000年第五次人口普查，塔城地区有47个民族，人口892 397（包括辖区内部分兵团人口），少数民族369 568人。2010年第六次人口普查，塔城地区居住生活的民族有49个，常住人口1 219 369人（包括辖区内部分兵团人口），少数民族417 828人。其中人口在万人以上的民族有5个，人口在10 000人以下、1000人以上的民族有6个，人口在1000人以下、100人以上的民族有10个，人口在100人以下20人以上的民族有8个，人口在20人以下的民族有20个。

经济社会发展　2016年塔城地区生产总值（GDP）562.5亿元（含兵团数据），比上年增长9.2%。完成地方生产总值447.1亿元，增长9.5%，分产业看：第一产业增加值152.8亿元，增长5.2%；第二产业增加值137.2亿元，增长13.6%；第三产业增加值157.1亿元，增长9.4%。三次产业比例为34.2：30.7：35.1。地方财政收入49.4亿元，比上年增长7.1%；公共财政预算收入43.8亿元，增长8.4%；公共财政预算支出156.5亿元，增长14.2%。农村居民人均期内现金收入14 461元，增长6.5%；城镇居民可支配收入26 628元，增长6.1%。完成进出口贸易总额4.05亿美元，增长48.9%。其中，进口额0.2亿美元，下降25.1%，出口额3.85亿美元，增长56.9%。

经济社会发展思路　2016年1月，中共塔城地委扩大会议上提出塔城地区今后的发展目标是：打造生态文明先行区、融合发展先导区、中哈合作示范区、多元文化荟萃区、和谐发展模范区。坚持走生产发展、生活富裕、生态良好的文明发展道路，使塔城天更蓝、水更清、空气更清新，落实自治区党委要求：在塔城留下一块让世人无比留恋的辽阔草原、良好生态、浓郁西部特点的宝地。坚持绿色发展、绿色惠民，建设绿色塔城、生态塔城。

2017年7月塔城地委提出了建设"和谐生态宜居塔城"的发展定位，提出了"油画塔城，丝路净土，康养天堂"的目标任务。

（二）塔城市概况

位置、面积　塔城市位于新疆西北部，位于东经82°41′03″—83°38′19″，北纬46°24′03″—47°14′03″之间，东接额敏县，南与裕民县相邻，西部和北部与哈萨克斯坦共和国接壤，边境线长 150 千米。南北最长 90 千米，东西最宽 58 千米，面积 4007 平方千米。生产建设兵团第九师的 162、163、164 三个团场在塔城市境内。中共塔城地委和伊犁哈萨克自治州塔城地区行政公署驻塔城市。市区距自治区首府乌鲁木齐 530 千米，距自治州人民政府所在地伊宁市 730 千米，距塔城巴克图口岸 17 千米。距地区所属各县市城区分别为：额敏 56 千米，裕民 70 千米，托里 120 千米；乌苏 350 千米，沙湾 380 千米，和布克赛尔 380 千米。

人口、民族 2016 年年末塔城市地方户籍人口151 653人，居住生活着 34 个民族，其中汉族87 633人，少数民族64 020人，其中哈萨克族27 758人，回族13 641人，维吾尔族5060人，达斡尔族5093人，东乡族3643人，俄罗斯族2313人，柯尔克孜族1840人，蒙古族1753人，锡伯族1549人，塔塔尔族247人，满族229人，壮族186人，乌孜别克族160人，撒拉族148人，藏族118人，苗族76人，土家族59人，朝鲜族36人，鄂温克族17人，裕固族18人，彝族14人，黎族11人，侗族11人，土族9人，布依族4人，瑶族2人，白族3人，哈尼族3人，仡佬族10人，畲族2人，羌族1人，保安族3人，塔吉克族1人。2015 年年末塔城市地方户籍人口152 899人，居住生活着 36 个民族，其中汉族88 904人，少数民族63 995人。

经济社会发展 2016 年塔城市实现生产总值（GDP）72.4 亿元，增长 9.5%。人均 GDP 达到47 639元，按全年平均汇率（1：6.6423）计算达 7172 美元。第一产业实现增加值 17.9 亿元，增长 5.6%；第二产业实现增加值 13.3 亿元，增长 11.5%，其中工业经济实现增加值 1.6 亿元，增长 7.2%；第三产业实现增加值41.2 亿元，增长 10.5%。三次产业结构由上年的 26：19：55 调整为 25：18：57。全年实现外贸进出口总额 1.71 亿美元，下降 18%，其中，出口额 1.68 亿美元，下降 16%；进口额 0.03 亿美元，下降 60%。地方财政收入完成 7.15 亿元，增长 11.4%。完成地方财政支出 23.23 亿元，增长 4.5%。城镇居民可支配收入25 406元，增长 9.3%；农民人均纯收入14 726元，增长 5.3%。

经济社会发展思路 2012 年 7 月，塔城市委、市政府提出：以文化旅游产业为主导，走"文化立市、生态美市、旅游富民、边贸兴业"的发展思路，发展休闲旅游业、现代服务业、边贸物流业和绿色食品加工业，建设"绿色塔城、人文塔城、宜居塔城、和谐塔城"。

2015 年塔城市委、市政府提出：以文化旅游产业和外向型经济为主导，坚持文化立市、生态美市、团结安市、商贸兴市、创新强市的可持续发展思路，以建设"新丝绸之路经济带"沿边开放桥头堡为契机，以"绿色、宜居、人文、和谐、智慧"为主要目标，调优经济结构，提高经济发展质量，进一步改善市民生活质量，推进社会事业全面发展。

2016 年塔城市的发展思路：立足五大优势，坚持文化立市、生态美市、团结安市、商贸兴市、创新强市，重点打造国际商贸物流平台、文化交流平台、健康养生平台，努力建设美丽和谐幸福塔城，确保与全疆全地区同步全面建成小康社会。力争将塔城市建设成为丝绸之路经济带上的文化高地、艺术沙龙、度假目的地和康养幸福城市。

二、塔城历史文化与塔城学研究

（一）塔城历史文化

塔城位于新疆准噶尔盆地西北，这里是亚欧大陆地理中心，是历史上东西方文明交流、交汇的重要地区。黄河、长江流域的华夏文明，底格里斯河、幼发拉底河的巴比伦文明，伊朗高原的波斯文明，印度河、恒河的印度文明，尼罗河流域的埃及文明，地中海北岸的希腊、罗马文明，都曾在塔城地区交流、交汇和融合。塔城曾拥有悠久的古代文化和文明。

塔城地区北部有塔尔巴哈台山、赛尔山（又称萨吾尔山）、乌尔嘎萨尔山，南部有天山，中部有加依尔山、玛依勒山，西南部有巴尔鲁克山。塔城地区河流主要有玛纳斯河、金沟河、八音沟河、奎屯河、四棵树河、古尔图河、额敏河、塔斯特河、白杨河、和布克河。这里有高山、丘陵、平原，有草地、湿地，有河水、湖水、泉水，气候冬暖夏凉，四季较分明，宜农、宜牧、宜草、宜林、宜商，适宜人类生息繁衍，适宜野生动物、植物成长。

塔城有厚重的历史。早在旧石器时代晚期和新石器时代早期，在塔尔巴哈台山北部和南部，在额敏河谷地，在塔城市喀浪古尔河谷地，乌拉斯台河谷地，在和布克赛尔蒙古自治县和布克河谷地，沙湾县玛纳斯河谷地，金沟河谷地，乌苏市奎屯河谷地，四棵树河谷地，托里县玛依勒山、加依尔山谷地，裕民县巴尔鲁克山谷地，塔斯特河谷地，考古工作者在上述地方的考古发掘和研究表明：在距今 5 万年前至 3000 年前，塔城地区是新疆北部地区有较早古人类活动的重要区域之一。2004 年 5 月，由中国科学院组织中国科学院古脊椎动物与古人类研究所、新疆文物考古研究所、美国亚利桑那大学人类学系、俄罗斯远东科学院，共十余人的科学考古调查队，在新疆进行了为期一个月的旧石器考古调查。这次考察的重点在北疆的准噶尔盆地西缘，塔城地区和布克赛尔蒙古自治县和什托洛盖镇的骆驼石遗址是本次考察的重要收获。遗址位于国道 217 线 245~250 千米两侧，面积约 20 平方千米。石制品分布于地表，由黑色页岩打制而成，类型有石核、石片和石器及勒瓦娄哇石片等。石器以大型和中型居多，类型有砍砸器、刮削器、薄刃斧和手镐等，多数单向加工；初步判断应属于旧石器时代中晚期。❶ 勒瓦娄哇指一种石器的制作技术，是指古代人类对石器工业技术的改进，集中体现在从石核上打制石片的形态和打片过程，指石片从燧石石核上剥离下来以前，先将石核加以修理，经修理后的石核像个倒置的龟甲。打下的石片，一边平整，一边凸起，锐利的刃缘很像一把石刀。石片的台面常常留有修理的痕迹。这项石制技术标准地点因在法国巴黎近郊的勒瓦娄哇而得名。❷

这些远古人群在塔城大地上从事狩猎、采集活动，从事原始畜养业、畜牧业或游牧业，从事原始农耕或农业，从事原始手工业、冶铜业和冶铁业。他们制作、制造了比较先进、比较丰富的石器、陶器、铜器、铁器和金器，他们为远古的塔城文明和塔城文化贡献了自己的智慧。❸ 其中和布克赛尔蒙古自治县的骆驼石遗址、塔城市区西北原塔城地区卫生学校古墓葬遗址、塔城市二工镇下卡浪古尔村古遗址、托里县萨孜村古墓葬遗址、乌苏市四棵树镇土墩墓群、沙湾县东湾镇洪沟青铜器出土点、裕民县吉也克乡沙尔布拉克遗址、额敏县叶密里故址，出土了石器、陶器、铜器、铁器和金器。这些出土文物一直为中外考古专家、历史研究专家所重视，成为研究塔城、研究新疆、研究中亚的重要的一手资料。❹

塔城历史上，先后有塞人、月氏人、乌孙人、匈奴人、呼揭人、汉人、康居人、粟特人、突厥人、回鹘人、契丹人、蒙古人居住、生产生活，他们从事畜养业或游牧业，或农业，或经商。元代以来，塔城地区又有蒙古族、汉族、回族、维吾尔族、柯尔克孜族、乌孜别克族、哈萨克族、俄罗斯族、塔塔尔族、满族、锡伯族、达斡尔族、鄂温克族、藏族、撒拉族、东乡族，

---

❶ 中国考古学会编：《中国考古学年鉴 2005》，文物出版社，2005 年，第 376、377 页。
❷ 刘学堂：《石器时代东西方文化交流初论》，《新疆师范大学学报（哲学社会科学版）》2012 年第 4 期，第 47-56 页。
❸ 田卫疆：《史前时期的新疆》，新疆美术摄影出版社，2009 年，第 1 页。
❹ 苗普生等：《新疆史钢》，新疆人民出版社，2016 年，第 36 页。

在塔城地区居住、游牧和生产生活。新中国成立后，特别是 1978 年改革开放以来，又有羌族、朝鲜族、土家族、苗族、壮族、彝族、土族、保安族、瑶族、布依族、白族、侗族、裕固族、黎族、纳西族、傈僳族、仡佬族、哈尼族、傣族、佤族、水族等共 49 个民族（2010 年第六次全国人口普查数据），在塔城地区居住、生产生活。

塔城也是草原丝绸之路的重要通道。距今 3000 多年前，塔城就成为草原丝绸之路的重要通道和东西方人员、货物、文化、文明交流、交汇和交融的地方。塔城有经商、重商、亲商的良好商贸文化氛围，商贸文化成为塔城地方文化的重要内容。

由于塔城地处亚欧草原丝绸之路要冲，是东来文明与西来文明的交汇地，继古塞人以后，塔城先后还受到月氏文化、乌孙文化、匈奴文化、汉文化、呼揭文化、康居文化、粟特文化、突厥文化、回鹘文化、契丹文化、蒙古文化的影响。清代以来，又有满文化、达斡尔文化、鄂温克文化、汉文化、锡伯文化、维吾尔文化、哈萨克文化、回族文化、俄罗斯文化、柯尔克孜文化、乌孜别克文化、塔塔尔文化，这些各民族文化对塔城地区产生了重大影响，使塔城今天具有"各民族的历史文化、民俗文化博物馆"的美称。

（二）塔城学研究

塔城厚重的多元历史、多民族的文化和多样的社会生产生活，这些得天独厚的自然和人文环境，构成了今天塔城各民族人民生产生活和社会活动的多彩画面，成为"塔城学"建设的重要基础，成为"塔城学"研究的基本对象和重要材料，也为"塔城学"的研究提供了独有条件。

20 世纪 50 年代以来，随着新疆各地方历史、民族、文化、文物以及经济、政治和社会研究的深入，新疆各地区的地方学逐渐兴起。先后有国际阿尔泰学、吐鲁番学、龟兹学、喀什学、乌鲁木齐学、伊犁学、北庭学等地方学和地方学研究会成立，并出版地方学刊物、地方学研究专著。在这方面，我们塔城学的研究相对滞后。今天，在国家提出建设"丝绸之路经济带"的大背景下，认真开展塔城地方的历史研究、民族研究、文化研究、经贸研究、社会发展研究，并建立塔城学是很有必要的。塔城学就是对塔城地区的自然、经济、政治、历史、民族、贸易、文化、人文和社会等多方面进行深入系统研究的相关学问及研究成果。它的研究对象主要是塔城地区的历史文化、民族文化、经贸文化和社会发展文化。重点是塔城历史文化和社会发展文化，特别是当代塔城社会发展变迁的研究。认真开展塔城学研究是今天塔城地区发展的必然要求，也是今天我们塔城人的历史责任。

2010年以来，我们塔城地方历史文化研究爱好者，组织和联系区内外专家、学者，开展了塔城历史、民族、文化、经贸和社会发展等方面的初步研究。2013年，在塔城地委、行署，塔城市委、市政府的支持下，我们开展了"新疆塔城草原丝绸之路贸易史"专题研究。经过4年多的努力，完成了42万字的研究成果。2016年10月该成果由江苏人民出版社正式出版发行。通过对塔城草原丝绸之路贸易史的研究，我们对塔城的历史、民族、文化、经贸和社会等方面的变迁发展历史有了一些新的认识，这就是：要用"塔城学"来统筹塔城地区各方面的研究，要用学术研究的精神，用系统研究的方法，对我们塔城地区各个方面开展深入扎实的研究。2014年我们开始提出并酝酿塔城学的研究。2016年6月我们成立塔城学研究室，并组织和联系区内外专家学者就如何开展塔城学的研究与发展进行讨论，积极开展学术交流和探讨。

我们成立"塔城学"研究室，通过这个研究室，联系区内外各大专院校和科研机构，并依托他们开展塔城各方面的研究，并将研究成果出版成学术研究专著和通俗读物，供研究塔城、热爱塔城和建设塔城的人们阅读和欣赏。

我们还拟设了一些研究专题，主要有"塔城史前社会研究""塔城考古研究""神奇的塔城""塔城历史研究""塔城地名、历史沿革、建置沿革研究""塔城各民族与民族文化、民俗文化研究""和谐塔城社会发展研究""塔城对外开放发展研究""当代塔城社会发展研究""塔城历史大事研究""塔城历史人物研究""塔城学研究资料选编集""塔城学研究论文集""塔城经济史研究""塔城口岸研究""唐代塔城""西辽王朝在塔城""元代塔城""明代塔城""清代塔城""民国塔城""民国时期塔城人社会生活""'三区革命'在塔城""中国国民党人在塔城""中国共产党人在塔城""1962年塔城边民越境去苏联研究""1969年塔城中苏边境武装冲突研究""巴图尔洪台吉、策伯克多尔济研究""图瓦强阿研究""巴什拜依研究""李钟麟在塔城研究""包尔汉、赛福鼎、康巴尔汗青年时代在塔城研究""哈萨克族红军哈森·伊布拉音生平研究""赵剑锋在塔城研究""买买提·尼亚孜哈日在塔城研究""张中涛在塔城研究""塔城草原丝绸之路贸易史研究""新疆草原丝绸之路贸易史研究""中国北方草原丝绸之路贸易史研究"。

塔城学研究要坚持历史唯物主义的基本原理，坚持用世界眼光，用全球视野，开展塔城学研究。坚持祖国统一、民族团结、社会和谐的研究宗旨。

研究成果坚持学术性、研究性和可读性的方针，从基础研究和基础资料做起，坚持档案文献研究和田野实地调查、调研相结合。坚持为塔城地委、行署，塔城市委、市政府及各县市委市政府重大决策提供历史文化研究支持，提供理论学术研究支持，提供社会发展研究和智库方面的支持。也为区内外大专院校、科研院所和社会研究人员，以及爱好塔城学研究的单位、企业和个人提供研究服务和支持。塔城学研究要依托和运用历史学、考古学、民族学、民俗学、边疆学、经济学、社会学和社会发展学等学科，对塔城地区的各个方面进行研究，同时从以上学科方面加强人才招聘和培养。

2017—2020 年我们计划编研出版《塔城简史》（16 万字，以塔城历史上爱国主义事件和人物为主），《当代塔城史》（16 万字，以塔城地区 1949—2018 年历史为主线），《塔城史》（30 万字），《哈萨克族红军哈森·伊布拉音》，《塔城发展研究论文集》，《塔城考古发掘报告集》。并计划出版《塔城学研究》半年刊。

（三）塔城学发展

一是坚持用学术研究的思想指导塔城学研究。塔城学虽然属地方性、区域性研究，但要称为"学"，就要用学术研究，就要有学术指导。这是将塔城学研究深入的根本。这几年我们一直坚持和强调学术研究对塔城学研究和发展的重要性。我们学习了伊犁师范学院关于开展伊犁学研究的经验，学习了吐鲁番学研究院、龟兹研究院、北京学研究所开展研究工作的经验，从兄弟地州市汲取经验。

二是重视地方志、地域文化和地方学的学习和研究。我们一直重视塔城地方志的学习，将已出版的塔城地区及各县市第一轮志书作为学习研究的基础。同时认真学习研究外地在地方志、地方学研究方面的成果，使塔城学的研究有地方志、地域文化和地方学的支持。

三是聘请区内外专家学者，对我们的研究成果和工作思路进行指导。我们聘请专家和学者作为学术指导：中国社会科学院马大正、周卫平，新疆社会科学院钱伯泉、齐清顺、吐娜，陕西师范大学周伟洲、王欣，新疆师范大学刘学堂，伊犁师范学院武金峰，浙江农林大学李勤璞，青海文联尼古拉·于希河（俄罗斯族）。

四是参加一些学术讲座和学术考察调研。2016 年 12 月参加中国社会科学院在北京召开的第二届当代新疆治理学术研讨会，向会议提交了《新疆稳定与发展研究——以新疆塔城地区为例》的论文。2017年4月初在北京联合大学、清华大学听西北大学王维坤讲《中日古代文化比较研究》，并与北京联合大学就北京学学会与塔城学学会开展学术研究和交流交换意见，并相互赠书。还专程到河北阳原县泥河湾东方人类第一村实地调研考察。到山西大同云冈石窟，河南洛阳龙门石窟，河南开封、郑州等中原古遗址学习调研。4月中旬还到江苏无锡前州镇冯其庸学术馆，听北京大学荣新江教授讲《丝绸之路上的探险故事》，并考察该馆，相互交流送书。又到上海尔冬强丝绸之路视觉文献中心学习，并相互交流赠书。5月到新疆师范大学听学术讲座，听了王炳华、水涛、荣新江、朱玉麒、吴玉贵、包佳明、李建新、陈建新等专家的新疆考古历史、丝绸之路、海外民族志研究、社会学、民族学、人类学研究等专题。5月还与新疆社会科学联合会接洽，相互赠书。6月5日至8日到甘肃敦煌考察，听敦煌研究院主办的敦煌文化驿站公益讲座，由上海历史文化人尔冬强讲《从陆地到海洋——尔冬强丝绸之路田野调查》。到玉门关、阳关和西千佛洞实地调研。还与敦煌市史志办相互交流赠书。

五是加大投入。近3年我们投入5万余元，与额敏县历史文化研究者苏仁加甫、巴特尔，塔城市历史文化研究者蔺茂奎、郭向群、白玲（达斡尔族）、阿迪力·阿布都热合曼（维吾尔族）、吾坦·卡斯木拜（哈萨克族）、魏军红，开展塔城、额敏历史民族文化和草原丝绸之路贸易史的实地田野调查研究，取得了一手资料。还与塔城各民族文化协会、塔城大漠风艺术馆，塔城广视角文化公司合作交流，开展塔城历史民族文化研究。与塔城大漠风艺术馆合作出版《塔城记忆》《游牧记忆》《猎鹰》《家园——和谐塔城》《塔城野生动物》《塔城野生植物》。这些书籍均获国家出版非遗奖。

六是重视地方考古资料的收集和考古学的学习研究。近3年购买考古和考古方面的图书资料一百余册，计2万元，并对考古和考古学，特别是新疆考古和塔城考古方面的研究文章和专著，进行重点收集和学习研究。

七是加强文献资料收集和图书购置。近3年我们投入6万元购买了3000多本历史文化研究图书和文献。每年投入1万余元订购有关学报、研究刊物20多种。收集过期学术期刊杂志100余本。收集塔城地方历史照片、民间地方历史文化写本等相关资料。

八是认真学习中国历史文化研究大师的研究精神和品格。我们提出要学习季羡林、常书鸿、段文杰、冯其庸、彭金章、樊锦诗、夏鼐、苏秉琦、林干、杨镰、周伟洲、马大正等大师。学习他们为中国历史文化研究和建设，

里海北，至黑海北，再到北欧。中道从东北平原经蒙古高原，越阿尔泰山，经赛尔山南、塔尔巴哈台山南，沿额敏河，向西南越巴尔鲁克山、阿拉套山，再向西经哈萨克草原中部向西至欧洲；该道还有一条岔道，即从赛尔山南，沿白杨河南下，再经乌尔嘎萨尔山南，沿加依尔山、玛依勒山西南行至阿拉套山，再向西至哈萨克草原中部。南道从蒙古高原经甘肃、新疆巴里坤草原向西，经奇台、乌鲁木齐、昌吉，再经今塔城地区的沙湾县、乌苏市，向西经博尔塔拉蒙古自治州的精河县、博乐市、温泉县至伊犁，向西至哈萨克草原南部，后再向西至欧洲，或向西南至南亚、西亚。因此塔城地区是古代至清朝末年民国初年这一历史时期草原丝绸之路的重要通道。

2013 年，我们开始新疆塔城草原丝绸之路贸易史的研究。在编写研究中，我们坚持用世界眼光和全球视野开展塔城草原丝绸之路贸易史的研究。也就是说，把塔城的草原丝绸之路贸易史放到世界，放到全球范围研究。我们参考了 400 多种历史文献、书籍、论文、档案，运用网络资源，走访采纳口碑资源，进行实地田野考察和调研。通过研究我们发现，古老的草原丝绸之路贸易为世界各民族、各个国家、各个地区，带来了福祉，带来了文明，带来了文化。通过我们的研究，了解草原丝绸之路及其文明和文化，了解新疆塔城在草原丝绸之路上的重要地位及其丰富的历史文化和商贸文化，把草原丝绸之路和塔城地方学的研究推进一步，这就是我们的目的。

参考文献

[1] 党东颉. 塔城地区志 [M]. 乌鲁木齐：新疆人民出版社，1997.

[2] 刘开美. 地域文化与地方学研究 [M]. 北京：学苑出版社，2015.

[3] 张宝秀，等. 北京学研究 2014 [M]. 北京：中国社会科学出版社，2015.

[4] 张宝秀，等. 北京学研究 2015 [M]. 北京：中国社会科学出版社，2016.

台湾彰化县地方学研究的发展

王志宇❶

摘　要：本文讨论台湾彰化县地方学的发展，指出该地地方学的发展受到解严后台湾史研究兴起的影响，但彰化的公部门投入推动地方史相关项目的发展也功不可没。在相关台湾史人才养成后，加上彰化县投入办理《彰化文献》、地方学研讨会、村史写作等，至 2004 年有关地方学已迈入稳定阶段。日后《新修彰化县志》编纂的推动，更使该县地方学研究走向高峰。官方单位在地方学研究推动中扮演了重要的角色。

关键词：台湾；彰化；地方学；区域史

一、前言

台湾地方学研究的产生乃受到区域史研究以及 1987 年台湾的解严，使得台湾史研究渐次兴盛，两者的结合使各地纷纷出现彰化学、宜兰学、淡水学等以地区为名的地方学研究，并得到不断的发展。近几年来有关台湾地方学的研究及反省的诸多研究，也渐渐产生。

20 世纪 70 年代台湾史学界受到美国现代化理论与科技整合为主流的区域史研究影响，也开启了区域史研究。基本上史学者选择一个地区或区域作为研究，关心区域差问题或是其社会样貌。地区只是一个手段，而非关怀所在。史学即使在地区史研究中，也倾向以主题为中心，而非以厘清一地区的特色

---

❶　王志宇，中国台湾逢甲大学历史与文物研究所专任教授。

为重点。❶ 然而这样的研究视野，在 1987 年解严后，更多在地的研究者，以在地观点，关心或认同地方乡土，这种情感上的认同，已然跨越了区域史研究的区域差异或是研究社会样态。如林呈蓉在讨论"淡水学"的建立时，认为淡水的历史书写应该跳脱过去从"国家""中央"权力的观点看地方学研究，而应从庶民生活的"世相史"角度重新诠释淡水在地社会的特质，更认为："地方学研究的盛行绝非是民粹主义抬头的表征，而是国民大众对乡里、土地的认同与执着。"❷ 吴密察也指出类似"鹿港研究"这种区域研究其实是在找寻这个区域的自我定义，呈现自己的特性。❸

有关彰化地区的地方学研究，过去温振华曾以史前文化、泰雅族、平埔族社、汉人的垦殖与聚落以及中部大区域之发展为讨论范围，发表《中彰地区地方学研究》一文。❹ 但是如果以战后台湾史的研究着眼，我们可以发现彰化地方学的研究与几位在地学者或出生在彰化县的学者有相当密切的关系。如张素玢以《台湾的日本农业移民》❺ 取得博士学位，她是员林人，后来写了多篇彰化地区的研究论文。❻ 洪丽完的博士论文是《从部落认同到"平埔"我群——台湾中部平埔族群之历史变迁（1700—1900）》，她是二林人，研究主题集中在平埔族研究，后来开拓沿山研究议题，也有多篇彰化相关研究。❼ 王志宇为彰化县田中镇人，博士论文为《儒宗神教之研究》，后来也投入到彰

---

❶ 相关讨论见林玉茹：《历史学与区域研究：以东台湾地区的研究为例》，《东台湾研究》2002 年第 7 期，第 110-112 页。

❷ 林呈蓉：《从"淡水学"到"台湾学"——兼谈地方学研究之意义》，《台湾史学杂志》2012 年第 10 期，第 10、12 页。

❸ 吴密察：《历史研究的另一种尝试：地区史》，载陈庆芳总编辑：《2004 年彰化研究两岸学术研讨会论文集》彰化县文化局，2004 年，第 7 页。

❹ 温振华：《中彰地区地方学研究》，《台湾史学杂志》2012 年第 13 期，第 24-32 页。

❺ 张素玢：《台湾的日本农业移民（1909—1945）：以官营移民为中心》，台湾三民书店，2001 年。

❻ 有关彰化的书有《北斗发展史》，北斗镇公所，1999 年；《历史视野中的地方发展与变迁：浊水溪畔的二水、北斗、二林》，台湾学生书局，2004 年；《浊水溪三百年：历史·社会·环境》，卫城出版社，2014 年。相关论文如《由传统到创新：新修彰化县志·人物志的编纂理念及其特色》，《台湾文献》2017 年第 68 卷第 1 期，第 5-37 页；《浊水溪下游的开荒拓野与制糖产业的发展（1900—1930）》，《师大台湾史学报》2016 年第 9 期，第 99-137 页等，另有相关彰化地区论文 10 多篇。

❼ 洪丽完的相关著作如：《二林地区汉人拓垦过程与平埔族群移居活动之探讨》，《台湾史研究》1999 年第 4 卷第 1 期，第 49-96 页；《从十九世纪入埔迁徙活动看台湾中部平埔熟番集体意识之展现》，《新史学》2006 年第 17 卷第 2 期，第 55-126 页；《从契约文书看中部台湾平埔村社生活领域之变迁——以大突社为例》，《彰化文献》2001 年第 2 期，第 5-48 页。

化地区的研究上。❶ 当然还有许多出身彰化的学者，也都很关心自己家乡的发展，如赖志彰（彰化市人）、施懿琳（鹿港人）、康原（芳苑人）等，都刺激着彰化研究的开展。从此点而言，地方学的开展其实免除不了本地人的在地意识，对于自己土生土长的地方认同不无关系。除了学者的努力，彰化学的开展与彰化县文化局的推动也有相当密切的关系，本文以近30年间彰化官方机构对于地方学的推动进行讨论，兼及彰化地方学相关研究。

二、早期的彰化地方研究

各地地方学研究的兴起，受到台湾区域史研究的影响，彰化县亦不例外。20世纪60年代区域史研究兴起，大陆却难以进入研究的情况下，一些学者进到台湾来进行研究，如地理学者 R.G. Knapp 在桃园中坜和人类学学者 L.W. Crissman 在彰化二林的研究便是如此。又1971年张光直推动"台湾省浊水、大肚两溪流域自然与文化史科际研究计划"，此计划的推动虽无历史学者参与，但也培养出陈秋坤和林满红两人的台湾史硕士论文。❷ 显然台湾区域史研究的推动，对于相关各地区的区域史研究造成了一些影响。

除了学术界的研究发展的影响外，彰化本地的文化机关，也着手进行相关在地文史计划的推动。彰化地方学的发展，从相关的研究与论述而论，与彰化县文化局关系密切。彰化县文化局的前身为彰化县立文化中心，乃依据"社会教育法"第四条县（市）应设立文化中心，以图书馆为主，办理各项社会教育及文化活动与"教育部建立各县市文化中心计划大纲"筹建，并在1983年1月成立。1994年起，为配合行政院文化建设委员会、台湾省政府文化处推动全国文艺季根植地方及社区总体营造等业务，文化中心遂成为推动

---

❶ 王志宇著有：《从田中央到田中庄——彰化平原"田中央"的形成与发展》，《逢甲人文社会学报》2004年第9期，第91-110页；《清代台湾彰南地区的妈祖信仰——以东螺街及悦兴街的发展为中心》，《逢甲人文社会学报》2007年第15期，第143-162页；《彰南地区的地方菁英与地方社会（1683—1945）》，《彰化文献》2007年第10期，第7-24页；《彰南田中地区的妈祖信仰与地域社会——以干德宫为中心》，《逢甲人文社会学报》2011年第22期，第139-159页；《寺庙分合与风水——以台湾彰化县田尾乡镇化堂与圣德宫为例》，《逢甲人文社会学报》2013年第26期，第51-70页；《日据时期永靖丘氏宗族与其鸾堂活动——以锡寿堂与醒化堂为中心》，《华人宗教研究》2015年第6期，第59-86页。以上相关彰化县的研究皆围绕彰化县的地方发展、信仰与地方社会。

❷ 参见林玉茹：《历史学与区域研究：以东台湾地区的研究为例》，第115-116页。

地方文化的主力。2000 年 1 月改制为彰化县文化局。❶ 1994 年台湾省政府文化处推动的全台文艺季，主要是艺文活动的推广，对地方文史的发展有些影响，但影响更深者为社区总体营造的推动。社区总体营造是由社区居民凝聚共识，积极参与并创造社区文化特色的一种改造运动。社区总体营造首见于1994 年 "行政院文化建设委员会" 的政策计划说明书，台湾的社区营造运动着重于共同体意识的培养及居民参与公共事务能力，初期以社区空间改造、地方产业复兴和文化艺术活动等为基础，加入社区参与、社区学习和社区美学等价值观，形成一种整合政府资源提供、专业协助和社区居民共同参与的公民学习与社会改造运动。❷ 以上是公部门组织与相关政策的执行状况。

1983 年县立文化中心成立后，相继出版了《彰化县文物》、"彰化县文化讲座专辑" 系列、《彰化乡土诗画集》《彰化县美术家联展》等文艺季相关书刊，《彰化县先贤书画专辑》（1988）。1993 年起陆续出版陈火泉《感时念父母》、林武宪编《洪醒夫研究专集》等 "磺溪文学" 系列丛书。1994 年起出版 "磺溪美展" 系列专辑、《彰化县民间文学集》系列丛书，1995 年起陆续出版《彰化县耆老口述历史》，1996 年起出版 "彰化发展史丛书" 等。2000年改制为彰化县文化局后，这些丛书仍持续出版，另外有关音乐、南管、老照片等也有所出版，出版书籍更为多元。❸ 基本上在 2004 年以前，不管是彰化县立文化中心或是后来的文化局，其出版偏向文学与艺术，历史性质的书籍相对较少。但在 2000 年 8 月彰化县文化局复刊《彰化文献》，此一发展对于未来彰化地区的历史研究产生巨大的影响，日后许多地方学相关文章，也在此一园地发表。而村史写作则是另一波地方学研究的高潮。

三、彰化县地方学的推展

在社区总体营造计划推动地方居民共同参与社区发展的情况下，1998 年4 月 "中华民国" 社区营造学会和台湾省政府文化处更合作推动 "大家来写村史——民众参与市社区史种子建立计划"，在全台邀请了 10 个试办点作为

---

❶ 参考彰化县文化局网页：《历史沿革》（http://www.bocach.gov.tw/ch/02intro/01history.asp），2017年 8 月 7 日引用。

❷ 参见苏昭英：《社区总体营造》，《台湾大百科全书》（http://nrch.culture.tw/twpedia.aspx?id=3972），2017 年 8 月 7 日引用。

❸ 参见彰化县文化局网页：《出版品资讯》（http://www.bocach.gov.tw/ch/05books/01information.asp），2017 年 9 月 5 日引用。

种子村，希望建立在地的永续村史机制；这个计划的第一期是"种子村工作坊子计划"。❶ 在这一波村史写作的推动下，彰化县也在 2003 年年底，由翁金珠县长与陈庆芳文化局长规划推展"大家来写村史"，希望全县每个村里至少有本自己的历史。❷

何谓村史？杨长镇认为村史是社区的共同记忆，是社区居民共同生活、成长的经历，或是对地方过去历史的想象和诠释；透过民众参与建立村史的过程，可让居民有机会去省视彼此的关系，珍惜共同生活、成长的经验，从而产生或增进相互的认同，并对社区有更多的义务感。更重要的是，对村史的发掘和珍视，将激发居民对地方的自信，对地方产生荣誉感，也会更有社区自主的意识、抗拒不当的外来影响。❸ 周梁楷则从空间、历史与文化思考，指出村史有在地性，在地或村里指某个"地方"（place）。这个"地方"具有三项因素：①能自成一个最小单元的地方。②结合在地文化、社会与自然为一体。③随着时间和历史而变迁。❹

彰化县的村史写作，后来取得不错的成绩，2005—2012 年连续出版了 36 部村史，可说是成果斐然，也培养出了若干位村史作家。周梁楷称誉彰化县的"大家来写村史"运动首开全台风气之先，彰化县以此来结合"社区总体营造"和"乡土教育"，并期盼人人写村史，村村有历史。❺ 亦有人指出彰化的村史书写在全台湾具有指标的意义，它建构了"彰化学"的在地声音，也累积了强大的文化实力，但能否延续推动，将检视执政者的智慧与文化素养。❻

除了村史写作，2000 年 1 月彰化县文化局成立后，同年 8 月复刊《彰化文献》，至今已出版至 2016 年 11 月，已出版至 21 期。另外，以彰化研究为名办理彰化研究学术研讨会，始于 2003 年，2007 年正式以"启动彰化学"作为彰化研究学术研讨会的主轴。表 1 为历届彰化地方研究学术研讨会的主题，

---

❶ 吴密察：《导论》，载陈板主持，《大家来写村史——民众参与式社区史操作手册》，唐山出版社（台北），2001 年修正再版，第 12 页。

❷ 见周梁楷编撰，《大家来写村史——总论》，彰化县文化局，2005 年，第 16 页。

❸ 杨长镇：《了解村史》，载陈板主持：《大家来写村史——民众参与式社区史操作手册》，唐山出版社（台北），2001 修正再版，第 15-16 页。

❹ 周梁楷编撰：《大家来写村史——总论》，彰化县文化局，2005 年，第 22-24 页。

❺ 周梁楷编撰：《大家来写村史——总论》，彰化县文化局，2005 年，第 16 页。

❻ 张琬琳：《认同的力量：彰化地区村史撰述运动对于地方意识建构及文化场域生成之影响》，载萧青杉总编辑，《彰化研究学术研讨会系列——彰化村史与社会变迁史研究 2010 年研讨会论文选辑》彰化县文化局，2010 年，第 344 页。

此类研讨会总共举办了 13 届，2015 年之后即不见举办。

表 1　历届彰化地方研究学术研讨会主题

时　间	主　题
2003	彰化研究
2004	鹿港研究
2005	浊水溪流域自然与人文研究
2006	八卦台地研究
2007	启动彰化学
2008	妈祖信仰国际研究、文化观光研究
2009	彰化妇女研究
2010	彰化村史与社会变迁史研究
2011	彰化文化资产与在地研究
2012	产业文化的变迁与发展
2013	发现彰化社会力
2014	赖和、台湾魂的回荡

资料来源：根据历届彰化研究论文集汇整。

2014 年彰化县县长选举，由民进党魏明谷当选，该县有关彰化研究的推动，也略有转向。2015 年以后县政在文化相关方面的推展，似乎渐以阅读推广、举办妈祖绕境、推动社区环境改造、发挥地方文化馆功能、举办地方特色活动、地方文化资产调查、保存传统戏曲、推广优质演艺活动等为目标发展。

综上所述，如果以许雪姬所认定的地方学发展检验标准：①定期（一年一次）展开不同主题的地方学学术研讨会，并出版论文集；②陆续编定计划，出版文化丛书；③发行代表性刊物；④设置地方学的学程，作为社区大学的课程；⑤开办地方史研习营、史迹考察，吸引本地、外地的爱好者；⑥展开村史的纂修。符合其中四项便表示地方学进入稳定发展的阶段。❶ 彰化县从陆续编定计划出版文化丛书、《彰化文献》的复刊、彰化研究学术研讨会的推动等，至 2004 年村史写作的出版，彰化县地方学发展已经进入了稳定发展的阶段。

---

❶　许雪姬：《地方学的检讨与愿景》，《台湾学通讯》2011 年第 59 期，第 14-15 页。

四、更上层楼——《新修彰化县志》的编纂

在建构地方学知识的过程中，方志的编纂也占有相当重要的地位，林玉茹便将方志的性质视为是系统性的地方知识。❶ 解严后台湾方志的编纂受到本土化相当的影响，风气大开。❷ 此一情况除了因经济繁荣与社会进步、教育普及与文化发达、本土研究渐为人们所重视外，台湾省文献委员会的推动与辅导亦功不可没。❸

在方志的纂修上，许多学者认为方志应能凸显地方特色，甚至要唤起乡镇居民的共同参与，如黄秀政认为理想乡镇志社会篇的修撰有以下几点需重视：（1）记载内容应以本乡本镇为主；（2）多进行田野调查；（3）宜唤起乡镇居民的共同参与；（4）相关篇章内容应加以统整。此论点可分成内容部分以方志的内容而论，常见方志编辑过程中，背景叙述太多，反倒抢走乡镇的主体内容，故其叙述应以本乡本镇为主。❹ 又陈哲三教授编纂《竹山镇志》时，标举"地方人写地方志"的理念。❺ 王志宇教授也提出"当地人修当地志"的概念。❻ 这些概念都点出了方志纂修与地方学建构中许多面向的叠合。

此外，我们也可以从战后彰化县乡镇志的编纂来看中部地区的方志纂修情况，1986年彰化县出现第一本乡镇志，至2015年《大村乡志》出版，近30年间，共计有19本乡镇志出版，其中还包含了一本私修的《社头乡志》，溪湖、和美、员林还各有二次的修纂。从总纂人员看来，杨桂林、黄开基、张义清、曾庆国、洪丽完、谢英从、陈国典、蒋敏全、谢瑞隆、王志宇等，都是出身彰化县，显然在地人修史的比例很高。

---

❶ 参见林玉茹：《地方知识与社会变迁——战后台湾方志的发展》，《台湾文献》1999年第50卷第4期，第235-289页。

❷ 林玉茹认为1990—1998方志修纂数量比其他各期高，此因台湾本土化运动盛行，而大开修志风气。见林玉茹：《地方知识与社会变迁——战后台湾方志的发展》，第242页。

❸ 黄秀政认为20世纪90年代台湾乡镇志修治掀起一股热潮，参见黄秀政：《战后台湾方志的纂修（一九四五~二〇〇五）》，载黄秀政，《台湾史志新论》，五南图书出版股份有限公司，2007年，第483-484页。

❹ 黄秀政：《论战后台湾乡镇志"社会篇"之纂修——以〈沙鹿镇志〉与〈北斗镇志〉为例》，载许雪姬、林玉茹主编：《五十年来台湾方志——成果评估与未来发展学术研讨会论文集》，"中央"研究院台湾史研究所筹备处，1999年，第224-227页。

❺ 陈哲三总编纂：《竹山镇志》，竹山镇公所，2002年2月增修版，"编纂后记"，页1714。

❻ 王志宇：《战后台湾方志"宗教篇"的编纂及其问题——以中、彰、投三县乡镇志为例》，《白沙历史地理学报》2008年第5期，页294。

表 2　战后出版的彰化县乡镇志表

编号	出版年	乡镇志名	总编纂/编纂	备　注
1	1986	溪湖镇志	杨桂林	—
2	1990	和美镇志	黄开基主修	—
3	1990	员林镇志	张义清总编辑	—
4	1993	埔心乡志	曾庆国主编	—
5	1997	彰化市志	周国屏主持	—
6	1997	北斗镇志	张哲郎总编纂	—
7	1997	芳苑乡志	王良行总主编	—
8	1998	芬园乡志	蔡相煇	—
9	2000	鹿港镇志	黄秀政总编纂	—
10	2000	二林镇志	洪丽完总编纂	—
11	2002	和美镇志	中华综合发展研究院应用史学研究所	中华综合发展研究院承包
12	2002	二水乡志	周宗贤总编纂	—
13	2003	伸港乡志	中华综合发展研究院应用史学研究所	中华综合发展研究院承包
14	2006	花坛乡志	谢英从总主持	—
15	2010	员林镇志	中华综合发展研究院应用史学研究所	中华综合发展研究院承包
16	2011	社头乡志	陈国典	私修，陈国典遗族出版
17	2012	溪湖镇志	蒋敏全	—
18	2014	田中镇志	谢瑞隆总编	—
19	2015	大村乡志	王志宇总编纂	—

　　说明：据卜凤奎《民国三十八年以后台湾地方志书一览表》所载，2002 年社头乡公所出版有陈国典的社头乡志，但从 2011 年陈国典所出版《社头乡志》的序来看，2002 年似乎是未正式出版。见卜凤奎，《民国三十八年以后台湾地方志书一览表》，《台湾文献》2003 年 54：1，第 290 页。

在方志纂修的推动下，研究也被激荡起来。❶ 2011 年《新修彰化县志》的编纂工作开始如火如荼地进行，黄秀政教授受聘为总纂，他考量了专业与在地性，找来的各志主持人也差不多是以彰化县出身或邻近学校的人士为主。（详见表3）这样的组合对于地方学的建构与推动，无疑又是一项利好。

表3 《新修彰化县志》各志主持人表

志篇	团队或学校名称	计划主持人
总纂	（中兴大学退休教授）	黄秀政
1 沿革志	中兴大学	孟祥瀚
2 地理志	"建国" 科大	连慧珠
3 政事志	台湾历史学会	张胜彦
4 经济志	彰化师大	蔡泰彬
5 社会志	逢甲大学	王志宇
6 教育志	中兴大学	黄淑苓
7 文化志	成功大学	施懿琳
8 艺术志	台南大学	赖志彰
9 人物志	台湾师大	张素玢

资料来源：该计划纂修通知书。

从《新修彰化县志》的各志主持人及工作团队来分析，显然该县志的纂修有相当的在地性，除了彰化县境内的彰化师范大学、"建国" 科技大学的团队参与外，邻近台中市的中兴大学与逢甲大学都有团队参与，而中部地区以外的团队，其学者大多都是彰化县出身，如成功大学施懿琳是鹿港镇人，台南大学赖志彰是彰化市人，台湾师大张素玢是员林市人，王志宇是田中镇人。从参与纂写的人而言，县志编纂的在地性相当突出。

一方面，近 20 年彰化研究学术研讨会的举办，《彰化文献》的复刊以及村史写作的推动，都吸引了研究者的投入，让彰化学卓然成型。另一方面，硕士博士的养成等，也让彰化研究逐渐有了人才。1998—2004 年，有关彰化研究的有 11 篇博士论文。其中张素玢、洪丽完等都有许多彰化研究的文章，

---

❶ 台湾各地乡镇志出版后，往往带动了当地的地方研究，如过去笔者所参与的《苑里镇志》《大里市史》的出版，都带动了相关地方研究的产生。

以彰化为主题的博硕士论文在 1986 年开始稳定成长。❶ 赖志彰、王志宇等后来也都投入彰化研究中，而从《新修彰化县志》的各志主持人中，也可看到在地人研究的倾向。所以《新修彰化县志》编纂工作的推动，可说是近 20 年来彰化研究推动的具体成果。《新修彰化县志》的编纂，象征着彰化县在长期的地方研究推动下，逐渐开花结果，有足够的在地及在地出身的学术人才，而得以承担此一大任，更冀望透过《新修彰化县志》的出版，能为彰化县的地方研究带来另一波高潮。如同温振华所言："地方学的研究，有其学术性，当亦应有其社会关怀面。地方的研究，不当全然为学术而学术。透过地方的研究，认识生活空间的人文与自然生态发展样貌，进而对地方的人文社会与自然生态加以关怀，并期社会发展臻于理想。"❷《新修彰化县志》的完成与出版，无疑地将会吸引更多的人关注彰化地区的发展，也更能强化未来彰化地方学的内容与特色。

五、结论

"彰化学"及各地地方学的发展是顺应台湾解严后，台湾史研究的快速发展而来，尤其是在区域史的研究取向下，所产生的一个结果。彰化县文化局受到此一发展的影响，也积极推动彰化学的研究。大致而言，彰化县的地方史研究虽然在 1987 年以前，若干保留地方史料的工作已经在进行，但正式的彰化学一词的出现还是因台湾史研究在 1987 年解严后而逐渐兴盛的一个结果。1996 年彰化已开始推动社区总体营造，同时也出版了《彰化县口述历史（一）》和《彰化县口述历史（二）》，进行保留地方学史料的工作。2000 年《彰化文献》杂志的发行，可以说是推动地方学研究的阶段性成果。2003 年以彰化研究为题开始举办彰化研究学术研讨会，作为凝

---

❶ 另外以彰化研究为主题的硕士论文，1959 年、1961—1970 年皆只有 2 篇，占 0.5%，1971—1985 年有 11 篇，占 2.9%，1986 年开始稳定成长，至 1994 年止，每年 3～8 篇，占 0.8%～2.1%，1995—1998 年，每年增加 10～13 篇，占 2.7%～3.5%，其后则倍数成长，1999 年和 2000 年分别为 22、25 篇，各占 5.9% 及 6.7%，2002 年、2003 年更高达 61 及 71 篇，2004 年则为 43 篇，占 1.5%。见赖盟麒：《四十年来彰化地方研究的回顾——以博硕士论文为中心（1959—2004）》，《高雄应用科技大学学报》2005 年第 34 期，第 3 页。早期的台湾史研究，投入者相当缺乏，李筱峰评估 1983 年前台湾设有历史研究所的硕士论文计有 31 篇，共有 5 所学校，但台湾史论文在各校论文中，最高仅占 9.84%，最低则为 0。见氏著：《近三十年来台湾地区大学历史研究所中有关台湾史研究成果之分析》，《台湾风物》1984 年 34：2，第 87—88 页。

❷ 温振华：《中彰地区地方学研究》，《台湾史学杂志》2012 年第 13 期，第 25 页。

聚彰化地方研究的手段。2004 年推动"大家来写村史"更是建构彰化地方学的一个重要标志与手段，也获得相当不错的成果。从许雪姬对于地方学发展的定义而言，2004 年村史写作的推动，已是彰化县地方学发展进入成熟期的象征，也是彰化县在地或在地出身的学术人才已呈相当气候的时期。在学术人才已养成的状况下，2011 年推动"新修彰化县志"的编纂工作，可说是将彰化的地方学研究工作推上高峰，目前该县志已先行出版《新修彰化县志·地理志》，可说是该县的文化盛事，透过此一文史工程的推动，相信在《新修彰化县志》陆续出版之后，能为彰化地方学研究带来另一波浪潮。而从地方研究的角度而言，官方单位在相关地方研究项目上的推动及出版，显然有其地位及贡献，从此一角度而言，彰化学研究的发展，彰化县文化局有其一定的贡献。

追逐一个文化梦想

——台湾彰化学的建构

林明德❶

摘　要：1977 年，台湾掀起一场乡土文学论战，针对过度西化现象进行批判与反思。20 世纪 80 年代，后殖民思潮蔚为趋势，主体意识逐渐浮现，引起一些学者谛视在地人文，积极抢救濒临灭绝的民俗艺术。1987 年台湾解严，各县市政府纷纷提出文化策略，以凸显其区域特色。于是，金门学、宜兰学、南瀛学、彰化学等相继推出，成为显学。

当中，彰化学是相当特殊的案例，从 20 世纪 70 年代开始直到现在仍在进行的文化工程，包括民俗曲艺、音乐史、民间文学集、文学史、饮食文化等方面。2007 年，笔者与好友启动彰化学，策划彰化学丛书，预计 12 年出版 60 册，其范畴涵盖宗教、历史、地理、民俗、文学、传统建筑、传统表演艺术、传统工艺美术与饮食文化，一定程度诠释了 300 多年来彰化文化资产丰饶多元的底蕴。

寻找地方学的永续经营，将资源反馈地方，并转化为社区总体营造的活力，以彰显地方学的积极意义，是值得思考的议题。

关键词：台湾；彰化学；彰化学丛书；文学；传统工艺美术

---

❶　林明德（1946—），台湾省高雄县人，辅仁大学文学士、中文硕士、政治大学中文博士。现任"国立"彰化师范大学国文学系教授兼副校长、财团法人中华民俗艺术基金会副董事长。专长于中国文学、台湾文学、民俗曲艺及饮食文化。

一、位置

台湾，位于东经 120°～122°，北纬 22°～25°。

1573 年，葡萄牙人航经"台湾"，望见岛屿"山岳如画，树木青葱"，惊叹为"Ilha Formosa"（葡语 Ilha 是"岛"，Formosa 为"美丽的"之意）。1918年，连横《台湾通史自序》云"婆娑之洋，美丽之岛"遂称岛屿为美丽岛。现在，这座岛屿在世界地图上名字叫台湾（Taiwan）。

倘若转动地球仪，在地球北半球沿着北回归线，由西而东，可发现一个神奇的现象：长长的亚热带，墨西哥沙漠、非洲撒哈拉沙漠、阿拉伯沙漠、印度半岛搭尔沙漠，一一入眼，接着是屹立太平洋、四季如春的台湾，简直是得天独厚的奇迹了。

依据考古人类学学者的考证，台湾史前四万年，已有住民并留下丰富的文物，成为斯土斯民坚实的文化核心。住民世世代代在岛屿过着有如《击壤歌》的岁月，俨然是"葛天氏之民"。近四百年来，荷兰、西班牙、清代、日本等外来势力，相继进出不设防的岛屿，并且影响这个移民社会的文化内涵，形塑出一种独特的海洋性格。

1949 年，国民政府撤退来台，经过数十年全民共同的勤奋努力，缔造了举世瞩目的经济、政治双奇迹。此外，信仰自由造就多元宗教的神仙岛，众多族群讲究的饮食文化，更内聚成为一股丰沛的软实力❶。

二、反思

1977 年，台湾掀起一场乡土文学论战，针对过度西化现象进行文化批判与反思。20 世纪 80 年代，后殖民思潮蔚为趋势，整个社会受到激荡，主体意识逐渐浮现，遂引起一些学者开始谛视斯土斯民的人文底蕴，并积极投入抢救濒临灭绝的民俗艺术。

台湾解严（1987 年）后，各县市政府纷纷提出文化策略，以凸显其区域（在地）特色。例如，举办艺文活动、庆典，整理出版文献，设置文学奖项……以打造地方意象，提高能见度。这些文化措施，的确发挥了文化保存

---

❶ 以上参考林明德：《味在酸之外——台湾饮食踏查》，财团法人中华饮食文化基金会，2016年，第 4-5 页。

的效果，甚至将在地特质转变为文化资源，成为促进观光、活络产业、吸引国际交流的珍贵能源。

于是，金门学、宜兰学、南瀛学、花莲学、彰化学等相继推出，一时成为显学。不过，在众多地方学里，彰化学是极为特殊的案例，其是从20世纪70年代开始一直在进行的浩大文化工程。1978年，许常惠教授（1929—2001）开风气之先，发起"民族音乐调查"，带领学生到彰化、鹿港拜访百年曲馆梨春园（北管）与聚英社（南管）；次年，展开"彰化县鹿港镇南管音乐之调查与研究"；1981年，在鹿港举办"国际南管音乐会议"，成系列地积累地方文化资源，也为民俗曲艺争取了学术上的一席地位。

1984年，许常惠教授双管齐下，进行为期一年的彰化县民俗曲艺之田野调查、南管音乐曲谱搜集与整理。1986—1988年，同时规划彰化县立文化中心之"南北管音乐资料中心"与彰化"南北管音乐戏曲馆"硬件。1997年，《彰化县音乐发展史》出版。这一系列计划，软、硬件兼施，都由许常惠教授及其创办的"中华民俗艺术基金会"执行❶。

1994—1996年，清华大学中文系胡万川教授主持《彰化县民间文学集》正式推出，包括歌谣篇、故事篇、谚语谜语篇等10册，印证民间文学的多样与丰富。1997年，施懿琳、杨翠合撰《彰化县文学发展史》出版，涵盖300余年，讨论作家100多人，全书4篇16章，约70万字，充分说明彰化优美的文学传统❷。

三、因缘

1996年，笔者从服务了25年的辅仁大学退休，获聘彰化师大国文系教授，此一职业生涯的改变，引发个人对学术事业的重新思考，在教学、研究之余，虽然继续民俗艺术的田野调查，却开始规划几项长远的文化工程。1999年，笔者接受彰化县文化局的委托，进行为期一年的饮食文化调查研究，带领四位研究生进出26个乡、镇、市，访问230多个饮食点与10多位总铺师，最后写成35万字的《彰化县饮食文化》。笔者曾说：往昔，有一府二鹿

---

❶ 见林明德：《开风气之先——为乡土艺术打拼》，财团法人中华民俗艺术基金会，2000年，第227—235页，《基金会大事纪要》。

❷ 见施懿琳、杨翠合撰：《彰化县文学发展史》（上、下），彰化县立文化中心，1997年，归纳统计。

三艋舺的符码；今天，饮食文化见证半线的风华。长期以来，透过访查、研究，笔者逐渐发现彰化文化底蕴的丰美❶。

彰化县位于东经120.4818°，北纬23.99 297°。

彰化一带，旧称半线，是来自平埔族"半线社"之名。清雍正元年（1723），正式立县；雍正四年（1726），创建孔庙，先贤以"设学立教，以彰雅化"期许，并命名为"彰化县"。在地理位置上，彰化位于台湾中部，除东部边缘少许山峦外，大部分为平原，浊水溪流过，土地肥沃，农业发达，稻米飘香，素有"台湾第一谷仓"之称。长期以来，彰化族群多元，人文荟萃，并且积累许多有形、无形的文化资产，其风华之多采多姿，令人目不暇给。25座古迹群，诠释古老的营造智慧。各式各样民居，特别是鹿港聚落，展现先民的生活美学；戏曲彰化，多音交响，南管、北管、高甲戏、歌仔戏与布袋戏，传唱斯土斯民的心声与梦想；民间工艺，巧夺天工，雕刻、陶瓷、编织、金工及其他齐聚，流露生活的余裕与巧思；人杰地灵，文风鼎盛，旧新文学引领风骚，而且成果斐然。至于潜藏民间的文学，活泼多样，俨然是活化石，代代诉说彰化人的故事❷。

这些都是彰化文化底蕴的元素，它们内聚成为一颗坚实、灿烂的人文钻石。40年来，笔者迹近彰化，探勘宝藏，证明其人文内涵的丰饶多元，在因缘俱足下，正式推出"启动彰化学"的构想（包括课程、田调、学术会议、丛书出版），在地文学家康原，不仅认同还带着笔者四处拜会地方人士、企业家。透过计划的说明、游说，终于获得一些士绅的赞同与支持，为这项文化工程奠定扎实的基础。2007年，我们先成立编委会，拟定系列子题，例如宗教、历史、地理、民俗、文学（民间、古典、现代）、传统建筑、传统表演艺术、传统工艺美术与饮食文化，同步展开，并敦请学者专家分门别类撰写选题，其终极目标是挖掘彰化文化内涵，出版《彰化学丛书》，以积累半线人文资源。目前已出版50册，现列如下：

1. 萧萧《土地哲学与彰化诗学》

2. 康原《人间典范全兴总裁》

3. 陈建忠《走向激进之爱》

4. 曹开《给小数点台湾——曹开数学诗》

5. 王宗仁《白色炼狱——曹开新诗研究》

---

❶ 见林明德：《彰化县饮食文化》，彰化县文化局，2002年。

❷ 林明德：《启动彰化学——共同完成大梦想》，晨星出版有限公司，2007年，第2-5页。

6. 林明德《乡间子弟乡间老》

7. 康原《追踪彰化平原》

8. 洪惠燕《台湾末代传统文人——施文炳诗文集》

9. 康原《历史与现实的啄木鸟——林双不作品评论集》

10. 莫渝《王白渊　荆棘之道》

11. 杨贵三、范舜侑《好山好水．彰化自然地理》

12. 萧萧、李佳莲《锦连的时代——锦连新诗研究》

13. 康原《台湾童谣园丁——施福珍囝仔歌研究》

14. 陈光莹《台湾古典诗家洪弃生》

15. 洪淑珍《巧成真布袋戏偶艺术》

16. 翁闹《有港口的街市》（杉森蓝译）

17. 林亨泰《生命之诗——林亨泰中日文诗集》（林巾力译）

18. 石德华《时光千噚——石德华散文集》

19. 林明德《萧萧新诗乾坤——萧萧新诗研究》

20. 萧萧《林亨泰的天地——林亨泰新诗研究》

21. 张瑞和《维系传统文化命脉——员林兴贤书院与吟社》

22. 萧萧、陈宪仁《翁闹的世界》

23. 康原《台湾玻璃新境界——台明将与台湾玻璃馆》

24. 顾敏耀《陈肇兴及其〈陶村诗稿〉》

25. 愚溪《愚溪小说选》

26. 愚溪《愚溪诗选》

27. 李昭容《鹿港丁家大宅》

28. 施并锡《画家图说彰化——不破章、张焕彩与彰化画家》

29. 章绮霞《追寻心灵原乡——康原的乡土书写研究》

30. 林明德、吴明德《鹿港工艺八大家》

31. 陈益源、陈必正、陈芳庆《陈再得的台湾歌仔》

32. 林明德《亲近彰化文学作家》

33. 李昭容《鹿港意楼——鹿港庆昌行家族史研究》

34. 吕锤宽《北管音乐》

35. 吕锤宽《南管音乐》

36. 林文龙《彰化书院与科举》

37. 林美容《彰化县曲馆与武馆Ⅰ：彰化与鹿港篇》

38. 林美容《彰化县曲馆与武馆Ⅱ：北彰化滨海篇》

39. 林美容《彰化县曲馆与武馆Ⅲ：北彰化临山篇》

40. 林美容《彰化县曲馆与武馆Ⅳ：南彰化滨海篇》

41. 林美容《彰化县曲馆与武馆Ⅴ：南彰化临山篇》

42. 康原《番薯园的日头光》

43. 康原《陈来兴的土地恋歌》

44. 林明德《台湾画家梁奕焚》

45. 李昭容《宜楼掬月意楼春——鹿港庆昌家族史续探》

46. 洪惠燕《鹿港才子施文炳》

47. 康原《施并锡魅力刀与彩笔志》

48. 陈世强《图绘彰化文学家》

49. 施懿琳、蔡美端《赖和文学论（上）：民间古典文学论述》

50. 施懿琳、蔡美端《赖和文学论（下）：新文学论述》❶

在 50 册中，文学占有 29 册，包括民间文学 2 册（13、31）、古典文学 5 册（8、14、24、46、49）、现代文学 22 册（1、2、3、4、5、6、9、10、12、16、17、18、19、20、22、25、26、29、32、42、48、50）；民俗曲艺 7 册（34、35、37、38、39、40、41）；工艺美术 3 册（15、23、30）；绘画 5 册（28、43、44、47、48）；历史 3 册（27、33、45）；地理 2 册（7、11）；书院 2 册（21、36）。

规划即将出版的 10 册，包括传统建筑（寺庙、民居）、彩绘、书法、水利、歌谣、动漫画与百年老店等子题。

四、例证

彰化学内蕴多样元素，历经挖掘、整合，不仅重现其图像，更释放无限的魅力与价值。倘能进一步的活化、应用，对社区总体营造❷将可发挥巨大作用，以下特举四个案例加以说明。

---

❶ 彰化学丛书预计 12 年出版 60 册，自 2007—2016 年，已出版 50 册。
❷ "小区总体营造" 为政策性名词，首见于 1994 年，由文建会主委申学庸向立法院提出施政报告时所提出，以 "建立小区文化、凝聚小区共识、建构小区生命共同体的概念，作为一种文化行政的新思维与政策" 为主要目标；其目的乃在整合 "人、文、地、景、产" 五大小区面向。

（一）期待一座彰化县文学馆

笔者亲近彰化40年，长期探勘宝藏，在点、线研究上，也总结出一些成果。2007年，在因缘俱足下，笔者正式推出"启动彰化学"的文化工程。其中值得注意的是在彰化学丛书里文学几乎占了一半之谱，足以证明彰化文学的独特与丰美。

彰化文学涵盖民间、古典与现代文学，体裁分汉诗文、民间文学、现代诗、散文、报告文学、小说与儿童文学；自1683年迄今，历经清代、日据、战后到现代，约有100多人，其著作富含磺溪精神，独树一帜。吴晟、萧萧、康原与笔者曾多次在文化局的文学委员会建议成立彰化县文学馆，并做成决议：请县府正视、落实文化立县的政见。

2008年，政府推动扩大内需以振兴经济，县府为了配合地方文化馆的设置，特别提出申请，并以"彰化县文学馆"为诉求，希望几年内能在文化局三楼开馆以展示多彩多姿的文学景观。笔者临急受命，接受文化局委托，进行全县文学家与作品的普查，以建构文学馆的软件元素，不过，期程短促，仅有3个月。笔者带领工作小组8人（彰师大国文所与台文所研究生），积极投入，奔波乡镇市，并上交一份不俗的成果，还获得"文化部"的奖励。

这个计划以年代为经、作家作品为纬，敦请中兴大学廖振富教授整理彰化文学300年大事记，笔者则同步推出古典文学与现代文学10多人，内容分为作家生平、作品、相关研究资料、访谈记录、参考资料与数位录像6个面向（《亲近彰化文学作家》，2011年），列举先行、中生、新生三代13人可视为成果的平面展览；并录制彰化文学家7人：八卦山下的诗人——林亨泰、白色炼狱的诗灵——曹开、台湾末代传统文人——施文炳、土地哲学与彰化诗学——萧萧、吟唱土地声音的诗人——康原、魔幻写实主义的小说——宋泽莱、散文的眼睛——石德华；同时邀请彰师大美术系陈世强教授规划文学馆的硬件工程。经多次与文化局讨论，决定将文化局三楼空间加以整合，使之成为动线流畅的展示空间。笔者建议宜与一楼图书馆联结，方便营运与管理。其实，这种软、硬件的思考，是在走访台南"台湾文学馆"、赖和纪念馆、钟理和纪念馆与南投文学馆后，斟酌实际条件所提出的可行方案。

2009年，笔者获彰化县第十一届文学奖特别贡献奖。典礼上，从县长手中接下奖牌与10万奖金支票，笔者致辞时，表示一个感谢一个要求。感谢的是这个奖的肯定，10万则转送彰化师大作为助学金；要求是，希望县长推动成立彰化县文学馆，以文学彰化拓展国际的能见度。县长听了感动、点头又鼓掌，深表同意，台下观礼者更是一片掌声与喝彩。

2011年，笔者届龄退休，以高级志工身份继续总策划彰化学丛书，越发发现彰化文学的富美，就越感慨彰化县文学馆成立的必要。

2012年，府城成立叶石涛文学纪念馆；2013年，彰化市在市立图书馆设置彰化市文学馆。各县市争相规划文学馆舍以积累资源，发挥文学的境教功能。反观半线，忽视丰美的文学软件，表现毋宁过于消极了。文学是斯土斯民的知感结晶，文学馆则是典藏、展示、研究与推广的平台；我们期待一座文学馆，让大家见识彰化县的文学奇迹❶。

（二）鹿港家族史的范例

鹿港在台湾开发史上占有相当重要的地位，谚语云"一府二鹿三艋舺"可为例证。清乾隆、嘉庆年间是鹿港的全盛时期，万商云集，人文荟萃，因此，由"商业的鹿港"转型为"文化的鹿港"。长期积累的无形、有形文化资源，既丰厚、多元又深厚，堪称闽南文化的活化石。

鹿港三百多年的岁月里，有几家值得注意的家族，如日茂行林家、庆昌行陈家、谦胜行庄家与丁协源丁家等，他们都是以"船头行"发迹，集商人、士绅与地主于一身，并从商业家族蜕变为书香门第，开枝散叶，延续旺盛的生命力。

在总策划《彰化学丛书》时，笔者非常留意彰化史的诸多面向，如书院、家族、工艺和建筑等，其中的家族史特别邀请李昭容博士用心耕耘。她是鹿港子弟，中兴大学历史学博士，主要研究领域为台湾史、家族史与文化史，著有《鹿港丁家之研究》《庆昌家族调查报告》等。笔者仔细阅读后，建议将有关鹿港的两种研究加以统整、修订，并以《鹿港丁家大宅》（2010）与《鹿港意楼——庆昌行家族史研究》（2011）出版。这种结合历史、建筑与图说呈现的方式，深受好评，允为学术通俗化的佳例。前者探索丁家开台祖丁朴实（1763—1843）安居鹿港后，以"丁协源"商号创造事业的高峰；光绪年间，其后代渐由商业之家转型为书香门第；日据时期，"丁协源"后代以读书晋升士绅，并与鹿港辜家、基隆颜家联姻，气势非比寻常。作者透过"丁家大宅"分析有形与无形文化资产，逐一解开丁家历史之谜。后者为陈怀澄（1877—1940）所购置，与十宜楼同列入鹿港八景十二胜，但时过境迁，随

---

❶ 见林明德：《期待一座彰化县文学馆》，《人间福报》（Merit Times），2013年11月26日，第5版。

"庆昌行"的兴衰起落，意楼几乎成为废墟，因俊美食品李俊德夫妇购得并费心整修，得以再现风华。笔者曾指出这座自费修复的意楼，是"历史建筑修复的新典范"。2007 年，作者因受邀加入修复团队，并撰写庆昌家族的调查报告，长期追溯陈家的历史与意楼的递嬗历程，完成庆昌行家族史研究，为区域史显影，其努力值得肯定。

2012 年，作者帮忙规划庆昌故事馆，陈家后代闻风相继返回鹿港寻根，并细读《鹿港意楼——庆昌行家族史研究》。作者长期与陈家后人接触，并获得充分信任，得以进入他们不设防的世界，透过访谈，从断简残编，点点滴滴地重建庆昌行家族史的全貌。特别是与陈启洲的对话与获得陈威儒修订的族谱，让她以古迹追踪历史的路径，有了更确切的依据。

2004 年，鹿港十宜楼被登录为历史建筑。其主人陈祈（1842—1893），乃鹿港重要商号的分子，而"宜琴、宜棋、宜诗、宜酒、宜画、宜花、宜月、宜博、宜烟、宜茶"的十宜楼是他与知名士绅交际的场域，腾传一时。相较于"意楼"的风华再现，"十宜楼"似乎有逐渐消褪的现象。作者访耆老，搜旧闻，追踪陈家后代，搜集各方史料，在《鹿港意楼》一书的基础上，再探庆昌家族史。全书 5 章 10 万字，图片 200 余张，以图说历史的方式来呈现，增加不少的可信度与趣味性。

陈祈的十宜楼是鹿港八景的"宜楼掬月"，陈怀澄的"意楼"则为十二胜的"意楼春深"，作者采用历史、建筑并进的观点，双写其纵深的历史，成为"庆昌行家族史续探"，笔者建议将书名定为《宜楼掬月意楼春》，以凸显陈家建筑双璧，并带出一种悠远的历史情怀❶。

（三）彰化百年老店

20 世纪 80 年代，笔者开始投入民俗踏查，深入台澎金马，也陆续取得一些成绩。然而其中最引起笔者注意的是，对各地兀自闪烁光芒的百年老店，总是抱持谦虚的心态，诚挚地叩访。因为它们都是台湾历史的见证者，也是台湾文化最坚实的部分，往往集宗教、民俗、历史、文化于一身，展现珍贵的无形文化光彩。

彰化百年老店，多彩多姿，包括妆佛、金工、木偶雕刻、制香、中药、糕饼、米面、肉圆、蜜饯、酱油、仙草、制鼓与捡骨等 13 类 20 家。2011 年，

---

❶ 林明德：《深耕鹿港家族史的范例》，李昭容：《宜楼掬月意楼春——鹿港庆昌家族史续探》，晨星出版有限公司，2015 年，第 32—34 页。

笔者带领研究生踏查6家，即花坛保生中药房、玉珍斋、宝珍香、老天兴乐器行（制鼓）、巧成真木偶之家；2015年，又踏查5家，4位研究生分别负责阿振肉包、肉圆生、新和春酱油、七代捡骨师，笔者则现身示范，引领同学进入猫鼠面世界。

2016—2017年，19位硕士生博士生分组踏查了9家，包括复兴珍饼店、郑玉珍、朝和饼铺、顺泰蜜饯、阿义手工面线、三角埔仙草、施自和佛具、陈万能锡器与施金玉香铺。

参与踏查的研究生都选修了"文化诠释与批判"这门课，除了上课传授相关理论与实例外，行前特别介绍田调要领，文献信息的搜集，参与观察、交互访谈的运用，同时参证拙著《味在酸咸之外——台湾饮食踏查》一书。这些百年老店都是笔者认识多年的，但为了消除访谈者与被访谈者的心理距离，笔者特别电话沟通、随行访视，以取得信任，让受访者放心，在知无不言、言无不尽的情况下，建构百年老店的家族史、作品谱系、工序与经营策略，并借着图说接近老店世界。

6年分4阶段踏查了20家，我们既例证了彰化人文底蕴的丰厚，也发现它们都是立足生活圈、信仰圈、文化圈的重心，为常民文化带出令人惊艳的光彩。难能可贵的是，各店家都遵循古法制作，保留原味，忠厚传承家业，且能与时俱进，注重品质管理，努力研发创意，秉持"历史的意识"，让老店展现无穷的魅力。例如：宝珍香引领风骚的桂圆蛋糕、巧成真的史艳文木偶、三角埔仙草的独特风味、陈万能的锡艺、施至辉的妆佛、阿振肉包的人间美味、朝和饼铺的传统汉饼、阿义的手工面线；还有七代捡骨世家黄忠谋的"二次葬文化"，在民间传释生命礼俗的意义；新和春酱油，变工厂为文化观光景点，发挥无比的境教功能。

我们的叩访，打开了百年老店的门扉，经过多次的深入访谈、记录工序、图说现场，加上几次的修补，如实地呈现每个老店的真相。

20家老店历经时间的淘洗、社会的变迁、产业的冲击、消费的挑战，与人事的更替……种种考验，宛如火炼的真金，闪烁着传统的光辉。基本上，百年的区域传统产业，是斯土斯民的共同记忆，也是历史的重要史页，更是文化史上的美丽风景；它们内含丰富的无形文化资产，是台湾的瑰宝，值得我们去正视。❶

---

❶ 见林明德：《打开百年老店的门扉》，《人间福报》（Merit Times），2015年6月23日，第7版。又林明德：《正视台湾百年老店》，《人间福报》（Merit Times），2017年6月9日，第4版。

（四）彰化县的工艺美术

彰化县是台湾开发最早的地方之一。明清之际，先民渡海来台开疆辟土。乾隆四十九年（1784）鹿港与泉州蚶江对渡后，商贾云集，鹿港成为台湾三大港之一，拥有"二鹿"的美称。嘉庆年间为鹿港八郊的全盛时期，当时的贸易主要输出农产品，换回手工艺品。到了咸丰、同治年间，鹿港的手工艺才蓬勃兴起。

经过历史的演变与累积，昔日繁荣的鹿港，为彰化地区留下丰沛又珍贵的人文资源，即便鹿港因为淤积而逐渐没落，迄今仍保留许多古建筑与老技艺，将绝代风华展现在古城各个场域里。

"工艺"源自于人类生活的实务需要，撷取自然与人造的可用物料，运用人类的加工技艺，制作满足生活需求的工艺作品。经不断的改良，加入人类的美感，这种结合物料材质与人类技艺、创意的作品，常隐喻民族的生活态度、解厄祈福、理想愿景等心理意识。随着时代文明的发展与变化，工艺家亦将现代的审美观与人生理念等加入工艺，创作出符合时代、个人特色的工艺作品，成为具有地方特色的文化行业。因此，工艺美术代表着民族文明的蕴含与积累，是人类艺文活动中值得探究的议题。

1995 年，黄志农编写《彰化县民间工艺人力资源调查》，为传统工艺留下珍贵的记录。1996 年，台湾省工业研究所出版《鹿港工艺资源手册》，共调查访问 153 位鹿港工艺家。2006 年，康丁源"彰化县传统工艺美术普查推广计划"之修订普查资料中，登录有 90 位工艺家。历经 10 年，彰化传统工艺也发生相当大的变化，例如有些工艺濒临消失边缘、传承中断、中生代工艺家的处境、传统工艺与现代社会的联结、因应策略等问题。

2016 年，县政府推出"彰化县传统艺术——传统工艺美术普查案"，期望在上述基础上，进行踏查、检核，切实反映传统工艺现况，为文化资产提供最新信息，以作为文化政策的参考。本计划依彰化县"八大生活圈"之传统工艺美术的普查登录工作，寻找尚未被发掘、登录的珍贵人文资源。普查对象如下。

1. 针对《彰化县传统工艺美术普查推广计划普查表结案报告书》（2006）内容重新修订普查资料 90 人。

2. 针对彰化"八大生活圈"新增普查对象至少 48 人（团）。彰化县包括 26 个乡镇市，整合为八大生活圈，即：

（1）彰化生活圈：彰化、芬园、花坛。

（2）和美生活圈：和美、伸港、线西。

（3）鹿港生活圈：鹿港、福兴、秀水。

（4）员林生活圈：员林、大村、永靖。

（5）溪湖生活圈：溪湖、埔盐、埔心。

（6）二林生活圈：二林、大城、芳苑、竹塘。

（7）北斗生活圈：北斗、田尾、溪州、埤头。

（8）田中生活圈：田中、社头、二水。

依据普查表，传统工艺美术分为木工艺、妆佛工艺、剪黏工艺、竹藤工艺、陶瓷工艺、玻璃工艺、金属工艺、玉石工艺、彩绘工艺、漆工艺、纤维工艺、纸属工艺、针线工艺、泥作工艺、其他15类。根据2006年的调查结果，彰化县有9类90人，其中鹿港有81人，其余9人分布于彰化、和美与田中等地。

2016年，调查结果，全县共有13类135人，统整如下表：

工艺 ＼ 生活圈	彰化	和美	鹿港	员林	溪湖	二林	北斗	田中	总计
1. 木工艺	4	—	32	3	—	4	—	—	43
2. 妆佛工艺	—	—	7	—	1	—	—	—	8
3. 剪黏工艺	—	—	—	—	1	—	—	—	1
4. 竹藤工艺	—	—	3	—	1	—	—	—	4
5. 陶瓷工艺	2	1	1	1	1	1	2	1	10
6. 玻璃工艺	—	—	—	—	—	—	—	—	0
7. 金属工艺	—	—	7	—	—	—	—	—	7
8. 玉石工艺	—	—	1	2	—	—	—	7	10
9. 彩绘工艺	—	3	6	—	—	—	—	—	9
10. 漆工艺	1	—	—	—	—	—	1	—	2
11. 纤维工艺	—	1	4	1	—	1	2	—	9
12. 纸属工艺	—	—	1	—	—	—	1	—	2
13. 针线工艺	1	—	4	—	—	—	—	—	5
14. 泥作工艺	—	—	—	—	—	—	—	—	0
15. 其他	3	3	14	1	2	—	—	2	25
总计	11	8	80	8	6	6	6	10	135

令人遗憾的是，2006 年的普查表 90 人，已有 9 人往生，当中有五家父传子或师传徒，其余皆中断。

从上表可知，工艺美术 15 类中，缺玻璃工艺与泥作工艺，唯当中剪黏工艺、竹藤工艺、漆工艺、纸属工艺、针线工艺等，也极为薄弱。

显然地，全县传统工艺美术聚焦古城鹿港，包括 11 类 80 人（团），证明了"鹿港工艺"涵藏的潜在力。

传统工艺美术在现代社会正濒临危机的处境，这是不争的事实，但我们也发现民间守护常民文化智慧的努力与政府对文化资产的关心，因此传统工艺美术能维系一线命脉于不坠。例如：2004 年，由台湾工艺研究发展中心推动的"台湾工艺之家"（2004—2012）共征选 144 人，彰化就有 14 人获得授证并且正式挂牌❶。这毋宁是对工艺家的一种鼓励与肯定，此其一；2011 年，鹿港三大工艺家施至辉、陈万能、施镇洋分别荣获重要传统艺术，戴上"人间国宝"的桂冠，且展开传承计划，此其二。至于民间艺人传承家业的更是不乏其人，如传统彩绘——和美陈颖派之于陈文俊、陈敦仁，石砚雕刻——二水董坐之于董嘉靖、董嘉豪。

值得一提的是，影响深远的"鹿港鲁班公宴"，乃工艺界为巧圣先师鲁班公诞辰（农历五月七日）所举办。该活动创办于 1996 年，2008 年获彰化县政府登录为"无形文化资产——民俗及有关文物信仰类"。每年祀典仪式，由朝阳鹿港协会办理，在统一度假村鹿港文创会馆集会堂隆重举行，是鹿港最具文化内涵的活动，祀典仪式有主祭、陪祭，执事人员包括礼赞生、五宝侍者、十大护法等，皆由彰化县知名工艺家担任；祀典中有献五宝仪式，主祭官依传统习俗献上班门五宝"文公尺、墨斗、斧头、大锯、规矩"，呈现肃穆感人的祖师崇祀氛围。

鹿港鲁班公宴，主要内容为"工艺作品宴祖师"，以传统民间信仰宴神的"看桌"形式，邀集台湾各地知名工艺家，提供木雕、漆器、陶艺、灯笼、锡艺、女红等作品共 108 桌约 500 件。邀请的工艺家，包括人间国宝、国家工艺成就奖、薪传奖、传统工艺奖等获得者。

这个活动连续 20 多年，既积累丰厚的经验与资源，也鼓舞了不少传统工

---

❶ 获得 2015 年彰化县"台湾工艺之家"认证的共有 14 位工艺家：鹿港地区的吴敦厚、陈万能、施镇洋、李秉圭、黄妈庆、施至辉、许陈春、施金福、黄纱荣，田中地区的蔡龙雄、董坐，二林地区的许宗焕，田中地区的叶志诚和埔心地区的柯锦中。其中吴敦厚已于 2017 年辞世。

艺美术家，让大家共同斟酌于传统与现代，寻觅新路向❶。

五、结语

1970年，许常惠教授开风气之先，揭开彰化地方文化工程的序幕，迄今已有40年。

2007年，《彰化学丛书》诞生，从无到有，历经10多年，真是不寻常，也不可思议，它是一项艰辛又浩大的文化工程，也是地方学的范例。

从人文资源面向的设计、学者专家的邀集、预算的筹措、美编出版，无不需要费心的筹划。

但这些都是阶段性的任务，为了深化地方学，仍有待项目的持续踏查研究。透过系统的积累、整合、活化，为地方学寻找永续经营的大方向，将资源反馈地方，并转化为社区总体营造的活力，以彰显其积极意义，恐怕是值得我们去思考的议题。

---

❶ 林明德主持：《"彰化县传统艺术——传统工艺美术普查"案成果报告书》（未出版），财团法人中华民俗艺术基金会，2017年，第639-654页。

沧海纪遗

——时代环境下形成的金门地方文化

黄振良❶

摘　要：金门之开发始于唐末五代，经历宋元时期有规模的移民，到明朝中叶，金门在科举上大放异彩，也从此留下许多弥足珍贵的地方文化。清代的武绩，使金门的宦绩盛况更甚于前朝。清代末叶之后，金门侨民在南洋侨界之声名，更使得这个土地面积不足 150 平方千米的小岛，受到当地华人社会的重视。长此以往，这座小岛便形成一种风格特殊的地方文化。

20 世纪 50 年代之后，金门更因历史因素造就特殊的地理人文环境，先是在台湾迈向现代化的过程中跟不上脚步，接着又因为与一水之隔的厦门、泉州分离，只能在这一阶段的进程中驻足旁观，久而久之，金门给人的印象，既是一个现代化潮流中的弃婴，又像是一个传统文化保护下的宠儿，形成一种特殊的地方文化景观，许多深具地方色彩与传统文化的遗存，让外来游客说这是落后的传统农村，也有些人被这种现象所吸引而沉迷。这就是百年时代因素下形成的金门地方文化。

关键词：金门学；宗族祭祖；风狮爷；红砖大厝；乡土文献

一、金门历史概述

《沧海纪遗》成书于明隆庆二年戊辰（1568 年）5 月，是明嘉靖乙丑（1565 年）以岁贡历国子监助教后转夔州通判的金门人洪受所著，这本书是

---

❶　黄振良（1948—），男，福建金门县人，退休教师。长期致力于金门地方文史、地方民俗、民间信仰、地方文化与文物保存等工作。已出版著作 25 种。

现知金门（当时称浯州）地方人士所记录的第一部地方文献，纪录这本书的目的，诚如作者在自序中所说："余读邑旧志，遗逸者甚多，每握腕而不能自己，乃知古人沧海遗珠之恨，……。"他在任职京师期间，适有所感，于是就在蔡肖兼等几位"浯彦"的讲议之下构思草创，完成了这本金门史上第一本补地方志书不足的纪遗之书。❶

《沧海纪遗》成书之后，又经清雍正时的金门贡生黄锵，将明万历之后的浯洲科第，以及明卢若腾所著的《浯洲节烈传》两项资料补上，成为后世所看到的《沧海纪遗》全貌。所以就《沧海纪遗》这本书来说，其内容偏重的还在于金门的科举和人物纪事。

（一）金门科举宦绩

北宋太宗淳化三年（992年），浯洲阳翟陈纲中壬辰科进士，是同安设县后首位进士，号称"开同进士"，从此开创了浯洲鼎盛的文风，之后浯洲阳翟的进士，计有北宋5人，南宋1人，明代2人，清代1人，而金门的科举也在明代中叶之后达到巅峰，从洪武五年（1372年）壬子科开始，到崇祯十六年（1643年）癸未科止，金门计有文武进士31人，举人96人，贡生82人，这是一项得来不易的科举成就。

在宦绩方面，最高有任过云南省左布政的蔡守愚，有天启年间经略西南五省、佩尚方宝剑便宜行事的蔡复一，还有明末临危受命加兵部尚书的卢若腾，三人都是从科举出身在宦绩上著有成就的人物。

（二）清代金门武绩

康熙二年癸卯之冬，清兵初次拿下金门，随即实施坚壁清野，位于海线外的金门，所有岛上居民内迁，原本饱受风沙危害的金门岛，一时之间成为杳无人烟之地。到康熙十九年清兵二下金门，始施复界，17年期间海岛早成废墟，一切开拓须从头再来，而温饱才是首要之务，往日的文风已不复存在。由于朝廷在岛上将原明初设立的"守御金门千户所"改为"金门镇总兵"，在谋生不易的现实环境下，金门人乃不得不放下举子之业，纷纷投向军旅，从最低阶的行伍做起。到乾隆年间，金门人已经跻身于武将之列，最高任总兵、提督之职。这项武绩成就到嘉庆年间更上一层楼，终清代200年间，金

---

❶ 在清道光同安县儒学岁贡林焜熿纂修的《金门志》一书，文中引据者，多次提到《沧海纪遗》和《沧浯琐录》，至于《沧浯琐录》一书到底何在，至今未见任何踪迹。

门人在闽、粤、浙与台海海疆上，计有提督 4 人、总兵 9 人，副将、参将等职位及中阶军官不计其数，在当时民间流传着一句"九里三提督，百步一总兵"的地方俗谚。清朝 260 年间，金门虽然不再有一位在籍进士出现，却有无数驰骋于闽台的海疆精英，为金门再创另一段宦绩，其宦阶更在前代之上。

清代末叶之后，金门侨民在南洋侨界之声名，更使得这个土地面积不足 150 平方千米的小岛，受到当地华人社会的重视。长此以往，这座小岛便形成一种风格特殊的地方文化特性。类此种种，都先后记录在金门地方志书上，除了《沧海纪遗》，尚有清道光年间林焜熿修的《金门志》，民国十年左树夔、刘敬修纂的《金门县志》，1958 年许如中的《新金门志》，以及 1967 年、1997 年和 2007 年三次续修的《金门县志》中。

二、近代金门地方文化的形成背景

金门原称浯洲，与原名鹭洲的厦门自古同属福建省同安县所辖，包括大、小金门两岛，为绥德乡翔风里辖下的四个都，清末厦门辟为通商口岸后，得地利之便，开启了金门人下南洋的移民潮，从道光、咸丰年间开始，到民国初年达到最高峰。金门侨民的足迹，遍及菲律宾、文莱、婆罗洲、印度尼西亚群岛、新加坡、马来西亚及整个中南半岛。到了清光绪年间，一些在侨居地经济有成的侨民，便纷纷在家乡营建新居。所以从 19 世纪 80 年代到 1930 年大约 50 年内，金门地表上增加了大约近 2000 栋精美的闽南传统形式的红砖建筑。1915—1935 年，又有 150 栋左右中西合璧的洋楼也陆续出现，这股热潮和这样的建筑样式在金门是史无前例的。

1937 年 7 月我国全面抗日战争爆发，10 月下旬日军登陆金门，开始了将近 8 年的占领，这段时间侨汇断绝，教育停顿，一切建设中止，金门进入了十多年的黑暗期。1949 年 10 月以后，近在咫尺、有史以来一直都是一个整体的闽南地区，此时交通已经中断，许多家庭开始分隔两地。有交通往来的台湾岛却远在海峡彼岸，那道神秘的黑水沟纵然已不再是天堑，但对于军事管制下的金门来说，那是一个不可知的世界，出去、归来的这道门依然有太多的阻隔。

在日据期间，金门的知识分子有些逃往南洋，或靠帮人理财管账，或靠经营小生意维持生计，有些则渡海在福建内地谋求生路，金门有长达十多年的教育空窗期，所以当国民政府迁台、金门驻军实施战地政务后，大部分军职人员都认为金门是一个民生困苦落后的文化沙漠，仅少部分有识之士能从金门各家庙宗祠里那形形色色的科举宦绩牌匾中，看到了金门昔日文风和武绩的端倪。

在金门实施"战地政务管制"的40多年中，政治、经济、教育、文化各种建设，都必须配合军事需要，由战地司令官、国防部统筹配合，书籍出版、学术演讲各方面受到管制，在"多一事不如少一事"的心理下，许多民间活动几乎到了停滞状态。

1949—1992年，"战地政务管制"下的金门，如果再加上1937—1945被日本占领的时间，半个多世纪与外界隔绝，金门既未受到周边各个邻居的影响，也极少被台湾现代化的风气感染，等到1992年战地政务终止后，台湾从现代化工业污染的迷思中苏醒过来了，此时未受现代化污染的金门，却成了难得的一块净土。

2001年金、厦海上交通复航后，金门逐渐转而成为两岸之间距离最近、航程最短、最畅通的往来门户，从1992年的对台湾开放，到2001年之后与厦门、泉州的交通往来，金门在长达半个多世纪的关闭之后，此时才有机会回过头来慢慢地反思自己、认清自己。以往，金门长期与外界隔绝，始终认为自己像是被抛弃的孤儿，身份地位不知如何认定。到了这时，金门才有机会从台、闽两地的现状中，逐渐能反思自我、肯定自己，知道本身具备的价值所在。

早在20世纪50年代开始，金门虽处在军事管制的环境下，但值得庆幸的是战地政府对金门的教育，与同一时期的台湾岛内，实有过之而无不及，不但由军方利用军事建设物资，在金门各角落兴建学校、普及教育，即使是九年义务教育的实施，金门也比台湾提早四年。这对金门人才的培育、经济的发展，地方的建设等各方面都有很大的贡献。

所以当1992年金门战地政务终止，解除了各项管制，并开始对外开放，一些来自台湾岛内的专家学者，发现金门保存许多有形、无形的珍贵文化资产，都是台湾岛内所没有的，于是不停有呼吁保存的声音，这种声音也唤起金门当地的文化人士和地方耆老开始注意到本身的价值所在。其实早在1992年之前，金门当地一些有识之士，已经为保存许多即将在当地消失的文化资产做过努力，只是受限于客观环境的限制而无法采取行动而已，所以当1992年各项管制解除之后，金门的文化复苏行动便急速展开。

这项文化复苏的工作，主要来自当地的一群中小学教师，他们都是当地土生土长的金门子弟，在当地受完中学教育后再往台湾升学，自小在当地的文化熏陶下成长，既生长在一个人文气息浓厚的环境里，又接受现代基础教育，对当地文化有深切的体认，加上金门解除战地政务管制后，政府官员也大部分由在地人出任，有了共同的认知，也都倾全力于地方文化的维护保存，文化主管单位奖励补助地方文献出版，激发地方人士书写出版的意愿。

从 20 世纪 90 年代开始，大量的出版品在这个小岛上出现。这段时期，主持金门文化资产保存工作的承办单位从金门县立图书馆改制为金门县立文化中心，再进而改为金门县文化局。近 30 年来，金门的这些出版品主要就是在这个单位的主持、赞助、奖励下付诸实现的，其中动态部分包括金门民俗活动、祭祀仪典、民间信仰、宗族姓氏；建筑部分包括闽南建筑、侨乡文化、战地遗迹、聚落发展与保存；还有金门地面风貌，如金门风狮爷、农村文物器具等。

三、金门文化出版品

自从 1949 年金门成为战地之后，一切新闻出版、言论、集会都受到极为严格的限制，除政府出版品之外，民间的出版品几近空白。到 1992 年金门战地政务终止后，这些限制同时废除，各种出版品如雨后春笋，竞相出现。二十多年来，主要有以下几项出版品。

（一）金门文献丛书

1966 年 11 月，台湾当局为了维护传统中华文化，发起了一个"中华文化复兴运动"，订定每年 11 月 12 日孙中山诞辰日为"中华文化复兴节"，这时的金门战地政务委员会，也配合该项活动，在金门民间搜寻古籍，出版了一套"金门文献丛书"，其中包括《沧海纪遗》和《金门先贤录》两本古书，加上几位当时由军中除役的新闻从业人员，编写了《朱熹与金门》《郑成功与金门》《鲁王与金门》，委由金门当地的金门日报社出版，这套书可算是金门近代最早，也是仅见的少数文献。虽然册数不多，却是极为难能可贵的一套书籍。

（二）金门季刊

在战地政务管制时期，书籍、刊物的出版都在管制之列，《金门》这个刊物系金门县政府的文宣刊物，创刊于 20 世纪 70 年代初，刚开始是不定期出版，由县政府依需要时间出版发行，后来交金门县立图书馆负责编辑出版，主编人员也由任职于图书馆的在地人员掌编，这份刊物才向主管出版单位正式登记，变成定期出版刊物。之后随着金门体制的改变，其编辑方向也在政令倡导之外，加上一些金门在地文化活动和景观的报道，其刊载的内容再逐渐转为以刊载在地文物、文史方面的文章为主。在这段时间里，几乎每期都能看到金门文史、文物、民俗等图文并茂的文章。近期以来刊载的内容又以文化局的活动为主，转变成一个报道金门文化活动的文宣刊物，这份刊物目前已出版到 130 期，是在金门时间维持最久的一份刊物。

（三）金门学丛刊

金门的古迹、建筑、文物、语言、风俗是历史的见证，也是先民活动的纪录。纵观中国大历史的演变，台湾首五大姓陈、林、李、许、蔡之第一位渡台开拓者，全系由金门过海徙来，"开台进士"郑用锡、"开澎进士"蔡廷兰均为金门人，足可佐证金门乃中华文化传衍到台、澎及南洋一带的中继站。

《金门学丛刊》的编辑理念，建构于全球"岛屿文化"的蔚为风潮，以及当下"社区主义""文化造产"的实践。❶

《金门学丛刊》计出版三辑共 30 本，内容包括民俗风情、语言俗谚、历史传说、建筑、戏曲、产业文化、地貌景观、战地史迹等，作者九成都是金门在地人，且半数是在地中小学教师。

这套丛书系由金门县政府担任策划，由民间出版社出版发行，是唯一正式对外发行的金门书籍，发行面广，发行量多，与其他由政府单位出版发行、免费赠送者不同，是目前较受外人知道的金门书籍。

（四）金门文学丛刊

《金门文学丛刊》由金门县政府与台湾联经出版社联合出版，第一辑 10 本于 2003 年 10 月出版发行，这一辑的作者全是在金门本地出生成长之后又旅居台湾或长期在本地居住。第二辑 10 本于 2005 年 4 月出版，这一辑的作者九位是旅居海外（南洋）的金门族裔，还有一位是在金门出生的外省籍人士。第三辑跟第一辑一样，也全是金门籍在金、台两地的作者，出版于 2006 年 4 月。

---

❶ 出自"金门学丛刊"总策划陈水在的《金门学丛刊·总序一. 金门——空中起百代文章》。

这套书籍内容包括诗、散文、小说，其书写内容以金门当地及侨居地的侨民生活为背景，以突显金门史地的延伸。

（五）学术研讨会论文集

2001年开始，两岸之间有一项最大的突破，即所谓"金厦小三通"的开办。实际上早在20世纪20年代，金门与厦门之间的海上对开航班已经开始，所以这项小"三通"其实只是金厦交通的恢复。由于金厦往来方便了，研究闽南文化的课题在闽南地区受到格外重视，金门当然也不例外。2003年12月举办了第一次"闽南文化学术研讨会"。

由于金门对外开放后，加上"金门学丛刊"的出版，引起许多人对金门文化的重视并对其加以研究，于是引起许多人对金门学的关注，金门县文化局于2006年也举办了第一次"金门学学术研讨会"，并决定今后每年举办一次学术研讨会，一年闽南文化，一年金门学，将"闽南文化"和"金门学"交互举办，截至目前，计办了2003—2017年等七次"闽南文化学术研讨会"，其中2007年是配合厦门、泉州、漳州、龙岩等闽南地区共同举办的。

另外，2006—2016年共举办了6次"金门学学术研讨会"，借以弘扬闽南文化，加强两岸对金门文化内涵的认识。

（六）乡土文献补助

为了弥补过去战地政务管制时期对金门地方文献出版的不足，所以当战地政务解除之后，金门县政府便编列预算，针对具有金门地方文献的文献资料，倾力励补助其出版。出版品交付一定数量给补助单位，再由补助单位寄送全台湾各图书馆馆藏。

从1996年开始至今，每年补助出版的数量从刚开始的四本，增为5本、7本、10本，这期间由于出版、印刷的成本日益下降，在预定的补助经费充裕之下，补助出版的书本日渐增加，申请的内容放宽，申请补助的人数也日益增加，之后便改为补助数量不限制，补助的经费大致增加不多，至今已补助22年，数量约有200本。

（七）影像出版

配合当前社会形态改变，大众传播工具已由文字改向影像，金门县文化局也陆续委托影像制作单位拍摄了金门文化相关影片，由拍摄单位提出期初的拍摄计划，经专家学者评选通过，在拍摄过程中，经过期中报告提出改进意见，再经期末审查通过，方始完成。

这些影像出版品，大都以民俗活动，以及金门文化遗产、非物质文化遗产为主，至目前为止计有："文化金门全纪录"两辑，每辑包括4张光盘和4本书，计8本书加8张光盘；还有"金门出洋客"，记述拍摄金门人下南洋艰苦奋斗的故事，计两辑共6本书加6张光盘；另有"金门民间技艺匠师"四盘一书；还有"金门历史风云"等，都是金门历史文化最好的诠释。

四、金门地方文化特性与活动

一个地方文化水平的高低深浅，都表现在其民间生活当中，各种出版品只是将这些行为做记录而已，并不能代表这些文化本身。金门的文化内涵，主要表现在以下几个方面。

（一）宗族祭祖

宗族文化源自儒家的孝道伦理思想，家庭伦理中讲求长幼有序，形成一整个家庭伦理，再由家庭推而广之形成家族，视家族犹如家庭，就有了所谓族长、辈分、辈序的编排。再由家族扩大成为宗族。金门的大部分家族，都是宋末至明初来自泉州的移民，在当地繁衍成族后，于是便有家庙宗祠的营建，有家谱的编修，有了家谱便有辈序（昭穆），每年的春秋二祭，墓祭、祠祭，于是便有祭祀仪典的制订。

当前在金门民间，阴历的使用依然非常普遍，每到冬至前后，各姓氏家族便有祭祖仪典，祭祀之后全族聚餐，彼此介绍认识，"论辈不论岁"，按辈分高低区分你我的称呼，全族上下气氛和谐，其乐融融。在金门，宗族观念依然非常重视，但不会有先前那种姓氏宗族之间彼此冲突争斗的情况出现。这项宗族文化传统成了金门一项非常珍贵的非物资文化遗产。

金门有三大民俗节日，其中既非中秋，也不是端午，而是农历春节、清明和冬至。金门有句俗谚："过年不回是无姆，清明不回是无墓，冬至不回是无祖。"这三大民俗节日的共同点就是：祭祀祖先。敬天、祭祖是感恩回报的孝道观念，也是中华文化的传统美德。每年清明节前后，金门许多家族都会返回福建祖籍地参与当地的祭祖活动，许多在外地工作的金门人也会在冬至前后回到金门参加家乡的祭祖，这项活动成了目前金厦航线上交通往来的主要客源之一。

(二) 民间信仰

金门一向民风淳朴，加上过去长时期处于民生贫困、战乱、灾难、疾病相循的威胁之下，人民在不得已的情况下，只能求助于上天，祈求神明保佑。凡是可以祈求的神灵，无不奉为救主，所以尽管与厦门仅一水之隔，在清代末年就有西方宗教（基督教）的传入，目前也有几座教堂，但金门当地信奉基督教的人数至今尚不足总人口数的一成，而且仍然以信奉儒、释、道合一的民间信仰占绝对多数，其次才是纯佛教。

金门人不易接受基督教有个原因，那就是信奉基督教的人不能祭拜祖先，这在重视祖先崇拜者的观念里，被视为是大不孝，这也是金门至今尚以民间信仰为主的一项重要因素。金门每一个村庄至少都有一座寺庙，有些村庄甚至还是"每一角落一座寺庙"的情形。

金门的寺庙中，绝大多数都是24小时门户敞开且都无人管理，庙里有一台供人自由捐献的捐献箱（金库），平时无人管理，到了庙里要举办醮庆时，全体管理人员齐聚后，打开捐献箱清点金额入账，作为寺庙的经费。不会像其他地方，有些庙方管理人员将庙里的经费挪为私用，或个人暂借周转使用甚至造成官司纠纷，类似的情形在金门是未曾发生的。

当前金门民间许多寺庙每年至少都有一次谢神醮仪，包括县政府每年也会举办一次进香团前往闽南内地，拜谒关圣帝君、保生大帝、广泽尊王、池府王爷、天上圣母等几尊神的祖庙进香，每年参加人数都在千人以上。金门每年农历四月十二迎城隍的日子，也都会在闽台两地掀起一次信仰热潮。

(三) 风狮爷景观

风狮爷，金门当地百姓也称石狮爷、石狮公等，都是用闽南当地花岗岩凿造而成。与民间信仰一样，其形成的背景，都是由于金门恶劣的自然环境造成的，所以金门民间往往都会在村郊路口向风处或是海边水湄，砌一座平台，用花岗岩雕一尊狮子竖立平台上，谓可克制来自海上、水中及四面八方的魑魅魍魉，其用意是要借着狮子的雄霸威猛来制止鬼魅的接近。同时金门历来多风沙，对农作物、牲畜和居民造成莫大的威胁，所以民间多在屋顶上设立一尊风狮（骑在狮子背上拉弓射箭的蚩尤）克制强风对房子、人畜造成的伤害。这项风狮爷的民俗景观，已经成了金门的另一个代名词了。

（四）红砖大厝

金门原本是一个自然环境恶劣、资源缺乏、居民生活艰苦的岛屿，即使明代时期岛民科举宦绩卓有成就时期，那些人也在出仕为官之后，大部分迁居同安县城内外，岛上极少有几座像样的住房。清乾隆之后，一方面由于武将辈出，另一方面这段时期几个家族开始经营海上航运，累积不少财富，岛上才出现了几座规模较大、形式较美的闽南式红砖厝。

清末鸦片战争结束，开始了闽南人大举下南洋的热潮，金门人由于家乡生活艰苦，谋生不易，当然不会放弃这千载难逢的机会，这些人在侨居地经过几年奋斗后，有了经济条件，首要之务便是在家乡营建住房，一是可安置家乡父母妻儿，二是可以光宗耀祖。一人起始，后人争相仿效，从清同治、光绪到民国二十年左右，50 年间金门地表上增加了 2000 栋左右的闽南红砖厝。白石褐砖红瓦的闽南民居建筑，有二进、有三进、有三盖廊，还有两侧加建的护龙、突规等形式，都是源自厦、漳、泉内地的建筑型制，这种规模虽不是很大，但在当时的金门民间却已经是难得一见的大厝了。❶

（五）洋楼建筑

金门侨民来往于家乡与侨居地之间，都必须从厦门进出，受到鼓浪屿岛上那一座座中西合璧的洋楼建筑所影响，便想在家乡仿建这种洋楼建筑，从1914 年开始，金门岛上也出现了第一栋中西合璧、外洋内华的洋楼建筑，此后大家争相仿效，到1936 年日军上岛之前，大、小金门两岛出现了 140 座洋楼，为岛上的民居建筑增添了无限风采，也成了今日另一项文化景观。

（六）文化资产日活动

每年 9 月第三个周末是认识古迹日，为配合这个深具意义的文化保育活动，金门县文化局从 2004 年开始，每年举办各种性质不一的"全民认识古迹"活动。目前金门的文化资产数量计有古迹 74 处，历史建筑（准古迹）153 处，文化景观 2 处，文化聚落 1 处，此数量及密度，台湾各县市无出其右者。这些文化资产遍及大、小金门两岛各个角落，如果仅是每年举办一次走访，循环一次就需要好几年时间，实在无法发挥让民众"认识地方文化，爱护文化资产"的目的，于是在一年一次古迹日之外，也配合文化走春活动，

---

❶ 护龙、突规、三盖廊等，都是闽南民居建筑各种型制的特有名称。

增强民众对历史文化古迹的认识。

（七）文化走春

为了增强金门当地民众对自己家乡的认识，进而爱护自己生长的土地和文化资产，金门县文化局从 2006 年开始，于每年 2~3 月春天来临之际，举办一项"文化走春"活动，采取民众自由报名方式，带领民众走访偏远的农村和一般人迹罕至的偏远角落，由文化局聘请金门在地文史工作的老师担任讲师，为民众就该地方的自然景观、历史文化、人文史迹详加解说，让民众认识家乡的美，进而爱护家乡的自然环境和人文景观。这项活动的参与人数由最初的 40 人到 80 人，后又到 160 人，再由 160 人增加到目前 240 人，一直供不应求，每年到了这段时间，民众争相询问，报名当天更是电话一早被打爆，足见民众参与这项活动的热情。

（八）金门学

金门大学成立于 2010 年，系由原金门技术学院升格成立，其前身是 1997 年所设立的高雄科技学院金门分部。升格后的金门大学，为传承并发扬金门在地文化精神，并培育学生成为具备人文素养、了解地方特色且具有两岸及国际观的优质人才，特别设置"金门学概论"为大一新生共同必修通识特色课程。邀请金门当地具备金门学研究的文史工作者及学者，共同编写《金门学概论》一书。❶ 接着该校于 2016 年 3 月起开办了"金门博雅讲座"，邀请对金门学有独到见解的人士到校演讲，以落实这门具有金门特色的学科。该活动成为该校一项特色计划。

五、金门文化的传播

根据金门近年考古发现，岛上现有三处史前人类活动遗迹，分别是金龟山贝冢遗址（8000~9000 年前）、复国墩贝冢遗址（5000~6000 年前）、浦边贝冢遗址（约 3000 年前），这些史前文化遗址的发现，可以证明当时岛上有人类活动的遗迹。至于汉人开始移居岛上的时间，据史载：晋，中原多故，义民逃居浯洲者六姓：苏、陈、吴、蔡、吕、颜，金门有民，实自此始。❷

---

❶ 陈奇中：《金门学概论》，台湾东华书局股份有限公司，2017 年版，第Ⅷ页。
❷ 清代林焜熿编修：《金门志》，台湾文献丛刊第 80 种，1960 年版，第 5 页。

至于从内地到金门岛上的移民，以南宋时期最多，且多来自晋江境内。到明代中叶，金门人口已达当地有限的资源所能负荷的极限，不得不开始往外移民，文化也随着移民向外传播。

（一）传播内地

国初，郑氏窃踞。康熙二年，官军大搜两岛，毁其城，迁其居民界内，浯洲遂墟。康熙十三年，复为郑经所踞。康熙十九年，两岛平，始开设标营。❶

这是金门历史上第一次大规模移民，到康熙十九年复界，外迁的岛民返回岛上者，据许多家族的族谱记载者"十不二三"，这些外迁的金门人大都留在同安内地及闽南各地，择地而居、开枝散叶终于成族。据同安民间非正式的调查统计，今厦门市同安区、翔安区、集美区境内，约有60多个村庄，其移居始祖是来自浯江（浯洲别称），这些家族都会在其家庙大门的楹联镶着"浯江"的原乡地名，有些依然沿用金门原乡的地名，如阳翟、东埔、大治、沙美、彭厝、何厝、吕厝等。

（二）传播澎台

早在明代中叶之后，金门居民已达饱和并开始往外移民，其目的地是澎湖群岛，只是这些移民都是零零散散的，且大部分是金门渔民在其渔船出海时到过这些地方，后来才举家迁居于此。据澎湖当地所做的调查研究资料显示：澎湖现住民的祖籍，来自金门（浯江）者，有许、吕、卢、李、薛、洪、王、郭、翁、蔡、赵、颜、黄、陈、刘、吴、章、林、杨、张、方、宋、柯、叶、邱、萧、谢、曾、欧阳、庄、周、高、石、胡等姓❷，约占澎湖总人口数的90%以上，其中有几个人，其家族确定是由金门分衍过去的，如琼林蔡姓（开澎进士蔡廷兰）、下坑陈姓（前立委陈癸淼）、丹诏许姓（前高雄市长许水德）、埔边赵姓（前劳委会主委赵守博）等都是。清代之后，再由澎湖迁台湾者，或由金门直接迁台湾者，不计其数，其有名有据可考者如竹堑首垦王世杰（金门东沙→浦边→台湾竹堑）、开台黄甲郑用锡（漳州→金门东溪→台湾苗栗后垄→竹堑）。

清乾隆五十二年（1787年），台湾林爽文之乱起，行伍出身的金门籍将

❶ 清代林焜熿编修：《金门志》，台湾文献丛刊第80种，1960年版，第6页。
❷ 余光弘：《清代的班兵与移民：澎湖的个案研究》之附录二"澎湖祖籍研究调查表"，2005年印。

领蔡攀龙参与平乱，屡建奇功，后来带兵援救诸罗（今嘉义），贼断其粮道，被围数月仍死守孤城，后始被解围。朝廷为嘉勉其义举，将诸罗改名嘉义，以嘉勉其义行。1992 年金门对台湾开放观光后，来自台湾嘉义的观光客，在其观光行程中，有些会加上一处特别行程——拜谒蔡攀龙墓，足见 200 年前这位将军对当地的贡献，至今犹受到当地百姓的尊崇。

从乾隆后期到嘉庆年间，是台海最不平静的时期，也是金门人效命军旅、驰骋闽台海疆的年代，这些人后来都因累积军功升至总兵、提督等高阶武将，在他们的军旅生涯里，绝大多数都在台湾岛内各主要军事据点担任过重要职位。

清代中叶之后，书法金石家吕世宜，还有林树梅、林豪等几位文人，都曾到过台湾，为中华文化在台湾的传播做过贡献。

（三）传播东南亚

金门侨民遍及东南亚各个角落，由于早年岛上生活艰苦，养成他们勤劳节俭的习性，故能艰苦创业，俭朴守成，把许多华人良好的生活习性带到当地，也将中华文化的精华传往当地，不但自己受益，也带动当地文化水平的提高，促进当地经济、文化的发展。

凡有华人的地方，都少不了华人的社会组织，金门侨胞在南洋各地都有属于自己的乡社联谊组织，如越南、新加坡、印尼、文莱，以及马来西亚境内的雪兰莪、马六甲、柔佛，还有砂朥越等州，都有金门会馆的设立。这些会馆绝大部分初期都是利用奉祀中国民间信仰的神庙作为会址，当地侨民有了经济基础后，再择址改建或在原地重建，一方面作为在地侨民的信仰中心，另一方面也是侨社集会的场所，是汇聚当地侨民思想、信仰的地方。中国文化、闽南民间信仰、金门家乡的文化传统，也从这些地方向外传播。

六、结语

金门只是闽南沿海极不起眼的一个小岛，但是从宋元时期泉州海上丝绸贸易时期，金门就是闽海航路上的要点之一，方豪研究《顺风相送》一书指出："明初郑和时代，从福建往今日之越南、高棉、泰国、马来西亚、印尼、菲律宾、琉球，甚至从菲律宾往日本，无不经过金门（浯屿、太武山），则尔

时金门在中国对外航线上之重要，不言而喻矣！"❶

　　从 15 世纪后，金门长期处于兵祸、灾难之中，明末清初几乎将近灭顶，但这个闽海边缘上的小岛，不但能在这长期灾难中一次又一次地站起来，且一次比一次站得更挺，主要乃是秉持中国文化强健坚韧的生命力，屡扑屡起，终而可以凭着其地理位置上的优势，作为中国文化由大陆走向海洋的桥梁之一。在两岸当前的局势下，金门更有自信能发挥其历史性的关键角色。

---

❶　方豪：《方豪六十自定稿》上册，1969 年版，第 87-89 页。

地方历史研究

新疆塔城开埠与口岸

康风琴❶

摘　要：塔城自清代 1763 年开埠至今 250 多年，历史上曾有多个口岸与此对应开放通商。18 世纪中期的沁达兰卡伦成为塔城对外贸易过货通道；19 世纪中期的乌占卡伦，19 世纪后期的巴克图、察罕鄂博、布尔噶苏台、哈巴尔乌苏卡伦开放通商，并在边境形成百里自由贸易区；20 世纪 30 年代初又开放艾买力（额敏河口）为对外贸易通道。

关键词：塔城；开埠；口岸

塔城开埠 250 多年，历史上曾有多个口岸众星捧月般与此对应开放，至今仅巴克图口岸一枝独秀。

塔城位于亚欧大陆东西方文明交流战略通道的中段部分，号称"准噶尔之门"，是古老的草原之路、草原丝绸之路的重要通道。草原之路以万年、数十万年计，草原丝绸之路在这里通过约有三千多年的历史。世界进入工业文明社会，塔城是中国西部最早通商的城市之一。塔城开埠已经 250 多年，与此对应先后有多个口岸开放通商。18 世纪中期的沁达兰卡伦成为"绢马交易"过货通道，塔城是新疆第二大对外贸易商埠；19 世纪中期的乌占卡伦，塔城是中国西部对俄国最早开放的两个城市之一；19 世纪后期的巴克图、察罕鄂博、布尔噶苏台、哈巴尔乌苏卡伦开放通商，并在边境形成百里自由贸易区；20 世纪 30 年代又开放艾买力（额敏河口）为对外贸易通道，沿边有

---

❶　康风琴（1955—），女，历史学硕士，高级经济师，新疆塔城地区经信委退休干部，主要研究方向为塔城地区经济贸易史和工业史。已出版《新疆塔城草原丝绸之路贸易史》（合著）。

多个边民互市贸易点。19 世纪末至 20 世纪 30 年代，塔城是对俄、苏的全疆乃至全国的第一大人员、货物通道。18 世纪中期以来，塔城先后至少有 7 个通商的口岸。

一、沁达兰卡伦是塔城开埠的第一个口岸

1759 年（乾隆二十四年），清统一新疆，1762 年，清在伊犁惠远城设立伊犁将军府，管辖包括天山南北地区和巴尔喀什湖以东以南直到帕米尔的军政事务。1763 年，清政府在雅尔（今哈萨克斯坦乌尔贾尔）设塔尔巴哈台军台。1764 年，在雅尔修筑肇丰城，塔尔巴哈台参赞大臣驻防。因雅尔冬季雪大，夏季多白蝇叮咬，1766 年，"移进二百余里"至楚呼楚筑城。乾隆皇帝赐名"绥靖"城。❶

1763 年，清朝政府决定在塔尔巴哈台开展对哈萨克贸易。

此时游牧于中亚草原的哈萨克欲与清朝通好，以便从事丝绸织品、棉布、茶和陶瓷器等的交易。清朝为了经营新疆，也需要哈萨克的马匹、牛羊等。

清政府制定了《哈萨克贸易章程》，规定了交易时间、入境卡伦、稽查方式和贸易方式，并分别在伊犁惠远城外和塔城绥靖城外建立了专门用于交易的市场——贸易亭。1779 年的《伊江汇览》记载了《哈萨克贸易章程》。其内容如下。❷

（1）固定交易时间：与哈萨克交易定于每年牲畜最肥壮的夏秋之交举行。

（2）指定商队（人）贸易路线：规定哈萨克贸易自沁达兰卡伦或匡俄尔俄鸢卡伦行走。

（3）入卡稽查：哈萨克贸易人抵固定卡伦后，由卡伦侍卫稽查人、货之数，先行具报主管部门。

（4）官兵接护：贸易主管部门派出官兵自卡伦接入，带至城外贸易亭附近搭帐居住，等候安排交易。

（5）官方代理贸易：由贸易主管部门安排后，在规定时间派人扮作商人，与哈萨克人等在贸易亭相交易。货价计值平论。

---

❶ （清）永保：《塔尔巴哈台事宜》，成文出版社有限公司，1969 年，卷一《城垣》，第 21 页。此城遗址在今塔城市建设街以南，光明路以北，柴草巷（现大金宝市场）以西，文化路以东的范围内。地理坐标：82°59′49″ E，46°44′38″ N，海拔 526 米。

❷ 《新疆通志·外贸志》，新疆人民出版社，2007 年，第 443 页，原载《伊江汇览》，第 100-101 页。

（6）禁止私人交易："其贸易之日，昼夜巡查，禁止兵民不得私换，犯者重惩之"，凡商人货物皆在官方交易完毕后，委托交易官员代为办理。

（7）贸易完毕，由官兵护送返回出境。

《哈萨克贸易章程》规定沁达兰、匡俄尔俄鸾两个卡伦作为对伊犁、塔城的进出口贸易通道。沁达兰卡伦在莫多巴尔鲁克西南 60 里，与伊犁交界，"至城（塔尔巴哈台绥靖城）380 里"，即沁达兰卡伦在巴尔鲁克山西南，这里有沁达兰山，为巴尔鲁克山支脉。❶

1763 年，清政府做出增设塔尔巴哈台与哈萨克贸易通道的决定后，1764 年清政府把拟交换丝绸准备好从内地开始起运，1765 年春季货物抵达塔尔巴哈台，做好开展与哈萨克商队贸易准备。开埠之初，即首战告捷，塔尔巴哈台成为仅次于伊犁的全疆第二大丝绸贸易中心。

1765 年（乾隆三十年）4 月至 10 月，哈萨克有 15 个商队赶着牲畜前来贸易，交易马 948 匹，牛 157 头，羊 4987 只。另外哈萨克商队还携带俄国及中亚地区的货物，有毯子、毛皮、阿登绸、香牛皮、锁子甲、鸟枪等。清政府在塔尔巴哈台与哈萨克此次进行贸易的地点应当在雅尔肇丰城。

1765 年哈萨克到塔尔巴哈台交易马、牛、羊情况列表如下。

序号	时间	领队	马（匹）	牛（头）	羊（只）	贡马	商队
1	4 月	阿塔海	70（含贡马）	4	1286	14	4
2	6 月	额色穆鲁特	95	11	725		1
3	7 月–8 月	阿玛勒达克	324	79	1635	8	5
4	8 月–9 月	波留勒德	185	63	1341		4
5	10 月	哈扎伯克	274				1
		合计	948	157	4987	22	15

清政府用各类丝绸织品、布匹及其他商品与之交换。当时清政府从内地运至新疆的丝绸 7700 匹，其中到塔城的是 1500 匹。❷

从 1766 年始，贸易地点迁至楚呼楚绥靖城（今塔城市区）。到 1767 年，塔尔巴哈台交易丝绸 5000 匹，共获得马 4504 匹。当时，伊犁是最大的交易中心，塔尔巴哈台是全疆第二大丝绸贸易中心。但以后的 1779 年、1783 年、

---

❶《新疆乡土志稿·塔城直隶厅乡土志》，新疆人民出版社，2010 年，第 467 页。

❷（清）椿园：《西域见闻录》卷三，《外藩列传·哈萨克》。

1784 年、1787 年、1792 年若干年份塔尔巴哈台的丝绸交易量超过伊犁。❶

乾隆年间，清政府在塔尔巴哈台开展丝绸贸易活动 31 年（1765—1795 年），年平均交易额 1600 多匹，总共交易额约 5 万匹。嘉庆年间在塔尔巴哈台开展丝绸贸易活动 25 年，取中间值年均 700 多匹，总共交易约 2 万匹。道光、咸丰清政府在塔尔巴哈台开展丝绸贸易共 34 年，年平均为 300 多匹，总共交易约 1 万匹。❷ 以上清政府官办的在塔城 90 年的丝绸交易量 8 万匹左右。

丝绸主要来自中国丝绸纺织中心的江宁（南京）、苏州、杭州江南三织造，这里生产全国最高档丝绸。其他地区如山西、山东、陕西也有小批量丝绸参与交易。在塔城清政府官办输出丝绸减少的同时，茶叶和布匹却在增加，成为输出的主要产品。

哈萨克商队到了塔城交易地点是"贸易亭一处，在城东门外"。❸

在塔城的贸易设施与交易细节据伊犁将军萨迎阿奏："哈萨克等于春融天暖后，赶牲来塔尔巴哈台贸易，抵卡时，守卡官带数名，护送来城，由管贸易亭章京经理，其牲畜货物，除官换外，余剩之物察记数目，准商民等在贸易亭自行换买。……查本城东门外，有贸易亭一座，甚属宽敞，足以栖止，哈萨克与商民互相交易多年，……贸易亭旁边，设立土堡一处，哈萨克来，均在堡内自搭毡房居住，官兵等在堡门内堆房，稽查出入，其与商民交易，仍在贸易亭。"❹

清政府把交易来的牲畜归入官马厂放养滋生（屯牧），塔城成为全疆乃至全国的畜牧业生产基地。18 世纪末丝绸贸易鼎盛时期，塔尔巴哈台官厂存有"大马 9679 匹，马驹 371 匹，大牛 4154 只，牛犊 1120 只，大羊 70 863 只，羊羔 8330 只"。❺

马匹供军用戍边军台卡伦交通工具及屯田生产。在塔尔巴哈台交换的马牛除本地使用外，其余送到库尔喀喇乌苏、乌鲁木齐、巴里坤、哈密繁育和各屯田地点，包括兵屯、民屯、回屯。还有一些到了内地甘肃、直隶、陕西、

---

❶ 林永匡、王熹：《清代西北民族贸易史》，中央民族学院出版社，1991 年，第 445—446 页。

❷ 林永匡、王熹：《清代西北民族贸易史》，中央民族学院出版社，1991 年，第 450 页。

❸ （清）永保：《塔尔巴哈台事宜》，卷一，《公廨》，133 页。这是指塔城旧绥靖城的东门外，"东门"位置在今塔城市新华路，北侧阳光购物（原海关办公楼）与南侧地区口岸委办公楼之间的街道上。现在"东门外"有百佳购物、大金宝商城（柴草巷）、邮政局、电信局、塔城饭店、工商银行等。

❹ 《筹办夷务始末》卷一，道光三十年三月癸酉，伊犁将军萨迎阿奏，第 2—3 页。

❺ （清）永保：《塔尔巴哈台事宜》，卷四，《官厂牲畜》，第 197 页。据《新疆通史丛书 清代卷》记载，官厂在今塔城地区托里县境内。

山西、河南、山东等省。❶

哈萨克西部及北部与俄国接壤，1735 年，俄国在与哈萨克交易地奥尔河口建立奥伦堡城，这里成为俄国同哈萨克人通商贸易的主要集市。哈萨克商队利用地处中国西部与俄国之间的地理条件，成为西部中俄贸易的中间人。他们往来于新疆与奥伦堡及西西伯利亚诸城，专门从事中介转手贸易，将新疆输出的绸缎、布匹、茶叶等运往俄国销售，或与哈萨克小玉兹（西哈萨克）交易。最主要的是"俄国商人对在伊犁和塔尔巴哈台享有贸易权利的哈萨克人的贸易权利一直在扩大"❷，俄国商人又把中国丝绸转售到西欧。

二、乌占卡伦

1851 年 8 月 6 日（咸丰元年七月），俄国特使科瓦列夫斯基上校在伊犁同伊犁将军奕山签订了中俄《伊犁、塔尔巴哈台通商章程》。俄国获得在伊犁、塔尔巴哈台合法贸易的权利。此时，沁达兰作为塔城与哈萨克进出口贸易通道已有 86 年。

该条约共 17 项，主要内容是：中俄双方在伊犁、塔尔巴哈台两地实行无税贸易（但俄国在本国关卡征收俄商货物出入境税）；俄商贸易进入伊犁博罗呼吉尔卡伦和塔尔巴哈台乌占卡伦检验执照；俄国准在伊、塔贸易圈内设专管贸易之匡苏勒（俄语音译，领事）。

此条约在俄国境内不开放相应对等通商口岸，中国商民无法享有其中规定的权益。因而这是在新疆清政府与沙俄签订的第一个不平等条约。

条约规定"俄商贸易进入塔尔巴哈台乌占卡伦检验执照"，经查史料，清政府历代所设卡伦中不见"乌占卡伦"。在俄语翻译成汉语的著作中此条约的写法是"在前往塔尔巴哈台（塔城）的商队抵达第一个中国哨所后，……应向哨官交验本国护照。……并在一名军官及若干士兵护送下，由一个哨所前往下一个哨所"。❸ 据以上汉、俄两种字面意思分析，俄商进入塔城并非只限通过一个卡伦。"乌占"应当是乌尔贾尔（Urdzhar），是一个地名的不同音译，曾经称为"雅尔"。1763 年，清政府在雅尔（今哈萨克斯坦乌尔贾尔）

---

❶ 《清高宗实录》，卷七九五，载新疆社会科学院历史研究所：《新疆地方历史资料选辑》，人民出版社，1987 年 11 月，第 312 页。

❷ 费正清主编：《剑桥中国晚清史》上卷，中国社会科学出版社，1985 年，第 346-348 页。

❸ 米·约·斯拉德科夫斯基：《俄国各民族与中国贸易经济关系史（1917 年以前）》，社会科学文献出版社，2008 年，第 417 页。

设塔尔巴哈台军台，1764 年修筑"肇丰城"，1766 年"移进（东移）二百余里"至楚呼楚（今塔城市城区）又筑城"绥靖城"。由此这样推测，俄商从"乌占"一带东往对应塔城卡伦通过。塔城绥靖城正西 30 里是冬季卡伦巴克图，正西 70 里是夏季卡伦喀通果尔，系由冬季巴克图卡伦展至该处；塔城绥靖城北 30 里楚呼楚卡伦；塔城绥靖城西南 70 里玛呢图（额敏河口，艾买力）卡伦。❶ 以上都有可能成为俄商入境贸易通道。可以确定俄商到塔城最常通过的卡伦为"喀通果尔"，因为俄商每年清明后入卡，冬季停止，与此卡伦夏季挪移"执勤"时间吻合。从此塔城对俄国正式开放门户，俄商从塔尔巴哈台地区西面卡伦入境。

在此之前，18 世纪中期清政府在塔尔巴哈台与哈萨克开展贸易以来，是从巴尔鲁克山西南的"沁达兰卡伦"入境，而现在"乌占卡伦"是指这里的方位。俄国要求从"乌占卡伦"入境塔城，是因为这里距俄国的额尔齐斯河堡垒线近，如果俄国商队南下从"沁达兰卡伦"入境，要多绕行 400 公里。

1852 年 8 月，俄国首任驻塔尔巴哈台领事塔塔林诺夫（汉文名字明常）抵达塔城，在中方指定的周三里地段内监督修盖俄商贸易圈与俄国领事馆，起初称买卖圈子、货物圈子，简称货圈。

这里需区别一下，俄商"贸易圈"与哈萨克贸易的"贸易亭"，不在一处，但两地相距不远。俄国在塔城的贸易圈于 1853 年 11 月竣工，"共房 51间，匡苏勒住房 8 间，额哲库（哥萨克军役人员）住房 5 间，其余群房系俄商所住及堆货合用"。❷ 俄国领事馆在贸易圈内，贸易圈筑有围墙与外界隔开。俄国贸易圈的位置按谢彬所指"汉城西北隅"。❸ 经过一年多塔城俄国贸易圈房屋就由最初的 51 间扩大到 70 余间。❹

俄商是俄国来的各族商人构成，大的商号还设立洋行成为坐商。1851 年条约签订当年，俄国谢米巴拉金斯克的塔塔尔族商人阿热甫迅即在塔城设分店经营，后起号名曰"天兴洋行"。接踵而来的俄国塔什干乌兹别克商人台吉鄂斯满，1852 年在塔城设立"仁忠信洋行"。❺

---

❶ （清）永保：《塔尔巴哈台事宜》，卷三，《卡伦》，第 159 页。

❷ 《清代中俄关系档案史料选编》（第三编上册），中华书局，1979 年，第 86 页。

❸ 谢彬：《新疆游记》，新疆人民出版社，1990 年，第 295 页。即今塔城市文化广场杜别克街正北，东沿原地区图书馆、五小、红楼到地区公安局，西邻乌拉斯台河（楚呼楚河），北接近塔城市第四中学，是俄国贸易圈。

❹ 《筹办夷务始末》咸丰朝，卷 13，第 2 页。

❺ 《塔城地区商业志（初稿）》，1987 年，第 15 页。

俄商运来货物以纺织品（喀拉洋布）为主，另有金属及金属制品、制革三项，一些西伯利亚毛皮经塔城输入中国内地。塔城输出地产品为各类皮张，从关内运来茶叶和纺织品为大宗，有棉织品、丝织品、毛织品、毛皮及其他。关内货商在塔城设立分号，与俄商交换货物再运回原籍售卖。塔城与俄商进出口贸易大幅增长。这一时期，俄国与新疆的贸易主要就是俄国与伊犁、塔城的贸易。❶

1854—1855 年，沙俄驻塔城领事塔塔林诺夫和俄商妄图霸占塔城的雅尔噶图金矿（距莫多巴尔鲁克卡伦 70 余华里）。1855 年 8 月 26 日，塔城各族矿工烧毁了沙俄贸易圈。沙俄行文清政府借机勒索。清政府被迫于 1858 年与俄国签订《中俄塔尔巴哈台议定补贴条约》。规定由塔城地方政府重建俄贸易圈，赔偿俄商货物白银135 682两，折成卢布是 30.5 万。清政府将矿工徐天尧、安玉贤分别判处充军、流放。❷

1859 年 8 月，由清政府出钱重建的塔城俄国贸易圈经过一年多施工后竣工。贸易圈重建后几乎扩大了一倍，大小房屋共 98 间。❸

1864 年，新疆各地爆发反清暴动。1865 年 2 月，塔城贸易圈内俄国各类人员全部撤走。1866 年，在战火中塔城的俄国贸易圈第二次被焚毁。❹

三、察罕鄂博、布尔噶苏台、哈巴尔乌苏、巴克图

1864 年 10 月 7 日，中俄双方在塔城签订《中俄勘分西北界约记》，沙俄割占中国沙宾达巴哈至帕米尔一线以西的 44 万多平方公里的土地，其中塔尔巴哈台 11 万多平方公里。❺

1881 年中俄签订《伊犁条约》和《改订陆路通商章程》，规定俄商前往中国贸易过界卡伦共计 35 个，其中前往新疆伊犁、塔尔巴哈台、阿克苏、喀什噶尔境内共 12 个卡伦地点。塔尔巴哈台所属 4 个：察罕鄂博（位于塔尔巴哈台山东侧，现额敏县与和布克赛尔县交界处北面）；布尔噶苏台（位于塔尔巴哈台山脉东段）；哈巴尔乌苏（哈巴尔乌苏山口，位于塔城市城正北 60 千米，西、北、东三面临中哈边界）；巴克图（塔城市城西南十余公里）。

❶《俄国各民族与中国贸易经济关系史（1917 年以前）》，第 299-300 页。
❷《塔城地区志》，新疆人民出版社，1997 年，第 567 页。
❸《清代中俄关系档案史料选编》（第三编下册），中华书局，1979 年，第 862 页。
❹《塔城地区志》，新疆人民出版社，1997 年，第 407 页。
❺《塔城地区志》，新疆人民出版社，1997 年，第 21 页。

巴克图口岸与察罕鄂博口岸并列在中俄（苏）贸易中发挥重要作用，曾一度双双成为新疆对外贸易的第一过货通道。哈巴尔乌苏、布尔噶苏台原是传统牧道的必经之路，后成为双方边民互市交易通道。

通晓汉语和当地几种语言的、曾担任过俄国驻塔城领事馆第三位领事的尼·维·鲍戈亚夫连斯基出版著作《长城外的中国西部地区》。透过他的笔触可见当时塔城在中国对俄国突出的贸易地位。"对中国人来说，塔城所以重要，主要因为它是靠近俄国的一个边防点。对我们俄国人来说，塔城所以重要，是因为它是一个大贸易中心，是我们向中国出口商品的货栈。其次，从俄国运往乌鲁木齐以及中国内地的商品主要也是通过塔城，而从中国境内运往俄国的商品同样也要经过塔城。"❶ 鲍戈亚夫连斯基领事明确指出塔城口岸是新疆乃至全中国对俄国贸易的主要过货通道。俄商纷纷前来塔城这个中国对俄贸易的首要商埠开设洋行，以此为据点，向中国腹地延伸。塔城成为中俄国际贸易中心。

20世纪初，俄国西伯利亚铁路全线贯通和额尔齐斯河上游机动船运业开通，塔城成为新疆到欧洲、到中国内地最便捷的地方。

这条大陆桥东起俄国东部的符拉迪沃斯托克（海参崴）港口，西至荷兰鹿特丹，全长1.1万多公里，连接太平洋和大西洋。经由这条通道在欧洲和远东之间往返运输货物要比海路快2~3倍。❷ 此前对塔城贸易影响的因素主要是政治、经济、双方的开放程度及贸易政策，现在交通运输方式对塔城乃至新疆对外贸易影响巨大。西伯利亚铁路干线在鄂毕河巴尔瑙尔的分支线到谢米巴拉金斯克，塔城距此地600公里左右，这段道路比较平坦。

额尔齐斯河轮船航运的延伸接近塔城边境，使塔城成为新疆到内地、到俄国全程可利用机动交通工具最便捷的地方。"当时俄国商贸自莫斯科顺铁道越乌拉尔而来，经托博尔斯克至鄂木斯克有溯额尔齐斯河上游至七河之斜尔吉鄂里分道，夏秋（河水解冻）则东南行斋桑湖入塔城边境（由察罕鄂博入境），冬则西南行阔勒边境（由巴克图入境），俄国商贸转运新疆各城"。❸ 1901年4月底，沙俄已经建立起从斋桑湖经额尔齐斯河中国边境的定期轮船交通。到塔城的路线是轮船行至斋桑湖下船，走陆路西南行到额敏河源头的

---

❶ 尼·维·鲍戈亚夫连斯基著，新疆大学外语系俄语教研室译：《长城外的中国西部地区》，商务印书馆，1980年，第88、94页。

❷《俄国各民族与中国贸易经济关系史（1917年以前）》，第341页。

❸《塔城地区商业志（初稿）》，1987年，第9页。

高山草原，这条路即"斋桑古道"。

通过额尔齐斯河顺流而下到中游的鄂木斯克，在这里铁路交通总网与俄国欧洲部分及俄国内地各省连接起来了。[1] 从此，"俄国贸易通过斋桑城和喀喇额尔齐斯河流域，从西伯利亚和俄国内地渗入中国西部"。"此前斋桑和塔城的贸易数额在不久以前还不超过 50 万卢布，在 1901 年已经增长到 500 万卢布之多。"[2] 俄国对新疆进出口货物从塔城通过主要是从塔尔巴哈台山脉西端通过走陆路，现在额尔齐斯河航运使通过"斋桑古道"的商路突然繁忙，"斋桑和塔城的贸易"指斋桑通过察罕鄂博到塔城的商路，绝大部分是到新疆腹地的过货贸易。新疆主要产棉区吐鲁番的棉花从塔城口岸出境，吐鲁番到迪化，再到塔城是通往俄国的一条繁忙的商业大道。

陆路是塔尔巴哈台的"西路"，水路即"斋桑古道"为塔尔巴哈台地区"北路"。西路谢米巴拉金斯克进入到塔尔巴哈台地区从巴克图入境，为塔城西面口岸；北路从察罕鄂博入境，为塔城的北面口岸。1931 年俄国土西铁路修通以后，巴克图口岸作用提升，察罕鄂博口岸地位降低。但后者在民国时期还是过货贸易通道，从这里到苏联设立的察罕鄂博边境贸易市场去交易。塔城以"水陆便利"连接近代交通火车与轮船而闻名于世界。

1883 年，俄商在老绥靖城（汉城）西北面建贸易圈以后，塔城的俄商势力发展迅猛。1895 年，俄商就增加到 108 家，洋行有 12 家。1897 年，中方又在原贸易圈东划拨地基一段，后又不断扩展，面积超过 1883 年条约规定范围的 2 倍多，向西在乌拉斯台河（楚呼楚河）以西，向东扩展至财神庙（今塔尔巴哈台路以东）。20 世纪初，俄商贸易圈向四外扩展。贸易圈向南渐至西门外（今塔城市文化广场），向西越过楚呼楚河，沿河西岸形成一条一里多宽的"侨民带"，自北向南一直推进到今塔巴公路。东边越过塔尔巴哈台北路，扩展到财神庙（塔城市原第一小学）。整个贸易圈面积超过 1883 年条约规定范围的 3 倍多。[3]

清末宣统朝（1909—1911 年）的史料记载：光绪初年时（19 世纪 70 年代后期），俄国人在塔城贸易者，仅三四十家。至宣统朝时，塔城商务发展迅

❶ 尼·维·鲍戈亚夫连斯基著，新疆大学外语系俄语教研室译：《长城外的中国西部地区》，商务印书馆，1980 年，第 242 页。

❷ 巴布科夫：《我在西西伯利亚服务的回忆》，第 495 页，载《新疆简史》，第二册，新疆人民出版社，1980 年，第 295 页。

❸ 厉声：《新疆俄国贸易圈研究》，载《西域史论丛》第三辑，新疆人民出版社，1990 年，第 445–446 页。

速，洋行林立。1907 年，塔城有俄商商店、商号、商行 291 户，俄侨 3843 人。1917 年到塔城调查财税的北洋政府官员谢彬称塔城商权，握于俄商，"洋宇林立，……新疆北徼一大都会也"。❶ 从塔城口岸进口的货物分为四个流向：其一，由俄国运销中国内地的货物，是在塔城中俄通商局照约填发护照，由塔城口岸通过；其二，每年通过塔城口岸进口的俄国"各色洋货"运到新疆南北两路销售；其三，俄国货物在塔城坐销者约数百万；其四，从塔城进口的货物运往伊犁、科布多等地"亦十之七八"。与此同时，华商在对外贸易中处于劣势。❷ 由于塔城地理位置和交通便利，塔城是中国对俄国进出口贸易的首要过货通道，也是进出口贸易的集散地。

20 世纪初，塔城进出口产品结构为自俄国输入的是工业品，自塔城输出的是畜牧产品原料。❸

包尔汉记载："每当春秋两季，货物大量出入时，驼铃响彻乌鲁木齐—塔城—斜米（谢米巴拉金斯克）的路上。"新疆的土产由此再往下新城（俄国伏尔加河中游城市下诺夫哥罗德）运发，在当年欧亚商人云集的下新城临时交易会上，新疆土产是惹人眼球的商品之一。❹

四、艾买力（额敏河口）

1931 年 10 月新疆省与苏联政府签订《新苏临时通商协定》，规定塔城巴克图为双方正式通商关卡，巴克图主要进口苏联工业品。又经新疆和苏联双方协商，恰哈老巴（察罕鄂博）和艾买力（额敏河口）也是进出口贸易的通道，以出口活畜和畜产品为主，这样塔城地区就有三个口岸对苏开放。1934年，盛世才裁撤各地关税局，所有出入境货物税均由各地财政局或税务局代办。1937 年 12 月，塔城区财政局所属边卡有巴克图、恰哈老巴、艾买力。❺

塔城地区边境线 520 多公里，有众多山口、河谷便于通行，形成多个除正式开放口岸以外的民间贸易通道。至民国，塔城先后设置额敏县、裕民县，

---

❶ 谢彬：《新疆游记》，新疆人民出版社，1990 年，第 292 页。

❷ 《清季外交史料》，宣统朝，卷一九，载新疆社会科学院历史研究所：《新疆地方历史资料选辑》，人民出版社，1987 年，第 516 页。

❸ 《塔城地区商业志（初稿）》，1987 年，第 10 页。

❹ 包尔汉·沙希德：《新疆五十年》，中国文史出版社，2013 年，第 11 页。

❺ 《塔城地区商业志（初稿）》，第 22 页；吴佛佑主编：《塔城地区财政志》，新疆人民出版社，1996 年，第 368 页。

三县沿边民间进行贸易往来。1944 年，在口岸关闭期间，民间与苏方的贸易继续进行。❶ 裕民县的塔斯提河口、察罕托海都是有记载的贸易点。❷

塔城出口主要为农牧产品，如粗细皮张、羊毛、山羊绒、驼毛、马鬃尾、肠衣、粮食等，活畜出口量亦很大。从苏联进口的工业品有布匹、呢绒毛料、棉针织品、日用百货、服装鞋帽、文化用品、小五金、建筑材料、医药、医用器材、烟酒食品、糖果罐头、茶叶、搪瓷器皿、电器、交通器材、纸张、食糖、火柴、玻璃、钢铁、石油、自行车、缝纫机、农业机械、汽车等。❸

苏联的工业产品到新疆，大批量的要通过土西铁路在阿亚古斯车站卸下来，换装到汽车上，到了塔城巴克图入境，运送到时属额敏县的托里转运仓库卸货。新疆地方政府组织运力再由这里向新疆腹地输送，繁忙的汽车和马拉四轮钢箍车、驼队组成的混合运输大队奔波在塔城经乌苏至迪化崎岖的 800 余公里的自然便道、简易沙石公路与木结构桥梁上。❹

据统计，仅 1937 年 7 月至 10 月，苏方先后四次从塔城巴克图对新疆出口各类汽车 43 辆，计 49 722 美元，约合省银 3.64 亿元。❺ 1939 年，塔城向苏联出口牛羊 92 093 头、只，羊毛 9415 公斤，羊肠 244 642 根。❻

抗日战争爆发后，苏联积极支持中国抗日。1937 年 8 月，《中苏互不侵犯条约》在南京签订。南京政府派人赴苏联洽谈借款并采购武器。当年 10 月，国民政府在兰州成立中央运输委员会，接着成立中运会新疆分会。

当时从新疆通往苏联的公路线有两个口岸，一处是伊犁霍尔果斯，另一处是塔城巴克图（菁塘子）。从巴克图入境这一条，经塔城、额敏、托里到乌苏与伊犁霍尔果斯入境的线路相接，两条线路会合后东向哈密星星峡出新疆。塔城这条公路线在 20 世纪 20 年代末即开通，在 20 年代到 30 年代 10 年的时间里是新疆首届一指的连接境外的长途公路汽车运输线。伊犁线是 1937 年 7 月以后开通的，从此塔城退居第二。

新中国成立初期，1950 年 5 月 20 日，省人民政府颁发公告：奉政务院财经委员会通知和海关总署通令，将新疆关改为中华人民共和国迪化关，并设

---

❶ 《塔城市志》，新疆人民出版社，1995 年，第 297 页。
❷ 《裕民县志》，新疆人民出版社，2003 年，第 249 页。
❸ 《塔城地区商业志（初稿）》，第 22 页。
❹ 《塔城地区志》，第 338 页。
❺ 民国二十六年十月、十一月《新疆省财政厅呈报苏新贸易公司运抵巴克图汽车案》，转引厉声：《新疆对苏（俄）贸易史》，第 476 页。
❻ 《新疆通志·外贸志》，第 427 页。

立伊犁、塔城、阿山、喀什四个分关。❶ 塔城分关于 1950 年 6 月 14 日宣布成立，下设巴克图支关、也门勒卡、恰赫诺巴卡。为便于集中管理，塔城分关上报迪化海关批准，于 1951 年 4 月 11 日裁撤艾买力（也门勒）、恰罕罗巴（恰赫诺巴）两个边卡。❷

---

❶ 《新疆通志·外贸志》，第 76 页。
❷ 《塔城文史资料》第二辑，张建国撰：《回忆塔城海关建立基本情况》，2013 年，第 81 页。

澳门学：史料出版与学术进步

金国平❶

摘　要：自20世纪80年代以来，"澳门学"的概念由几位澳门学者提出。近30年来，学界从跨学科、多角度、全方位的维度研究澳门，形成了一门独立的学科，并取得了长足的发展与进步。首先，澳门政府制定了对史学研究积极推动的政策。其次，澳门基金会成为澳门学的一个重要推动者和组织者，具体策划并实施了各项工作，尤其是在组织、协调研究项目、出版史料、书籍、期刊、举办、参与或组织参与各类学术活动，以及资助澳门内外的各种研究及学术活动中，起到了决定性推动作用。

关键词：澳门学；澳门基金会；史料出版；学术进步

20世纪80年代，几位澳门学者提出了"澳门学"的概念。近30年来，从跨学科、多角度、全方位的维度研究澳门，形成了一门独立学科，并取得了长足的发展与进步。"澳门学是构建本土知识和本土话语体系的载体，而本土知识和本土话语体系则是澳门学的核心内容与基本目标❷。"我们高兴地看到，澳门成了世界级澳门研究的重镇，澳门学成为了澳门名片与软实力的象征。今天，澳门不仅以拥有可与拉斯维加斯媲美的博彩业，还有堪称世界瞩目的显学——澳门学。我既是参加者，又是见证者。

如何在短短的30年里取得了这个成就？首先，与澳门政府对史学研究积极推动的政策有关。其次，澳门基金会成为澳门学一个重要的推动者和组织

---

❶　金国平，暨南大学澳门研究院研究员。
❷　吴志良、张中鹏：《本土化：澳门学术话语体系的构建与阐释——吴志良博士学术访谈录》，《华南师范大学学报（社会科学版）》2017年第1期，第12页。

者，具体策划与实施了各项工作，尤其是在组织、协调研究项目、出版史料、书籍、期刊、举办、参与或组织参与各类学术活动，以及资助澳门内外的各种研究及学术活动中，起到了决定性推动作用。长期担任澳门基金会领导职务的吴志良博士，作为"总设计师"，构思和执行了史料出版"运动"，使其成为澳门基金会的常态性工作之一。对史料出版做出的这个战略定位，需要学术眼光。从葡语语言学学士到历史学博士的学历为他担负起推动澳门学术发展之重任创造了必要条件。

笔者主要谈谈史料出版与学术进步。出版，尤其是史料的出版虽然并非澳门基金会投入资源最多的一个领域，却是诸多工作中最为众人，尤其是学者认识和称道的。从 1994 年开始出版工作至今，澳门基金会非常重视历史文献档案资料的整理，出版了多种大型史料集，为学术界深入研究澳门历史奠定了坚实基础，如 António Aresta；Celina Veiga de Oliveira，Arquivos do entendi-mento：uma visão cultural da história de Macau（相互认识案存：澳门历史的文化视野），Macau：Direcção dos Serviços de Educação de Juventude，Fundação Macau e Instituto Politecnico de Macau，1996。此书主要收入《澳门档案》内公布的档案资料。《明清时期澳门问题档案文献汇编》❶，该书对有关澳门问题的明清档案认真筛选、系统整理和编纂，辑录明清时期除档案以外的汉文文献资料，旨在全面反映明清两朝澳门历史问题的来龙去脉，总字数达 370 多万字，分别收录明清历史档案 2197 件、明清文献 397 种。

1999 年，澳门基金会出版了《清代澳门中文档案汇编》（上、下册）。该书由刘芳、章文钦合力编辑校注，辑录多达 1500 多件以中文书写的文书，近1200 页，100 万字。这批档案主要形成于中国清代乾隆朝初期到道光朝末期。其内容十分丰富，集中反映澳门地区中葡双方官员政务往来的情况，有助于读者加深对中葡关系的模式和当时澳门地位及重要性的了解。

《粤澳公牍录存（CORRESPONDÊNCIA OFICIAL TROCADA ENTRE AS AU-TORIDADES DE CANTÃO E OS PROCURADORES DO SENADO FUNDO DAS CHAPAS SÍNICAS EM PORTUGUÊS（1749—1847）》（一套八册），由金国平、吴志良主编校注。该书为《清代澳门中文档案汇编》的姊妹篇，以葡文刊印，共 4000 页，书中收录的文献共 2010 件，其时限上起 1749 年，下至 1847 年。从其内容而言，较"中文档案"更为丰富，数量也更大。它不仅包括中国各级政府来件的译文；同时，还有葡方回文的葡语原稿抄录，因此是保留了这

---

❶ 中国第一历史档案馆、澳门基金会、暨南大学古籍研究所合编，人民出版社，1999 年，共 6 卷。

一时期中葡有关澳门许多重大问题——政治、行政、经济贸易、传教活动、剿抚海盗等交涉始末的全宗。为深入研究"中文档案"，主编撰写长达 61 页的前言并编制了 12 种附录，其中，作为处理澳葡和广东当局关系核心人物的澳门理事官的名录，是至今为止最齐全的，也为西文人名、地名、船名等的考证提供了十分可靠的依据。

档案作为历史文化研究的第一手资料，"汉文文书"被誉为中葡和澳门历史研究领域一个非常重要的里程碑。这批官方文献为中葡两国学者更科学客观地研究澳门提供了十分珍贵的第一手资料。"汉文文书"是积累下来的中葡双语历史文献，反映了澳门的方方面面，因此是澳门学最原始的双语资料。

上述两部书的出版引起了学界的关注及重视，多次被引用。

在存档和上述两书的基础上，中国与葡萄牙联合向联国教科文组织申遗。2017 年 10 月，联国教科文组织宣布"汉文文书"（"清代澳门地方衙门档案（一六九三——一八八六）"）正式列入《世界记忆名录》。

萨安东主编、金国平汉语统筹《葡中关系史资料汇编》（澳门基金会、澳门大学、葡中关系研究中心，1997—2000 年，10 卷）。该书收录葡萄牙海外历史档案馆、外交部历史外交档案馆等机构收藏的大量有关葡中关系和澳门的葡中两种文字档案，分为专题系列（4 卷）和通史系列（6 卷）两种，有汉语目录。金国平《西力东渐：中葡早期接触追昔》（澳门基金会，2000 年）书中第二部分为早期关于澳门的葡萄牙语及西班牙语史料编译。金国平编译《西方澳门史料选萃：15—16 世纪》（广东人民出版社，2005 年）汇集了多语种西方澳门史料。邢永福、吴志良、杨继波主编，金国平译，中国第一历史档案馆编《澳门问题明清珍档荟萃》（澳门基金会，2000 年）。清宫藏关于澳门档案的选编。吴志良、汤开建、金国平主编《澳门编年史》（广东人民出版社，2009 年，6 卷）。该书由澳门基金会资助并组织策划，载有大量已出版及未出版的珍贵中葡历史文献及档案资料，记录上起 1494 年教宗子午线的划分，下至 1949 年中华人民共和国成立之间 450 余年澳门的历史，以澳门本土史为主线，并穿插中葡关系作为辅线，是迄今澳门史研究中资料最丰富、内容最全面的一部历史学巨著，更获得国家图书提名奖。吴志良主编《葡萄牙外交部藏葡国驻广州总领事馆档案》（16 卷）、《葡萄牙外交部藏葡国驻广州总领事馆档案（清代全档）》（32 卷）、《民国葡萄牙驻广州总领事馆档案》（29 卷）（广东省立中山图书馆、澳门基金会、葡萄牙外交部档案馆、澳门大学图书馆编，广东教育出版社，2009 年，2015 年，2016 年）。该系列书籍辑录了现藏于葡萄牙外交部历史外交档案馆有关葡萄牙驻广州总领事馆的中、葡、英文的原始档案，多形成于 1895—1947 年，涉及地域以粤、澳为主，兼及港、桂、闽及东南亚等地，其出版是中葡两国文化合作的一大成果，对于研究澳门历史、粤港澳关系、中葡关系乃至中国晚近对外交往、政治、经济、文化、军事和社会民生等均具重要价值，获学界高度好评，被国家新闻出版总署列入"十二五"出版规划重点选题，并得到国家出版基金重点资助。这些外交密档的内容十分丰富，且大多为孤本，长期以来鲜为中国及国际学术界所知，因此，此书的出版引起了国内外学术界的高度重视，好评如潮，也开始用于有关研究。这套档案汇编已经出版的 77 卷是迄今为止澳门历史上，中国乃至全世界的最大型史料集。若全部出齐，总数可达 240 卷。Miguel Rodrigues Lourenço，Macau e a Inquisição nos Séculos XVI e XVII（澳门及十六至十八世纪的宗教裁判所——文献卷）—Documentos，2 vols.（CD），Lisboa：Centro Científico e Cultural de Macau e e Macau：Fundação Macau，2012。

此外，澳门基金会和澳门大学举办的《澳门研究》也经常刊登大量引用史料的论文。

近来，澳门基金会支持澳门科技大学建立了一个很好的地图资料库，已上网 800 多幅澳门及澳门所在地区的图集。

2015 年，澳门基金会支持了葡萄牙中国观察（Observatório da China）的《十六至十九世纪的澳门与中国（Descrições de Macau-China dos Séculos XVI ao XIX）》，并在此基础上创建了《澳门史料数字门户（Portal Digital FONTES MACAU）》。这个网站已经上网了 200 余部有关中国澳门和中国的基本书籍。可从中国观察网站(http://observatoriodachina.org/index.php/pt/fontes-macau-china)或葡萄牙国家图书馆(http://www.bnportugal.pt/)的官网进入。

澳门回归以来，澳门研究在全球范围内有所退潮，但澳门基金会成为中流砥柱。"舞照跳，马照跑"的同时，"书照出，会照开"。除了澳门，目前的澳门研究有两个重地。一是葡萄牙里斯本的澳门科技文化中心（Centro Científico e Cultural de Macau）。这个属于葡萄牙科技部的机构与澳门基金会合作运营的，出版了多种有关澳门的书籍和史料。此外，它们每年还召开有关澳门的年会。二是暨南大学。原来的掌门人是汤开建教授。汤教授到澳门大学后，叶农教授扛起了澳门学的大旗。目前的港澳历史文化研究中心/澳门研究中心已经升格为马万祺澳门学院。除此以外，正在致力于出版各种有关澳门的书籍和史料。已经出版了《庞迪我著述集》，《熊三拔著述集》也正在编辑中。

文化繁荣的基础是学术繁荣，而学术繁荣的重要标志是学术研究不断地突破。突破则有赖于史料的不断发掘与出版。"……实事求是，全面、客观、科学地挖掘、搜集、出版、翻译和研究澳门原文件资料，澳门史原貌才得以逐渐恢复。"❶

在此，我们不准备具体论及在史料的基础上所取得的学术进步，而是谈谈学术进步的结果。

经过30年来的努力耕耘，澳门基金会已成为澳门主要的书籍出版发行者之一及最主要的史料出版者。澳门基金会的出版工作大大促进了学术研究与学术繁荣，带来了澳门研究话语权的转向、本土话语体系的构建，澳门学的全球化与本土化，有力地推广了澳门历史形象与推进了历史研究的发展。

史料的整理与出版是一个永无止境的基础性系统工程，需要有长期、中期和短期安排。展望澳门学的未来，我们认为有以下几项工作可以作为中期和短期设计，提上议事日程。

（1）从整体研究而论，澳门学重古代而轻现代。经过我们前几年的呼吁，澳门19世纪的研究得到了改观，尤其是林广志博士做的19世纪开始的华人社团发展的研究。为何产生这种情况？大概与古代史研究史料出版与研究成果多不无关系。要推动现代史研究的发展，关键还是要加大现代史研究史料的出版与国外尤其是葡萄牙研究成果的译介。史料方面，可以考虑整理出版1949年以后的史料，如萨拉查个人档（Arquivo de Salazar）。

（2）澳门军事史是澳门学的一个薄弱领域。澳门能够生存下来，驻军和军事设施是保障。现在除了对古代城墙和历代炮台的涉及外，论及其他方面的研究不多。文德泉神父的巨著《澳门军人》是否也应该早日译成汉语？文神父在写此书时，因条件的限制，未能利用里斯本军事档案馆内保存的大量有关澳门的资料。我们建议组织力量整理出版这批军事资料，以完全澳门学学科。

（3）葡萄牙历史上有一个二元君主时期，两国共事一主。当时的西班牙菲利普二世国王，同时又是葡萄牙一世国。1580—1640年，这正是澳门迅速发展的60年。在葡萄牙人管治澳门期间，这段历史多被回避，如同1974年民主革命以前，葡萄牙对穆斯林在比利亚半岛的存在刻意隐瞒一样。澳门特

---

❶ 吴志良、张中鹏：《本土化：澳门学术话语体系的构建与阐释——吴志良博士学术访谈录》，《华南师范大学学报（社会科学版）》2017年第1期，第7页。

区应该正视这段历史，客观地了解西班牙人在澳门的活动及其影响，进一步认识澳门历史的全过程。崔维孝著《明清之际西班牙方济会在华传教研究1579—1732》（中华书局，2006年），崔维孝著《明清之际西班牙方济会在华传教研究1579—1732》（中华书局，2006年），从明清之际来华方济会的角度出发，利用《方济会在华文献集》对西班牙方济会传教士从1579年（明万历七年）第一次入华到1732年（清雍正十年）这150多年的传教活动进行陈述、分析和论述。"台湾清华大学"的李毓中教授对西班牙史料的情况做了介绍和一些翻译。澳门基金会出版了 Lúcio de Sousa, The early European presence in China, Japan, the Philippines and Southeast Asia（1555—1590）: the life of Bartolomeu Landeiro（欧洲早期在中国、日本、菲律宾和东南亚的存在（1555—1590）: 巴罗多美·兰德罗生平事迹）（Macao: Macao Foundation, 2010）。此书完全根据西班牙语史料写成，回溯了一个在远东活动的重要葡萄牙船长巴罗多美·兰德罗的生平事迹。在葡萄牙——西班牙及中国——西班牙关系范畴内而展开的西班牙在澳门的存在，有许多方面需要做更加深入地研究，如西班牙早期教堂建筑，即三座西班牙宗教建筑——板樟庙（即今玫瑰堂）、龙嵩庙（即今圣奥斯定堂）和咖斯兰庙（今存南湾公园及嘉思栏兵营）的历史。前两个建筑在第29届联合国教科文组织的世界遗产委员会会议上，被正式列入《世界文化遗产名录》，成为中国第31处世界遗产。还有与之相关的西班牙会团在澳门及明代菲律宾与中国和澳门关系等方面，也需要做深入研究。

（4）我们知道，历史研究的基础是史料。任何一个史学者，受条件所限，不可能搜集齐一个研究课题的全部史料。即使是搜集到资料，因语言限制可能也无法自由全部阅读和理解。因此，史料翻译是普遍提高历史研究水平的一个关键。澳门在回归前，曾经连续出版过《澳门档案》，而且还汇集成册再版过。所发布的都是收藏在澳门议事厅的手稿文件，内容十分丰富。迄今为止，只有少数葡语学者可以利用，鉴于此种情况，我们建议，重启葡语文件的转写与出版，并出版汉语版，以扩大其使用面。

（5）葡萄牙驻沪总领事馆为葡萄牙最早在中国大陆设立的领事馆之一。在设立葡萄牙驻沪总领事馆之前，葡萄牙曾任命过名誉领事和设立领事馆（具体日期待考），但其档案均未能完整地保留下来，分散于外交部档案馆的各个专题档案中。有些转入了葡萄牙驻沪总领事馆的档案。只有葡萄牙驻沪总领事馆的档案形成了全档，虽年份较短，但比较集中。该总领事馆档案涉及中葡两国关系及当时上海诸多事宜。葡萄牙驻沪总领事馆于1952年撤离中国，整批档案资料悉数运回其国内，藏于葡萄牙外交部档案馆，从未面世。全档分为 200 多个卷宗，分存于 4 个档箱。全宗收录的为 1919—1952 年葡萄牙驻沪总领事馆工作文档，包括中、葡及其他西方语言的资料，涉及政治、外交、经济、军事、社会民生、中葡关系、粤沪关系，以及历任葡领履历和与中国政府交涉的往来函件。主体文档形成于 1919—1952 年，但也有个别早于 1919 年的文献，如两张 1855 年和 1890 年的租地凭证，即"道契"。这是首次在外国档案中发现此类档案。由此可以断定，在其他国家的领事档案中，也还应该有此类档案。值得特别注意的是末期的档案，即 1952 年的档案。它反映了新中国成立后，当时上海的政治、经济及社会情况，特别是撤侨的资料，尤为珍贵。这批史料对于了解、研究上海的历史和发展以及中葡两国的近代交往历史都具有重要的价值。其重大意义主要有三：①完整性。这是藏在葡萄牙外交部的原始档案全宗。②唯一性。这批史料自运回葡国后，再没有人对其进行过任何整理、编辑、出版、复制工作。最近才出现了一些研究。这批史料在葡萄牙和中国的档案界、出版界都是唯一的。③权威性。这批史料详细记录了当时葡国领事馆处理各方面事务的情形，从大量日常事务中真实地反映了当时葡萄牙驻沪总领事馆在行使、落实领事裁判权等治外法权方面的实际情况，能对了解、印证当时中葡两国的关系提供真实、权威的证据。总之，这批档案以其丰富的内容和极高的史料价值，为中外学术界研究中国土地关系史、城市史、经济史、租界史、社会史、法制史、房地产史及上海史等提供了不可多得的资料。我们认为有出版《葡萄牙外交部藏驻沪总领事馆档案》的必要且意义重大。若能以原生态出版《葡萄牙外交部藏驻沪总领事馆档案》，它也将像《葡萄牙外交部藏葡国驻广州总领事馆档案》一样，具有很高的历史价值、学术价值和收藏价值。可以毫不夸张地断言，它将成为研究中葡关系、澳沪关系及上海外侨史和城市史最重要的原始史料之一。

吴志良博士指出："当前，澳门史研究的中心任务也是澳门学面临的历史任务有三：一是正本清源，确认历史的主体性；二是消除模糊状态，恢复历史原貌；三是构建自主的澳门史解释体系。"❶

三十年的史料整理与出版历程说明，这是澳门学学术发展和话语权回归的基础。这条路，今后还是要走下去！

---

❶ 吴志良、张中鹏：《本土化：澳门学术话语体系的构建与阐释——吴志良博士学术访谈录》，《华南师范大学学报（社会科学版）》2017 年第 1 期，第 11 页。

地方研究与大历史的连结

——从鸦片战争、清法战争与台湾的连结谈起

杨　渡❶

在基隆的中正路上，有一座"法国公墓"。1954 年所建的纪念碑上写着："基隆法军公墓内葬有于 1884 年至 1885 年间，为国殉职的法国海陆军官兵七百人，由中国官民妥为保护。该公墓于 1953 年至 1954 年之间，承中国政府之协助，经法国政府重予整修。"

而在基隆附近的山上，仍留有当年开采煤矿所挖掘的许多山洞，如今这些地方成为观光的景点，名为九份、金瓜石。它曾在中国近代史中起了关键的作用。

透过这些地方史的探讨，我们可以更细致地看见大历史中那关键性的场景。本文即是透过一个地方史的回顾，重现当年鸦片战争、清法战争中台湾的地缘政治与战争真相。

一、煤矿与台湾

从 17 世纪初大航海时代开始，台湾就进入一个新的时代。台湾，作为中国东南沿海的一个岛屿，命运与中国大历史紧紧相连结。

荷兰把台湾当战略据点，台湾即成为亚洲海上贸易、远程航行、战争补给的重要中继站。

风帆船的时代如此，到了蒸汽船时代，更是如此。从欧洲、美国远航而来的船舰，最重要的补给是发动蒸汽机所需的煤，以及食用的淡水补给。这

---

❶　杨渡，男，中国台湾中华文化总会前秘书长。

些，基隆、淡水两港口都有，遂此地不免成为列强觊觎的目标。

台湾北部早在清朝初期就已经发现煤矿，最初是由平埔族与移民者自行在山上挖煤矿，带下山来出售。但清朝认为煤矿多在山上，容易聚集生事，特别是反清的势力如果靠煤矿生存，又不易剿灭，遂下令禁止采煤，所使用的理由也甚为荒谬，是怕"挖断龙脉"，而贴出的公告上则写着"挖煤者毙"。

但禁归禁，穷苦百姓为了生存，还是敢冒得罪"龙脉"的危险，偷偷上山挖露天煤矿。

1835 年，台北的士绅觉得不能这样破坏地理，于是联名向淡水地区的官员请命。结果就下了第二次禁令。这一次可不是贴告示，可以随便抹去，假装没看见，而是把四个大字"挖煤者毙"刻在石碑上。这下总不能撕掉了。但没用。穷人为了生存甘冒风险，自古皆然。这就有了 1847 年的第三次禁令。第三次就不客气了，干脆抓了一个偷煤者杀头，想杀一儆百。

然而，全世界列强来亚洲都需要煤矿补给，市场所需，黑市交易盛行，谁还理会这种官员都懒得执行的禁令。

最关键的是，清廷官员不知道煤的重要性，列强的战舰可不会忘记。这里是最好的战舰补给港。

影响台湾命运非常重大的事件——中英鸦片战争，终于来临。

二、鸦片战争

1838 年底清道光皇帝颁布止令，由林则徐负责清查鸦片之重任。随着各地取缔鸦片的冲突不断加剧，中英关系紧张。1840 年，鸦片战争刚起，英军就攻打厦门，和厦门一海之隔的台湾立即提高警戒。

台湾军政首长台湾兵备道姚莹和台湾镇达洪阿奉命严加戒备，加建了 17 处的炮礅与炮台，并下令各港口不许任何船只接近。六月间英军曾试图进入鹿耳门，但因封港而无法进入。姚莹不仅成兵一万四千人驻守各港口，还从民间征集乡勇民兵四万七千多人，进行密集训练。

不能小看这四万七千多人的民兵。能如此动员，与姚莹的全台湾走透透、结合台湾各地士绅乡勇有关，显示台湾战力与大陆沿海那些疏于防备、贪污怯战的部队是不一样的。清朝统治台湾期间，不断有内战（所谓"三年一小乱，五年一大乱"，此之谓也）、海战（因海盗常从大陆沿海来犯，所以今天淡水、鹿港、基隆的街巷都曲曲折折），居民为了保护自己的生命财产，大家族也害怕起义叛军趁火打劫，一直有乡勇团练的传统，并且常常打仗，习惯战事。中部有雾峰林家，嘉义有王得禄，几个大家族有财力、有土地、有能力练兵自保，现在为了保卫台湾，出钱出力征集四万多人，一点都不意外。

战争终于来临！

1841 年 8 月 13 日，英国双桅军舰纳尔不达号（HMS Nerbudda）停泊鸡笼港（今基隆港）。8 月 16 日，纳尔不达号发重炮攻击基隆二沙湾炮台，清朝守兵没客气的，立即还击，迫使纳尔不达号紧急撤出港湾。撤离中因不熟悉地形，误触暗礁，船体进水，多名船员落水溺毙。艋舺营参将邱镇功乘胜追击，总计俘虏印度人 133 人，船上的英国军官 10 人，其他 22 名印度人在战役中阵亡。

10 月 19 日，英国派军舰到基隆要求换回俘虏。清军这边迟迟不答复。27 日，英军气得再对二沙湾炮台攻击，把炮台打坏，还派兵登陆二沙湾。清廷守军先是开炮还击，但武器不行，打不过。然而，上岸的英军不熟悉地形，东追西跑，很快被当地民兵"引君入瓮"，带入复杂的海岸地形，逐步分散歼灭。英军眼看如此打下去必输，赶紧撤回海上。第二天中午，英舰看占不了便宜，很快退走。

不甘心打了败仗的英军，于 1842 年阴历 1 月 24 日，派了阿恩号（HMS Brig Ann）开到梧栖港（今台中港），在外洋滞留，伺机进攻。清朝水师自知海上战力不如人，就通知淡水与鹿港等地的守兵严加戒备，但不得出海与英国海战，决定依照基隆之战，诱敌上岸，内陆决战。

1 月 30 日，阿恩号东转西看，观察了几天之后，想从台湾中部大安溪的大安港上岸。清军打法是近乎海盗式的野战，以小击大，派出数艘渔船，诱导英国船舰进入大安溪。

台湾渔船较轻，在大安溪还可以曲折航行，英军舰较大又重，又不谙地势，开没多远，很快碰上礁石，在大安溪搁浅。台湾镇达洪阿当然毫不客气，派兵上前直击。英军大舰龙困浅滩，英雄无用武之地，那些大炮只能打远的，对靠近来的蚂蚁雄兵只能开枪还击。但这些蚂蚁雄兵又使了阴招，把船凿开一个洞，最后英船被击沉，数十名英国人被杀。另外还有 18 名英国军官，1 名印第安人，30 名印度人，5 名广东、九龙人被俘虏。清军还在船上掳获 11 门大炮等兵器，还有英舰先前在中国长江海战中获得的一些战利品。

4 月 5 日，大安之役战果传到北京，朝廷大喜，赏达洪阿太子太保，姚莹

"二品顶戴"，还下令给姚莹与达洪阿：除了船长及高级军官外，连同稍早基隆之役所俘虏的英国军人，全数予以斩杀。5月姚莹奉旨，除了颠林（F.A. Denlian，阿恩号船长）与另外 8 名英国高级军官留予问供外，其余 139 名俘虏全被处死。

然而，主战场大陆沿海，英军节节胜利，连续攻下厦门、定海、宁波、上海、镇江等地。1842 年 7 月下旬镇江失守，英国军舰在 8 月打入南京江面，耆英、伊里布等赶到南京议和。清政府毫无抵抗能力，订立中国近代史上第一个不平等条约——《南京条约》。

条约签订后，英国人即要求清朝将台湾的英国俘虏全数解往厦门。清廷怕和约生变，不敢说出俘虏大部分已经被处死了。

9 月，英人派船长尼夫（W.Nevil）携带英军统领文书，到台湾要俘虏。但人都杀了，尼夫只从台南载回 9 名战俘，就向英国的《南京条约》公使璞鼎查控诉台湾兵备道姚莹杀害俘虏。双方交涉中，璞鼎查完全否认英国前往台湾的两艘战舰主动攻击，还指控台湾道姚莹杀害非军职的英国公民。这种颠倒黑白的指控，清朝耆英只能接受。1843 年耆英亲自到台湾，把姚莹与达洪阿以"妄杀"的罪名，予以革职，回北京关押。

鸦片战争全面溃败，东南沿海从大陆各地调了几万精兵，都打不过英军，还让英军打入内陆，被搜刮了不少武器和珍宝。台湾是鸦片战争中的"附属品"，却罕见地全面打了胜仗，而且打得非常漂亮，两战都是歼灭全赢。最悲哀的是，打胜仗的将领到头来反而被迫流放，成为替罪羔羊。

不过道光皇帝对姚莹还是了解的。姚莹在北京被送到刑部审讯，只关 12 天即被释放，对外宣称降调四川，其实为升迁。1845 年，姚莹在西康、西藏等地实地考察，写成《康輶纪行》一书，介绍英、法、俄、印的历史地理情况，印度、尼泊尔、锡金入藏交通要道，以及藏传佛教、天主教、回教源流等问题。1850 年，姚莹任湖北武昌盐法道，升广西按察使，署湖南按察使。1853 年卒于任内。

达阿洪是满洲人，武将，个性骄悍；来台湾后，常与姚莹龃龉。但姚莹以诚待之；有一天，他终于醒悟，亲自去谢罪，自称"武人不学，为君姑容久矣，愧悔无及，自后台事，唯君是听，死生祸福，愿与共之"。从此两人合作无间，一起打了鸦片战争中漂亮的一仗，最后在洋人的逼迫下，一起离开台湾。姚氏有诗赠达阿洪为记："早岁尝为任侠行。中年犹觉万金轻；孤寒欲下千人泪、悍将真寻共死盟。白首天涯时事改，青衫夜半旅魂惊，归舟得遂成春水，始见严公赠杜情。"

三、清法战争

前文谈及煤矿让台湾在蒸汽船时代成为重要战略要地。经过鸦片战争之后，英美法等国更认识到台湾的重要。

道光二十八年（1848年），英国海军中将戈尔顿来台，勘察基隆一带的煤层，发现此地煤的质量非常优良，返回后上报英政府。清道光末年（1850年），英国驻北京的公使向清廷请准开采基隆煤矿，但遭清廷回绝。翌年，英轮船开始在淡水、基隆请求互市，并且依照商船纳税。此外，美国水师提督彼尔理于清咸丰五年（1855年）也来到台湾，并且派约翰调查基隆的煤源，返国后发表公告，想要谋取采矿权。

拥有天然港口及煤矿资源的基隆，成为列强觊觎的目标。

清咸丰十年（1860年）英法战争后，中国和英法签订《天津条约》，基隆变成淡水的副港，海禁既开，基隆成为各殖民帝国的远东要道及通商口岸。

1883年，法国想取得越南主权，遂与清朝开战。由于法国眼见清军在鸦片战争中不堪一击，颇有轻敌之心，不料战端一启，双方互有胜负，法国为了迫使清廷早日投降，就决定学英国，扩大战场，把战事延伸到整个大陆的东南沿海，先攻占沿海城市，来逼迫北京投降割让。基于此，法国又相中了既有煤矿、又有食物补给的基隆港。

1884年5月间，法国舰队波尔达号（Vo ta）突然驶入基隆港，要求供给煤矿，其舰长福尼亚（Fournier）甚至致信说："对于急需的煤炭如果不立刻供给，将对基隆加以炮击！"清朝官吏迫不得已，只好供给一些煤矿，船舰才离开向北航行。

清廷了解法国的战略企图后，通令东南沿海各港口加强备战，其中当然包括台湾。台湾兵备道刘璈立即筑炮台，建堡垒，买新枪，置水雷，还把台湾分为前后北中南五个防区。

战云密布中，清廷特别派直隶陆路提督刘铭传以福建巡抚兼钦差大臣的身份，来台督导军务。刘铭传在1884年7月11日到台湾，15日就进驻了台北城，增筑炮台，全面备战。

7月22日，法国副水师提督李士卑斯（Lespes）作为侵台的司令官，派遣威拉尔号（Vilara）军舰先行侦察基隆港湾情形，同时将舰队兵分两路，一路侵占淡水港，一路进攻基隆港，并且准备以陆战队登陆基隆，会师于淡水。8 月 4 日，李士卑斯率领舰队进入基隆港后，向清朝政府下最后通牒，要求割让基隆港，并限定在 24 小时之内答复。但清廷不理，谈判破裂。

8 月 5 日，李士卑斯舰队开始全面进攻。

首先炮击基隆港口炮台，打垮主炮台后，再派 200 余名陆战队士兵由东部的二沙湾登陆，上岸破坏海岸炮台。基隆守将提督苏得胜、章高元等奋勇还击，但战力不敌。次日，法军陆战队攻进了基隆市区，遭到顽强的抵抗。由于法军不谙地形，中了埋伏，只好退回船上。最后李士卑斯舰队退回马祖。

为了拿下台湾，8 月底，法国决心强化战力，把东京湾舰队和中国海舰队合并，成为远东舰队，任命孤拔为司令，组织 5 艘战舰，再度进攻台湾。这一次是志在必得了。

这一战，全台湾都动员起来了。台湾地方乡勇为了保卫家园，非常团结，拼死抵御，其中最著名的则是雾峰林家的林朝栋率领台中、苗栗的民团加入战事，刘铭传将他们编入狮球岭防线。

由于清朝军队不擅长海战，军备也远不如人，刘铭传的战略是等法军登陆，利用地形地物，打游击战，在山后将法军包围，逐一歼灭。

9 月底，法军由孤拔率 5 艘战舰，大军压境，赶来台湾，与原本停泊在基隆外海的 6 艘军舰会合，以 11 军舰的火力，打算一举拿下台湾，让台湾成为进攻大陆东南沿海的根据地。

战场一开，强大的法军先攻占基隆，但只能占领局部，部队随即遭遇不断的伏击，占领得艰难。另一队主力战舰也曾攻进淡水，派了 600 名陆战队登陆。但刘铭传一开始就判断法军会攻淡水，早就把主要战力部署在淡水，3000 名清军加上民团利用地形，在林投树、刺竹围等植物掩护下，打埋伏战。

由于早有部署，清军战斗有序，法军被打得非常狼狈，死伤惨重，最后只好退回军舰。次日，还为阵亡将士降半旗致哀。

这一仗打了 10 天，法军没占到便宜。特别是淡水一役，损失惨重。法军知道占领台湾无望，于是改为占据基隆，封锁台湾海岸，意图迫使台湾投降。然而台湾腹地广阔，受损的只有透过港口外销的茶叶、樟脑等生意，食物供给无虞，基本战力还保存得很好，而为了保卫家园，各地主动参与的台湾民团人数不断增加，他们在基隆对法军实施反攻突击。

法国为了增强战力，也从越南增兵到 3000 人。战斗至此，法军已变成越南、台湾两面作战，被台湾战场拖住了。

从 11 月开始，法军再发动新一波攻势，想从基隆打进台北。但基隆进台北地形较容易防守，清法两军形成拉锯战。

这一拉锯，就是长期之战。法军虽然拥有强大武器优势，但得从远东找兵源，打死一个少一个，清军虽然武器和船舰落后，但可从大陆各地调动兵源，还在台湾搞团练，愈打人愈多。白天法军打下的地盘，天黑以后一退，清军再占回来。来回折磨，法军日渐师老兵疲，补给和战力逐渐衰退。

法国知道这样下去不是办法，但为了增加与清朝谈判的筹码，一直希望孤拔打一场漂亮的胜仗，以压垮清朝。为此，特地再增援 1000 名外籍兵到台湾，法军兵力达到 4000 人。然而清军民团打不完。打败正规军，换了林朝栋军，打败了栋军，明天换宜兰民团赶来补上。

从 1848 年 11 月，打到隔年的 3 月，4 个多月，磨尽了法军的士气。法国也不耐烦了，不再增兵基隆，反而要孤拔转攻澎湖。孤拔大军一转，轻易拿下澎湖后，却反而发现法军在越南战场失利，遂准备调部队去增援。但五、六月间，澎湖暴发瘟疫，孤拔也染患了赤痢。6 月 11 日，孤拔大将竟然在马公病逝。

指挥法国远东舰队的一代大将孤拔，在台湾战役中，被拖磨得如此狼狈，客死异乡。法军未曾料到的是，台湾的民间反抗力量如此强韧。

当时，适逢冯子材在谅山大捷，法国托英国向清廷求和，李鸿章不太了解台湾的军事形势，认为如果失去澎湖，台湾恐难保，应该借由谅山战胜之际与法国订和，法国就不敢需索无度。

清廷在与列强打交道的过程中，不断战败，完全弱了志气。事实上，台湾之战，法军几度进犯淡水，只有失败以终，基隆战局，来回折腾，耗损元气，再加上士兵水土不服，很多人罹患瘟疫死亡，连孤拔都病死澎湖，可见只要战争拖长，清朝必定胜利。可惜的是，李鸿章居然提出订定和议的构想。更令人匪夷所思的是，法国居然在和议中要求派兵驻守基隆 5 年，所幸李鸿章没有应允，基隆才不至于在丧权辱国的和议中被牺牲。和议定后，法国才将澎湖、基隆交还。

至今，台湾基隆市中正路上，还留下埋葬法国 700 军人的"法国公墓"。1954 年所建的纪念碑上写着："基隆法军公墓内葬有于 1884 年至 1885 年间，为国殉职的法国海陆军官兵七百人，由中国官民妥为保护。该公墓于 1953 年至 1954 年之间，承中国政府之协助，经法国政府重予整修。"

纵观清朝时期，基隆发展最重要的因素在于它拥有丰富的煤矿资源，以及天然港湾的利器。煤矿的不断开采，使得基隆每年可以运销福州、厦门等地的生煤约有 10~14 万吨。淡水的贸易，已与全球接轨。

不过，从荷、英、法诸帝国都把台湾当成进攻大陆东南沿海的战略据点，而台湾也因此不断卷入国际战争，就知道台湾确实是一个战略上非常重要的位置，谁也不能忽略。

清廷未曾料及的是，隔邻而居的日本早就在觊觎台湾了！

台湾影像历史中的中华命脉

徐宗懋

导　言

　　台湾和大陆血脉相连，密不可分，两岸开放探亲交流以来，双方不仅在经济上互通有无，各种宗亲会、庙宇组织、传统文化协会亦交流频繁，学术界透过大量的研究，确认两岸一家亲的历史和现状。尽管如此，至今绝大部分的研究都是透过文字进行的，再辅以少数的图片作为搭配。虽然文字具有强大的文献性和证据性，但就当代阅读习惯而言，它的感染力确实稍逊于照片。后者具有难以置疑的直观性，不仅作为历史证据很难被否认，它的视觉感染性可以直入人心，创造巨大的社会影响力。尤其是晚清时代，以至于日据统治 50 年，台湾摄影历史留下了许多反映中华民族血脉相连的画面。这些画面并没有经过系统性的整理，成为学术性的论据，因此本文试着从台湾摄影史中找出中华民族血脉相连和传承的脉络，作为未来进行大量影像资料整理的基本认识和准备。

一

　　摄影术发明于 1839 年，《南京条约》后五口通商，西方领事人员、洋行、摄影家开始进入沿海各大城市。1860 年《北京条约》后，上述西方人员更扩大在中国的驻在地。照相是高利润的行业，一些著名的西方摄影师在中国的城市开设照相馆，吸收本地学徒，后者又自行创业开馆，形成摄影行业蓬勃发展的现象。其中英国摄影师约翰·汤姆森（John Thomson），走访中国各地，包括到台湾半月余，于 1873 年出版了摄影史巨著《中国与中国人的影像》，其中包含了 14 张他在台湾拍摄的照片。因此，台湾和台湾人的形象最早出现在世界摄影史巨著《中国与中国人的影像》，成为进入世界摄影史的开端。这本身就具有高度的象征意义。

随着西方传教士和摄影师进入沿海城市，台湾最早的照片也是由他们拍摄的，目前可以考证的拍摄者或者可能的拍摄者，包括了 1860 年到 1874 年的洋务人员陶德（Dodd）、爱德华兹（St.J.Edwards），1865 年的英国传教士马雅各（J.L.Maxwell），1871 年的约翰·汤姆森（John Thomson），1868 年至 1872 年的美国驻厦门领事李仙得（Charles Le Gendre），以及 1872 年以后的传教士马偕（G.L.Mackay）等人，总体上超过 10 人以上❶，目前留下的影像主要是爱德华兹和约翰·汤姆森的作品。他们除了拍摄南部大自然的景观外，也留下打狗海关的洋式建筑和中式屋宇的画面。其中左营城墙北门的照片反映台湾汉人生活的城市景观，与大陆地区完全一样。城内是密集的民居，城外是大片的树林和田地，这是郑成功时代就有的城镇，后不断增建扩充，到晚清时依然完整。

说明：此为 1893 年法国学者 C.Imbault-Huart 所著《L'ife Formose-Histoire Et Description》书中所使用的晚清台湾照片之一，此为学术界全面介绍台湾的第一本专著，是最早刊登台湾照片资料的专著，此图图说注明为台湾府城，但近年根据台湾学者的考据，应为左营旧城北门。

---

❶ 王雅伦：《法国珍藏早期台湾影像》，雄狮出版社 1997 年版，第 18-19 页。

二

爱德华兹和约翰·汤姆森虽然留下了最早的台湾影像，然而他们捕捉的人物清一色是平埔族的族人，这两位摄影家均由厦门乘船到打狗，在传教士马雅各的帮助下，在打狗和安平两座城市和其周边地区进行拍摄工作。他们在福建地区已经做了大量的纪实摄影，拍摄了厦门和福州两地的汉人生活，到了台湾以后，眼光集中在少数民族身上，对汉人较无兴趣，主要原因可能是台湾的汉民和福建的汉民完全一样，不特别令人感到好奇和新鲜，尤其是约翰·汤姆森拍摄照片的目的是为了销售世界各地，因此特别重视人物的民族类别和外观造型。他在台湾拍摄的照片集中在城市边缘和乡间的平埔族，这是汉人和少数民族的混血民族，外貌、服饰和居住形态结合了两者的特征，也算是汉文化在台湾少数民族地区影响的表现。约翰·汤姆森在《中国与中国人的影像》中介绍的就是台湾平埔族，这个族别目前已经不存在了，因此这些影像也是重要的历史资料。

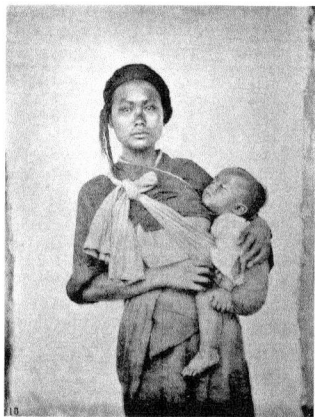

说明：此图是 1873 年英国摄影家约翰·汤姆森所著《中国与中国人的影像》中刊登的台湾平埔族照片。平埔族具有台湾汉人与少数民族混血的外貌、服饰和文化象征，头上扎头巾也是汉民的习俗。

至于台湾汉民的影像，长年来一直没有被挖掘出来，直到 2017 年出现一个大的突破。著名荷兰影像收藏家兰伯特先生（Lambert）于 2006 年发现加拿大有一批传教士的后代保存有上百张玻璃底片，内容是 1871—1900 年近 30 年间的台湾影像，主要是西方传教士与本地信徒的生活照片，而本地信徒主要是打狗和安平两地的汉人家族。这批玻璃底片已于 2016 年由徐宗懋图文馆购藏，并进行扫描修片和详细的文史研究。尽管具体的摄影者是谁，仍待进一步深入调查。但就内容而言，这是台湾摄影史研究的一大突破，尤其在研究两岸民族血脉相连的意义上，更具有高度的价值。这些台湾汉民的生活形态、宗教信仰、建筑格局与福建汉民毫无二致，尽管在文献上这是属于常识的范畴，但纯文字的纪录很容易遭删改和扭曲，照片所反映的真相具有不容置疑的力量。这批照片拍摄的时间主要还是在大清台湾府城时期，自 1684 年台湾正式纳入中国版图后，即设台湾府，隶属福建省，府城即设在明郑时期的首邑，也就是今天的台南。台湾府城的历史影像等于是在形象上宣告晚清时期台湾的历史联结，台湾汉民的形象更是民族血脉相连的铁证。

除了传教士的作品外，最后阶段的晚清建筑和人物的影像则是由日本侵略军所拍摄的。1895 年年底，日本小川一真映像所印制了甲午战争写真帖三册，其中一册就是关于日本入侵台湾的图片，包括了台北城北门、石坊街、布政使司衙门、大稻埕港口、基隆海关等晚清建筑。尽管侵略军主观上的目的是记录其征服的过程，但客观上却将晚清时期台北城的建筑留下了图像的记录，这种情况到了日本占领台湾的初期依然如此。日本官方的摄影师基于猎奇的心理，留下了台湾汉人建筑和生活的许多画面，恰巧证实了台湾与大陆紧密相连的事实。

说明：19 世纪 80 年代左右，尽管摄影师不详，但可确认其传教士身份，图片是摄影者在台湾府城内拍摄，内容是安平一带汉民的生活。由于传教士不仅

带来宗教信仰，也带来现代文明，因此首先接受基督教的并非基层的百姓，而是与西方领事、洋行、传教士等打交道的商贾阶层人士。就如图中的台湾汉民与福建的汉族商人，容貌、服饰和形象完全一致。后方的竹篱笆也与福建的房屋格局相似。

三

日据时代，台湾各地开始出现照相馆，初期是由日本摄影师开馆，然后训练本地学徒；后者工作数年后，又自行创业，如此遍地开花，各地均有大量的影像作品出现。整整 50 年的殖民统治期间，台湾的影像大致可以分为官方宣传、官方人员的私人记录以及民间留影三种性质。就官方出版影像而言，主要目的是有政治目的的宣传，或者作为旅游写真纪念品，既赚取利润，也可做软性的形象宣传。目前可考的最早是大约 1901 年出版的几集《台湾写真帖》，是大约 4×6 英寸的蛋白照片。由于日本军队和殖民当局仿西方的制度，均设有写真班的单位，作为记录作战和社会情景，《台湾写真帖》也表现了这种内容。此时日本殖民台湾只有 6 年之久，大部分的统治机构仍然沿用清代的建筑，因此《台湾写真帖》客观上填补了清代的空白，包括台北城的东门、南门、文武庙、登瀛书院，后两者是清代台北城的重要建筑。另外还有大稻埕的主要街道，包括刘铭传兴建的台湾铁路。晚清刘铭传主政台湾，开启了大量的近代化建设，包括设立电报、启用电灯、兴建了台湾第一条铁路，起点的火车站就设在人口密集的大稻埕。然而晚清时期中国官员并未将影像记录视为施政的一部分，有关刘铭传的建设成果只有文献上的记录，加上当时委托英国印制的大清台湾邮政邮票，其他的影像阙如。日本殖民当局最早发行的蛋白照片写真帖，客观上反而拍摄了刘铭传建设的成果，包括大稻埕的铁道、德国领事馆、台中城西门以及台湾人家庭生活等。无论日本殖民当局是基于猎奇眼光，或者仅仅是平实地拍摄所见的真实景观，这些影像反而是日据时代台湾表现中国性的一系列影像记录之一，更由于是出于日本殖民当局之手，更具备充分的证据力量。

说明：1901 年日本殖民当局印制的《台湾写真帖》中的一张蛋白照片，显示大稻埕的铁道，左前方是德国领事馆。台湾第一条铁路是由刘铭传所兴建，起点火车站就设在大稻埕，日本殖民当局拍摄的这张照片恰巧弥补了清代影像的空白。

说明：1901 年日本殖民当局印制的《台湾写真帖》中的一张蛋白照片，显示一对台湾新婚夫妇的合影，殖民当局的目的是表现新征服之地的百姓，却也真实地反映了中国台湾人的形象。当时日本殖民文化尚未大量入侵，台湾仍呈现晚清时的社会和人文景观。

四

日本殖民出版品除了反映台湾的中华民族本性之外，还留下了另一项重要的历史证据，即对台湾抗日志士血腥镇压的画面。1895 年 10 月日本宣布在台湾开启殖民统治后，台湾人民的武装抗争十分激烈，从城市和乡间的抗日行动，到 1914 年的"太鲁阁事件"和 1915 年的"噍吧哖事件"，一直到 1930 年的"雾社事件"，日军对汉人与原住民的武装抗暴的镇压，极为残暴血腥，不仅留有文献的纪录，甚至残忍的画面也非常多。日军写真班在随军镇压的过程中，不仅拍摄了大量的残酷画面，甚至出版写真帖，毫不忌讳外界的反应，反而视为战争胜利的纪录。在"太鲁阁事件"的写真帖中，日军甚至非常详细地刊登了对少数民族烧庄、斩首、捆绑、驱除等赤裸裸的画面❶。1915 年的"噍吧哖事件"后，日军也出版了写真帖，内容包括噍吧哖地区战斗后的废墟景观，还有将抗日志士集中监禁以及抗日军首领余清芳被逮捕的画面。此外还有一些日军摄影师为了个人特殊的原因，自己将随军拍摄的残暴画面冲洗出来，整理成相册，以满足个人怪异的心理。这些相片并非随兴拍摄的，事实上一般百姓也不可能在事件的现场做任何拍摄动作，拍摄者均具有军警的身份，因此照片也具备专业性质，画面清晰，对于考证日本殖民台湾期间所采取的武力镇压政策，具有百分之百的说服力，让观者无可置疑。这些相册和写真帖完成时间较早，数量并不多，在古籍市场上并不容易找到，日本殖民当局在 20 世纪 30 年代以后迫于国际压力，基本上不再出版这一类以残忍杀戮炫耀日军战胜的写真帖，甚至有意识地对军事新闻照片进行严格的检查，以免破坏日本的形象。对于过去留下的这一类写真帖，也进行局部的回收。另外，日本殖民当局还与民间合作发行《台湾写真大观》，以正面的角度宣扬台湾的殖民建设，内容包括城市建设、大型建筑、农业发展、传统经济作物的培育等，也包含了汉人和少数民族人民的生活风貌，将台湾描述成日本海外殖民的"典范"，同时掩盖武力血腥镇压抗日活动以及教育文化上歧视台民的事实。尽管如此，在将近 30 多年间，日本殖民当局自己拍摄印制的镇压行动纪念写真成为不可抹灭的史实，也是中华民族长年抗日行动中的重要纪录之一。

为了说明日军自己留下来的血腥镇压画面如何成为有力的历史证据，笔者举一个简单的例子。台湾少数民族民意代表高金素梅原本从事演艺工作，并没有鲜明的政治意识，2002 年笔者将日军印制的"太鲁阁事件"相关写真帖重新整理，出版《无言的幽谷》画册，内容重现日军在少数民族地区烧杀的画面，加上详细的历史背景解说。又将其中的一部分照片放大，作为抗战

---

❶ 远藤克已：《大正二年讨伐军队纪念》，大正二年。

纪念图片展的部分内容，受邀出席的高金素梅首次看到泰雅族先人遭日军屠戮的画面，震撼不已。随后由相关友人协助，高金素梅率族人赴日本靖国神社抗议，展现泰雅族人不屈不挠的强悍精神。高金素梅等人还将这一批日军自行拍摄的杀戮照片带到靖国神社外，由同行的族人每人手拿一幅，作为临时的展览，在日本社会造成巨大的震撼。2006年高金素梅在大阪法院控告小泉纯一郎参拜靖国神社违法，当时控诉方的呈堂证物就是由日军拍摄杀戮历史影像所编辑而成的《无言的幽谷》。后来高金素梅告诉笔者，大阪法院法官当庭翻阅这本画册时，看到当年日本军队毫无人性地杀戮并自行留下的画面，久久沉默不语。后来法院判决小泉首相使用公款参拜靖国神社违反政府的中立原则，此判决造成国际社会的震撼，更引起中日两国新闻界的报道热潮。笔者相信，正是因为日军自行留下的残酷照片触动了法官的内心，从而找了一个技术性的理由来维护自己面对历史真相的良知。可见，历史照片对传达真相有巨大的力量，不仅能为受害者争取正义，也使加害者难以辩驳。

说明：拍摄时间推测在1914年至1915年之间，取自日军摄影官自己制作的私人相册，其中第一张即是日军将大批少数民族人民捆绑集中的画面，一些孩子被迫坐在被捆绑的父亲身旁，也有几位被捆绑的人脸部朝下，可能已经死亡。这些照片极为少见，通常是摄影官个人拍摄后的收藏，作为历史证据的价值很高。

五

除了日本殖民政府的影像记录外，台湾民间也留有大量的照片资料，主要属于私人性质，但同样反映当时社会的真实面貌。在目前台湾摄影史中，已知第一位台湾摄影家是来自台中的林草先生。1895年后，他先后跟日本摄影师森本和萩野学习摄影技术，之后回到雾峰林家，被寄养在林献堂的堂哥林纪堂先生家中，后来拍摄了大量雾峰林家的玻璃底片。1985年，台湾大学土木研究所重建雾峰林家老建筑时，无意间在木箱中发现一批玻璃底片，总计583片，内容均为林草拍摄雾峰林家的珍贵历史影像。由于林献堂是日据时代民族运动的先驱，林家为台湾人中中华民族精神的代表，因此影像资料涵盖大量早期林家活动的记录，是两岸民族血脉相连的珍贵影像史料。至于民间家族摄影相片中也提供了许多可贵的信息，日本殖民台湾中期以后，日本文化包括建筑、服饰、饮食逐渐深入台湾人民的生活中，但仍然有相当数量的台湾家族在生活范围里坚守中国人的宗教信仰和生活习俗，作为不屈服殖民统治的精神象征。这些照片包括传统中国婚丧喜庆仪式、庙会活动、朋友聚会时的穿着等，甚至一些家庭拍合影时坚持全家人都穿传统中国服饰，作为民族精神延续的象征。这些照片数量庞大，内容丰富，目前虽然处极端零散的状态，但如果经过系统化地分类、整理和研究，将可构建一套日据时代完整的中华民族血脉传承的纪录。不同于日本官方留下的影像记录，无意间超乎摄影者个人的原始动机，成为日后无可辩驳的历史证据。台湾民间的摄影记录则是出于台湾人民自觉的选择，作为民族自我认同的表达和诉求，具有主观的精神力量，在某种意义上更感动人。

说明：此照片摄于20世纪30年代左右，为文化协会在雾峰林家开会的留影，中间坐者即为林献堂先生。所有参加的成员一律身着中式服装或者西服，

无一穿日式的和服，这是文化协会成员在日本殖民统治下民族自我认同的表现之一，透过照片可以清楚地看出。

结语

1949 年后，两岸处于隔离的状态，过去的历史足以证明两岸民族血脉相连的事实，影像具有非凡的历史证据力。就时期而言，晚清时期台湾属于中国领土，从传教士所拍摄的台湾照片中可以看出两岸在文化、人物、经济，甚至政治上同属一国的基本事实，照片的直观性使得任何辩驳都显得多余。至于日据 50 年的历史，今天遭到诸多扭曲，特别是说台湾人已同化于日本，不认同中国了，台湾的影像史可以充分证明这种刻意的歪曲，不仅违背史实，更违逆台湾先人的意愿。无论是日本殖民当局留下的官方影像记录，还是台湾民间自行拍摄照片作为民族自我认同表述的方式，都显示台湾社会延续中华民族血脉的斗志与朝气。尽管如此，台湾摄影史中的大量图像尚未被充分挖掘和整理，以至于未能充分地将台湾的历史原貌向社会及下一代传播和教育。建构民族血脉相连的完整图像历史，这件工作至为重要，在当前的环境下更刻不容缓。

地方文化研究

挖掘地名文化资源深入开拓地方学研究领域

——基于张家口地名文化案例

李殿光❶

摘 要: 本文认为地名文化作为传统文化的支脉，内涵丰富，具有博大精深的历史文化底蕴。通过挖掘地名文化资源，开展卓有成效的学术研究，对拓展地方学研究领域，有着无可替代的功能和积极的推动作用。

关键词: 地名文化；地方学；研究

地名文化作为一种鲜活的文化，是中华民族传统文化的重要组成部分，历经先民们的世代相传，是当代有较强生命力的本土文化，展示着一个地方独特的光彩和魅力。"回顾来时路，何处寻乡愁?"几千年的岁月流逝，世代沿袭相传的地名，是"家"的方向，也是"族"的象征。张家口山河壮美、历史悠久、文化传承源远流长，在漫长的历史长河中，产生了丰富多样的地名，有的是农耕文化的结晶，有的是游牧文化的产物，有的是移民文化的硕果，有的是军屯边塞文化的遗存……这些地名不仅承载了农耕民族的传统文化，还记载了蒙古族、满族等少数民族在张家口大地的历史信息，一定程度上是张家口地方历史文化的缩影。所以，张家口市域内的地名作为农耕文化、游牧文化、民俗文化、宗族文化、移民文化等传统文化的重要载体，是张家口人现实的方向，亦是心灵的归宿。按照中央提出的"望得见山、看得见水、记得住乡愁"的要求，通过挖掘张家口地名文化资源，开展卓有成效的学术

---

❶ 李殿光（1960—），男，河北康保县人，硕士，张家口晋察冀边区文化研究院常务副院长、兼秘书长。主要研究方向：地方历史文化。

研究和成果展示，拓展张家口地方学研究新领域，旨在传承张家口历史文化，彰显张家口文化的软实力，提升张家口的文化品位，为推动地方经济社会又快又好的发展提供理论支撑和文化保障。

一、地名文化与地方学的内涵及意义

1. 地名文化的内涵及其意义

自从有了人类社会以来，人们就会根据自己的观察、认知和生产、生活需要，对具有特定方位、范围及形态特征的人文地理或自然地理实体冠以共同约定俗成的语言、文字代号。这些代号就是地名。地名作为一种超越时空的文化现象，与自然环境和人文环境密切相关，不但反映着一个民族的文化特征，而且展现出一定地域的文化内涵，具有相对的稳定性和历史延续性。由地名的组成要素、内涵及地名的产生、演变、传承历史等内容构成的地名文化，是一门地域性强、综合多种文化资源的特色文化。在其产生、演变、传播过程中，有其自身内在的规律，也承载了一个地区丰富的自然、社会、历史、地理、语言、经济、民族、宗教、种族等方面的信息。所以，地名文化内涵丰富，是一个地方历史文化的重要载体，成为地方学的重要组成部分。挖掘地名文化资源，开展卓有成效的学术研究，拓展地方学研究领域，构建地方学学科体系是一件功在当代、利在千秋的公益性文化工程，对传承和弘扬张家口的历史文化具有重要意义，也有广泛的社会影响力。

张家口地处塞外，特殊的地理位置，使其成为东连西出、纵贯南北的重要交通孔道，农耕文化与游牧文化的交融，各族人民在这里共同创造了的辉煌文明，也创建了丰富的地名文化。境内的汉语地名，主要受农耕文化、移民文化、民俗文化等诸多传统文化的影响，出现了以自然地理实体、人文地理命名的汉语地名，以及由自然地理与人文地理或人文地理与自然地理组合命名的汉语地名。这些汉语地名用词简明通俗、内涵丰富，乡土气息浓厚，一定程度上反映了当时汉族人的农耕文化、宗族文化等状况，也承载着汉族人生产、生活史实，以及历史文化信息。市域内的蒙语地名，主要是根据蒙古族语音起名，而用汉语文字记录下来的地名。这些地名有据蒙民生产、生活相关信息命名的蒙语地名，有以人文地理、自然地理实体命名的蒙语地名，也有蒙汉语组合地名，是蒙古族人为特定地域所约定的专用名称；具有用词朴素、简明扼要、寓意深刻、内涵丰富、富有哲理的特征，一定程度上反映了当时蒙古族人的生产、生活和宗教信仰等状况，也承载着蒙古族人居住时留下的历史信息，具有重要的史料价值。所以，张家口地名文化是历史变迁的记录，记载了这个地区的历史；是社会变迁的写照，记录了这个地区自然环境、地理环境、社会环境的变化；承载了丰厚的文化，是这个地区地方文化的重要组成部分；是地方语言发展的产物，存留着这个地区丰富的方言；是张家口的地理标签，成为这个地区整体形象的文化品牌。以至张家口市域内的地名代代相因，有名可循，有史可考，且成为我国北方地区地名文化的代表。

2. 地方学的内涵及其意义

地方学，顾名思义是研究一个特定区域社会、历史、地理、政治、经济、文化等方面发展变化的学问。"地方学是一个跨自然科学和人文社会科学的综合性学科，是多学科之间的一个交叉学科，是一门新兴学科，其发展还不够成熟，在教育部颁布的学科专业目录中还没有独立设置'地方学'学科。"❶时下，是以文化为引领的时代。地方学作为一个新型的学科，随着社会经济转型，特别是文化产业呈现旺盛的发展势头，其重要性也将日渐凸现出来。另外，地方学担负着一个地区或一个民族历史文化的学术重任，也对经济社会发展有着不可或缺的支撑作用和资政育民的指导意义。从内涵上看，"现代地方学，是研究地方的综合性学科，是根据区域划分学科，时间与空间相结合，天、地、人统筹兼顾，以某个地方为研究范围和研究对象，将其作为人文、自然要素共同构成的地域综合体进行综合性研究。与其他研究地方的单一学科相比，地方学研究某个地方的任何一个要素，都有着综合性、历史性和地域文化的视角"❷。通俗地理解，地方学涵盖面广、内涵丰富、外延宽泛；从社会层面讲，研究的内容可以说是一个地区的自然环境、人文环境或一个地区的社会、历史、地理、政治、经济、文化等方面的内容；从纵向上讲，既研究历史，也关注现实和未来。"可以说，地方学研究是连接历史与未来、地方与世界、时间与空间、理论与实践、自然与社会、宏观与微观、单体与整体的一门学科，所以它具有历史性、当代性、地方性、世界性、理论性、

❶ 张宝秀、成志芬、张妙弟：《地方学的地方性与世界性》，载《北京学研究（2014）》，中国社会科学出版社，2015年，第3-4页。
❷ 张宝秀、成志芬、张妙弟：《地方学的地方性与世界性》，载《北京学研究（2014）》，中国社会科学出版社，2015年，第4页。

现实性、综合性、整体性、多学科性等许多特性"❶。总之，地方学研究的对象或范围没有脱离特定的地域，总是围绕着一个地域经济社会的发展轨迹进行系统的挖掘、分析、梳理、研究。随着改革开放和现代化建设应运而生的地域文化研究，进入学科建设的新阶段；地方学脱颖而出，也成为必然，地方学必将发展成为一门新型的综合性学科。

二、张家口地名文化的主要特色和比较优势

张家口历史文化发祥比较早，泥河湾不但有200万年的古人类文化遗址，也有距今100万年、10万年、1万年的人类文化遗址，系统展现了人类在这片土地生息繁衍的历史，证实了东方人类从这里走来的史实。蔚县、怀来、赤城、尚义、康保等县境内还发现了不少新石器文化遗址，分别属于仰韶、龙山、红山、细石器等文化类型。这些考古物证说明，新石器时期人类祖先就生息在这片古老的土地上。特别是中华三祖的黄帝、炎帝和蚩尤，大约在4700年前，先后来到涿鹿一带，共同生息、战斗，创造了"千古文明开涿鹿"的辉煌业绩，形成了以部族融合、文化融合为特征的"合符文化"。据史书记载，黄帝在涿鹿合符釜山后，就在涿鹿山旁的平地上建了一座都城，即"邑于涿鹿之阿"。涿鹿县黄帝城可能属张家口市域内有人类居住，并有历史遗址的早期聚落，可惜远古时代的地名，迄今已无从考察了。

从考古学、人类学、社会学等方面考证，张家口地名文化源远流长，它既是历史上人类在大自然中拓荒足迹的反映，又是战乱、迁徙、民族融合的写照。历史上随着疆域的易主、王朝的更迭、民族的迁徙，张家口市域内的地名也在不断变化之中，由此承载了燕赵文化、边塞文化、农耕文化、游牧文化、民俗文化等方面的重要信息，留下了深刻的时代印记。所以，张家口的地名文化不仅历史悠久，而且有独特的历史文化内涵，是先民们留给我们的珍贵物质和精神财富。

第一，是民族融合的见证。地名作为一种重要的文化形态和载体，承载着人类文明发展的历史，是一个民族历史的见证、文化的记忆。张家口地处塞外，正处于中国古代农耕文明与草原文明的交汇之处，特殊的地理位置，使其先后属契丹、女真、蒙古等少数民族统治的势力范围，这些游牧民族都

---

❶ 张宝秀、成志芬、张妙弟：《地方学的地方性与世界性》，载《北京学研究（2014）》，中国社会科学出版社，2015年，第4页。

在中国的历史舞台上扮演了重要角色，他们与汉族人在张家口境内长期共处，相互影响、渗透、融合、同化，共同创造了辉煌的历史。张家口缘此曾步入繁盛时期，形成了众多的聚落，也留下了众多少数民族地名。这样的自然环境和人文环境中产生的地名，自然带有鲜明的地域特点、民族特点。赤城县茨子营（原名黑达营），是元朝蒙古族鞑靼部人居住此地建村，时称黑达营，后改现名。尚义县勿乱沟，是清朝雍正十三年蒙古族人建村，称勿拉沟（意即红沟），后演变称勿乱沟。赤城县巴图营，清朝年间，满族东翼镶黄旗在此屯兵，称巴图（满语：勇士之意）营，沿用至今。这些地名伴随着少数民族的生活、生产或驻军而产生，形成了独具特色的蒙语、满语地名，至今仍有鲜活的生命力。

第二，是历史文化的遗存。张家口境内的地名，或诞生于移民，或诞生于屯垦，或诞生于邮驿……林林总总，来源不一。每一个传统地名都有鲜明的特色，存留着当地的农耕文化、移民文化、边塞文化等传统文化，较完整地体现了当地的民风民俗，是活着的人文遗产。其背后都有一段有待破解的历史密码，蕴含着丰富的历史文化信息。诸如体现邮驿文化的地名有：怀来县的鸡鸣驿属我国古代北方的主要驿站，张北县的东营盘（原称头台）、二台背（原称二台）、大土城子村（原称三台），尚义县的四台、五台村，清朝年间就属北京通往乌里雅苏台的台站所在地。体现移民文化的地名有：涿鹿县的五堡、六堡、七堡、杨家屯等村落，是明朝初年的移民村落。桑干河、洋河、壶流河流域的阳原、涿鹿、宣化、蔚县等地是先民们较早定居之地。据有关资料记载和考证，蔚县境内的黄沟、娘子城、独树、大德庄属春秋战国时期所建村庄的地名；涿鹿县境内佐卫、杨木林、黄土坡、瓦子蓬等属战国时期所建村庄的地名。这些地名属张家口境内古老的地名，分布于不同地域，特色鲜明，有长达近 2000 年的历史，具有深厚的历史文化底蕴。从这些古老的地名中，能够进一步探寻一个地方建置历史、风俗民情等人文历史状况。

第三，是一个地域宗族文化的见证。地名的产生与人类的生活、生产息息相关，可以说有人类生存的地方，就有地名。根据目前认定古老地名的诞生年代、组成要素等，还可窥见地名中蕴含着人们的宗族情况。中国传统文化自古以来就十分重视血缘关系，古代的宗法制、分封制都体现了浓郁的宗族色彩。故以姓氏、姓名命名地名是一种普遍现象。其格式一般为"×（某）庄""××（某某）村"，既记载了一个家族的历史，又彰显着家族在一个地方的势力。可以说，分布于张家口市域内反映宗族文化的地名，记录和反映着张家口历史文脉的延续，传承着先民的历史记忆、生产生活智慧，维系着张家口的根。

第四，部分地名方言色彩较浓，成为一个地域方言的载体。方言是一种语言的地方变体，也称地方语言，是语言分化的结果，简单地说就是一个地方的土话。一个地区特有的地理环境、社会环境，必然会在这个地区的方言词汇里留下痕迹，作为词汇的一部分，地名也同样如此。张家口市坝上高原，虽经过一百多年的开发，仍偏僻闭塞，特定的地域环境，人们发音往往拙笨、硬涩，用口语表述时，往往出现变异，形成特有的坝上方言。坝上方言，基本上以晋北、冀北口音为主，并有北方游牧民族的语言文化元素沉淀渗入。由于人们"因声起意"的自由理解和方言读音上的差异，致使坝上的地名带有浓厚的方言色彩。郝家营是地名，"郝"普通话读 hǎo，坝上人用方言读 hè。戈家营是地名，"戈"普通话读 gē，坝上人用方言读 guō。大圐圙、马圐圙是地名，"圐圙"普通话读 kū lüe（当地人又书写为"刳刮"，普通话读 hú lüe），坝上方言读 ku lüan，其意指蒙古族人用石头或夯土、挖沟堆土垒的围墙。从语言学的角度看，地名是语言词汇的一部分和具体地方的指称，张家口境内就有许多方言词语地名或用方言读音的地名。因此，聚落地名中的方言在语音、词汇、语法等方面也有其特殊性，受其影响地名具有简约质朴、乡土气息浓郁的特点。

第五，地域特色明显。地名是一个地方的语言、文字代号，作为具体地域指称，不仅是区域内语言、民俗、历史等人文环境的产物，也受地形、地貌、植被等诸多自然环境的影响，往往具有鲜明的地域特点。自然地理环境是人们赖以生存的基础，为人们提供着源源不断的物质资料。与人们生产生活密切相关的地名，也受地理环境的影响。以地貌特征或植物命名的地名，是传统地名命名的主要方式之一，以"山""沟"等地理实体命名的地名，如叠不齐、小东沟等；以植物命名的地名，如马莲滩、黄花洼等。所以，通过挖掘地名文化，考证地名的起源及演变历史，不仅可以帮助我们进一步了解一个地方以往的地理、水文、生物（植物）等自然环境，也可考证一个地方地理环境的变迁。

第六，传统地名还是非物质文化遗产。勤劳智慧的中华民族创造了光辉灿烂的历史文化，留下了众多的物质文化遗产，也创造了丰富的非物质文化遗产，地名文化正是非物质文化遗产的重要组成部分。地名是伴随着人类文明产生而产生的，可以说地名是最古老的文化，是聚落发源的可靠凭证。如阳原县开阳堡、蔚县西古堡，涿鹿县境内有与黄帝、炎帝和蚩尤史事传说一致的村落地名——七旗村、八卦村、白草村，还有蚩尤寨、蚩尤泉、蚩尤坟等地名，都具有独特的历史价值、文化价值、科学"史考"价值。这些地名向人们提供着张家口人迁徙、繁衍生息等人文历史信息，是祖先留给我们的宝贵物质和精神财富，是张家口可持续发展的资源和动力。保护好这些传统地名就是为子孙后代保护了民间文化，留住了历史记忆，也为世代居住在这里的人们留住了美丽的生活空间和精神家园。

第七，历史延续性好。张家口地域从明朝年间修志始，至今已有近 500 年的时间，期间各级地方政府分别出版了不同历史时期的地方志，其中就记载了市域内众多的地名。20 世纪 80 年代，张家口市（地区）、县（区）两级政府组织人员专门收集聚落地名、政区地名等地名资料，并编印了《地名资料汇编》，个别县区还出版了地名志等，为地名的传承做了较好的基础工作。另外，市域内至今还保存着历史上各个朝代较多的地名，并仍在沿用。

地名是历史的产物，是人类社会各种信息的载体，一个地名的诞生、嬗变与存留，往往都蕴含着人文、历史、地理、政治等多方面的信息，可以说是人类历史文化遗产的"活化石"和"博物馆"。人们将丰厚的文化内涵赋予其中，每一个地名无不留下了时代的印记。因此，张家口市域内的地名是我国众多地名的缩影，也是我国北方地名文化的代表，其中蕴藏着大量的信息资源，保护传承张家口地名文化具有重要的历史文化价值、民俗研究价值，对于开拓地方学研究领域具有积极的作用。

三、张家口地方学发展状况与存在的问题

我国研究一个地方或一个地区的学问，古已有之，历史悠久。全面记载某一时期、某一地区的自然、社会、政治、经济、历史、地理、文化、宗教等方面情况的地方志，已有 2000 多年历史；以人物游记、杂记的形式，记述一个地域的历史更是历代不绝。目前，张家口虽然没有正式提出张家口地方学这一研究课题，但古代先贤已做了大量奠基工作。张家口最早的方志当属明朝正德年间（1506—1520 年）王崇献纂修的《宣府镇志》（明朝正德刻本），以后相继出版的各种方志有：尹耕纂修《两镇三关通志》（明朝嘉靖年间刻本），孙世芳修、栾尚约纂《宣府镇志》（明嘉靖四十年刻本），李英纂修《蔚县志》（清顺治十六年刻本），于成龙修、郭棻纂《畿辅通志》（清康

熙二十二年刻本），陈坦纂修《宣化县志》（清康熙五十年刻本），黄可润纂修《口北三厅志》（清乾隆二十三年刻本），宋哲元修、梁建章纂《察哈尔通志》（民国二十三年刊行），陈继淹修、许闻诗纂《张北县志》（民国二十四年铅印本）等各种志书计 51 种❶。

盛世修志。1984 年，张家口市（地区）政府成立了地方志编纂委员会、地方志办公室，各县区政府也相应成立了地方志编纂委员会、地方志办公室，市（地区）县（区）两级着手组织人员挖掘当地的历史文化资源，启动了新中国成立以来第一次修地方志的序幕。经过广大方志人员的辛勤工作和不懈努力，市及各县区均正式出版了当地的方志。主要成果有《张家口市志》（中国对外翻译出版公司，1998 年 8 月）、《康保县志》（新华出版社，1991 年 2月）、《赤城县志》（改革出版社，1992 年 8 月）等一大批地方志书。一些地方还出版了行业志书，如《张北县卫生志》《蔚县卫生志》《康保县卫生志》等，填补了行业志的空白。同时，张家口市（地区）及各县区政府还成立了地名委员会办公室，着手普查并规范当地地名，各县区均编印了具有当地特色的"地名资料汇编"，如《蔚县地名资料汇编》《崇礼县地名资料汇编》等，部分县区还出版了"地名志"，如《康保县地名志》（李绍康主编，河北科学技术出版社，1989 年 5 月）等。这些地方志、地名志极大地丰富了张家口地方学。

近些年，张家口地方学研究方兴未艾，在一些有识之士的倡导下，地域文化研究日益受到重视，市县各级地方历史文化学会（研究会）、各类社会学科学会（研究会或研究院）如雨后春笋般纷纷出现，共同开展多学科学术研究，呈现出旺盛的生命力。2003 年 12 月 24 日，张家口市成立了张家口泥河湾历史文化研究会，吸纳会员单位 10 个，发展会员 110 名，编辑出版了《张家口历史文化研究》会刊，迄今已编印了 17 期。赤城县于 2012 年 12 月 26 日成立了赤城县历史文化研究会，并出版会刊《赤城历史文化研究》会刊。2014 年 1 月，察哈尔文化研究会成立。这些团队旗下集聚了一大批学者和地方历史文化爱好者，他们潜心研究著述，出版了大量的著作和论文。诸如安俊杰著《细说张家口》（线装书局出版社，2013 年 1 月），韩祥瑞、陈韶旭主编《张家口百年史话》（中国文史出版社，2012 年 3 月），刘振英主编《品评张库大道》（国家行政学院出版社，2012 年），孙登海编著《赤城史话——兼

---

❶ 杨润平、张连仲、颜诚：《〈宣化府志〉导读》，张家口市宣化区档案史志局，2012 年 7 月，第 177-182 页。

谈赤城县地名文化》（北京理工大学出版社，2013 年 9 月）等一大批地方学方面的专著，较为系统、全面地展现了张家口历史的发展脉络和文化特色，奠定了地方学研究的基础。

同时，也应看到，张家口地方学的研究，与发达地区相比，与快速发展的经济社会要求，还有很大的差距。主要表现在地方学研究相对滞后，大多数集中在个案的研究或探讨中，部分学科学术性研究还停留在表面化、概念化状态；而纵向地、贯通地审视研究历史和文化发展状况的著述相对薄弱；现阶段受研究人员的学术能力和研究力量的限制，未能达到博而精的水平，还没有形成地方学完整的理论体系，地方学学科建设滞后；地方文化推动经济社会发展还显得乏力；地名文化等学科还处于待开发的处女地。

四、以地名文化研究为切入点，开拓地方学研究领域

地名文化是地方学的重要组成部分，作为草根文化的地名文化，在一个地域有足够的影响力和延续力。所以，在地方学视野下的地名文化研究与一般的专题文化研究不同，其显著特点是既关注当下的地名文化的形态，也关注地名文化的产生、嬗变、传承与未来发展。英国语言学家帕尔默说："地名的考察实在是令人神往的语言学研究工作之一，因为地名本身就是词汇的组成部分，并且地名往往能提供重要的证据来补充并证实历史学家和考古学家的论点。"● 就张家口市域内的地名而言，既承载了厚重的边塞文化、农耕文化、游牧文化等传统文化，也记述着张家口各个历史时期的信息，从中可以说明或证实许多历史问题，对于研究张家口各个历史时期的社会、政治、经济、军事、文化等方面的历史与现状颇有助益。

同时，历史上的张家口从军事要塞、中原屏障、陆路商埠到雄踞塞外的重镇，其历史文化源远流长，挖掘其地域文化，建立张家口地方学有雄厚的基础。目前，张家口正处在京津冀协同发展及与北京携手承办 2022 年奥运会的重要历史机遇期。因此，以地名文化研究为切入点，从中总结经验，提供丰富的个案研究成果，为拓展地方学新领域奠定基础，也势在必行。

1. 搜集地名基础资料

目前，随着城镇化的推进，一些聚落地名正在消失；有的地方随意更改

● 帕尔默：《语言学概论》，商务印书馆，1983 年。

地名，导致地名混乱；既影响了地名文化的传承，也隔断了地方的历史。为了让广大人民群众了解和认识张家口地名文化的历史价值，吁请人们传承好、保护好地名，实现"望得见山、看得见水、记得住乡愁"的美好愿望，各级政府主管部门，应从普查地名资料入手，认真开展地名文化资源的调查、挖掘、整理工作，建立地名数据库，为地名文化研究提供翔实的基础资料。同时，通过建立地名数据库，抢救地名文化，也是一件功在当代、利在千秋的事业。

2. 突出重点，以点带面开展研究

我国地名文化内涵丰富，源远流长，既是重要的非物质历史文化遗产，也是五千年中华文明不可或缺的组成部分。地名文化研究的重点应该是最能代表地域文化特色的地名。挖掘张家口境内具有个性特色的地名文化，进行重点研究，以此丰富地方学研究的内涵。诸如对分布在张家口境内的青边口、李信屯等带有军事意义的地名，开展重点研究，极具代表性。张家口地处塞外，境内有战国时期的燕、赵长城，也有汉、北魏、北齐、唐、金、明朝的历代长城，证实我国古代历史上，张家口地域是防御北方民族南下的重要屏障，历来为兵家必争之地。中原地区的政权常将这里作为拱卫京师、屏蔽中原的战略要地，而入主中原地区的少数民族政权，则将这里作为统治中原的"腹里"之地。以至历史上绵延不断的战争，金戈铁马、古道沙场，在张家口境内造就了许多营盘或城堡，以后逐渐形成或演变为居民聚落，形成具有军事意义的地名。通过这些地名，研究张家口的边塞文化及军事史就具有重要的史料价值。同时，加强地名基础理论研究，深入探索和把握张家口地名文化的内在规律，阐述地名文化的内涵和特征，也是应有之重点。学习借鉴国内外地名文化研究的学术成果和实践经验，对地名资料进行分类筛选和综合，写出专题论文，填充地名文化研究的空白，使地名文化研究接地气、聚人气、见实效，利用地名打造地域文化品牌。

3. 多学科综合研究

学术研究本身就是系统工程，离不开多学科联合攻关。地名文化作为一个学术体系，通过多学科综合研究，深入挖掘地名的起源、词语特征、语义演变、分布规律等；专题研究地名文化的形成发展过程、地名文化的门类结构、地名文化的区域分布、地名文化资源的开发和利用等，推进地方学研究迈上一个新的台阶。坚持科学研究的方法，实事求是的研究态度，充分发挥专家、学者的作用，从社会学、民族学、人类学、考古学等学科，多角度对张家口地名文化总体脉络进行梳理和系统研究，揭示出内在的规律，廓清思路，较为系统全面地展现张家口历史文化的发展脉络。

4. 全面系统展示地名文化成果

通过挖掘整理地名资料，对地名文化进行多学科重点研究，编纂出版《张家口传统村落地名》《张家口地名志》《张家口地名文化研究》《张家口传统地名保护名录》《张家口古今地名对照表》《张家口地名文化解读》《张家口地名史话》等地名文化系列丛书，拍摄制作地名文化专题影像片，建立地名文化网站，全面记录和展示各类地名的文化，以此丰富张家口市的地情资料，增强全市的文化软实力。

总之，任何一个学科体系的建立，需从自身特点出发，选择一个角度，去研究它、突破它，或从子系统入手，由个别探讨整体，最后才能上升到理论的高度，高屋建瓴地构建学科体系。地名文化作为传统文化的支脉，内涵丰富，具有博大精深的历史文化底蕴，彰显了地域文化的多样性与独特性，对拓展地方学研究领域，有着无可替代的功能和积极的推动作用。

统筹推进重庆历史文化名城保护的
关键问题研究^❶

黎　光　黎翔宇　邓广山　赵冬菊^❷

摘　要： 随着城市建设的快速推进和大规模拆除，重庆传统的历史文化遗产遭受巨大冲击，重庆历史文化名城保护因此面临严峻挑战。我们通过调研，发现重庆历史文化名城保护存在保护意识不强、重视度不够、法律地位尴尬、体制机制不健全、经济与文化错位、"建设性"与"保护性"破坏严重和非物质文化遗产生存堪忧等关键问题，建议通过提高认识、加强顶层设计，重视法律法规，以城市发展的眼光对待历史文化名城保护，构建完善的保护协调机制，力避"建设性"与"保护性"破坏，正确处理经济与文化的关系，以及加强非遗保护等措施予以保护。

关键词： 统筹推进；文化名城；保护；关键；研究

重庆是一个今天拥有 3000 多万人口和历史上拥有 3000 多年建城历史的古老城市，今天的城市要发展，人口规模要扩大，人们生活质量要提高，城镇化进程要推进，势必与重庆古老的历史和文化形成一定冲突，重庆历史文化名城保护面临的问题和形势也因此较为严峻。如何解决这一问题，

---

❶　2017 年重庆市人民政府重大决策咨询研究课题"统筹推进重庆市历史文化名城保护的关键问题研究"（课题编号 2017-ZB13）。

❷　黎光（1963—），男，重庆城市管理职业学院讲师，研究方向为历史与文化。黎翔宇（1993—），男，台湾辅仁大学景观设计专业 2016 级研究生。邓广山（1984—），男，重庆城市管理职业学院讲师，研究方向为历史与文化。赵冬菊（1966—），女，曾在湖北宜昌博物馆工作，任研究馆员、政协常委、人大代表。现为重庆城市管理职业学院教授、政协委员、民进重庆市委文化出版专委会委员。主要研究方向为历史与文化。

对全市历史文化名城保护存在的关键问题进行统筹性和系统性的研究，特别是对其中存在的关键问题进行深入研究，并为政府决策提供参考，乃十分必要。

一、重庆历史文化名城保护现状

要对统筹推进全市历史文化名城保护的关键问题进行研究，必须对目前重庆的历史文化遗产资源和历史文化名城保护现状进行梳理。

据考古发现，重庆不仅在巫山发现距今约 200 万年前的巫山猿人化石，而且在主城区的九龙坡王家大山山顶（九龙坡玉龙公园）发现距今至少 100 万年的旧石器时代遗址，即玉龙公园旧石器时代遗址❶。类似的旧石器时代文化在渝北等地均有发现。

从旧石器时代开始的重庆历史，不仅彰显着其历史源远流长的特点，而且其文化内涵丰富，类型多样。如历史文化、巴文化、战争文化、码头文化、移民文化、栈道文化、刺绣文化、抗战与陪都文化等，都异彩纷呈，既具有地域文化特色，又融合着各种文化因子，为文化多样性的形成及重庆历史文化名城的评定奠定了坚实基础，重庆因此于 1986 年被国务院批准为第二批历史文化名城。

重庆历史文化名城中的文化遗产特别丰富。

在历史文物方面，全市可移动文物总量470 234件/套（实有1 482 489件/册）❷，不可移动文物25 908处，其中，4 处文物点入选"第三次全国文物普查百大新发现"，新发现文物占登记总量的 66.6%❸。在重庆的历史文物中，有各级文保单位近 2000 处。

特别值得一提的是，重庆抗战遗址、遗存特别丰富，为全国之冠。

抗战时期，国民党迁都重庆。日本对重庆大肆轰炸，即著名的"重庆大轰炸"，使重庆大部分地区的繁华街道和17 600多幢房屋建筑被毁，其中，仅主城区包括民居、医院、学校、使领馆等在内的房屋损毁就达11 814栋、

---

❶ 李斌：《最新出土石器改变历史：重庆人类活动史至少 100 万年》，《重庆晨报》2012 年 7 月 20 日。

❷ 李晟：《470 234 件/套文物诉说 200 万年巴渝历史》，《重庆晨报》2017 年 2 月 27 日。

❸ 《法制晚报》2011 年 12 月 29 日。

21 295间❶。日本给重庆建筑等文化遗产造成了毁灭性的破坏。但同时，重庆在中国人民的抗日炮火及其胜利后的重建中，也幸存了林园、南山、特园等部分建筑，且为数不少。据统计，重庆是全国保存抗战遗址最多的城市，有抗战陪都遗址 767 处，但 1987—2008 年，仅主城就消失了 372 处（其中，在城建中消失 185 处），现存 395 处❷。重庆虽然幸存了这些建筑，但与日军对重庆建筑的破坏相比，不过是九牛一毛。

在 19 世纪中期到 20 世纪 50 年代末建成的近现代建筑中，重庆有包括民居、学校、公馆、使馆、祠堂、寺庙等在内的近现代建筑 3000 多处，有重要价值的有 1000 多处，首批优秀历史建筑 176 处。

在历史文化名镇名村、历史文化街区、传统风貌区方面，重庆也不少。已成功申报国家级历史文化名镇 18 个、市级历史文化名镇 43 个，市级历史文化街区 5 个❸，传统风貌片区 28 个，中国历史文化名村 1 个，中国传统村落 63 个，国家级风景名胜区 7 个，市级风景名胜区 29 个。

在非物质文化遗产（以下简称"非遗"）方面，重庆有非遗 4110 项，其中，国家级 44 处，市级 511 处，区县级 1852 处，国家级传承人 40 名，市级传承人 563 名。❹

重庆丰富的历史文化遗产意义重大，政府采取了多种措施予以保护。

一是设置保护机构。重庆历史文化名城的保护除了市政府及其所属的市规划局、市文化委等部门进行宏观的规划和政策的指导外，还有博物馆、文物管理所、考古所、非遗保护中心，以及新近成立的历史文化名城保护专家咨询委员会，在市规划局增设的历史文化名城保护处，重庆城市规划学会历史文化名城专委会和重庆市村镇建设与发展委员会等。其中，既有政府机构，也有学术团体。

二是法律法规的保护。为确保重庆历史文化名城、名镇和传统村落（或

---

❶ 周衡义：《抗战人口伤亡和财产损失报告首次正式公布抗战时期 重庆伤亡39 480人》，《人民日报》2011 年 9 月 5 日。

❷ 聂飞、王宇：《重庆抗战遗址 20 年消失 372 处，185 处消失于城建》，《重庆商报》2009 年 3 月 3 日；何智亚：《有效保护、合理利用、传承历史、永续发展 重庆历史文化名城保护与建设概述》2012 年 6 月 8 日。

❸ 幸军、黄秒斌：《重庆公布第二批市级历史文化名镇（街区）》，《中国文物报》2012 年 3 月 23 日，第 2017 期第 2 版；张瀚祥：《重庆 130 个历史文化名村镇 特色多假期不妨去走走》，《重庆商报》2015 年 6 月 18 日。

❹ 张燕：《重庆非物质文化遗产达 4110 项 国家级传承人 40 名》，中国新闻网，2017 年 1 月 12 日 15：05 。

名村）等的文化安全，重庆除了执行国家的《文物保护法》等法律法规外，还颁布了《重庆市历史文化名城名镇名村保护条例》《重庆市抗战文化遗址保护条例》等 20 余个政府规章及规范性文件，为重庆历史文化名城的保护起到了保驾护航的作用。

三是制定了保护规划。重庆历史文化名城保护不仅有国家层面的保护规划，也有《重庆市历史文化名城保护规划（2005—2020）》《重庆抗战遗址保护利用总体规划》等。这些规划与重庆的"十三五"规划相结合，使重庆的历史文化名城保护与重庆的经济社会发展形成了良性互动的格局。

四是实施了一批保护项目。重庆成功申报历史文化名城以来，除了继续申报历史文化名镇、名村和对传统村落进行保护外，还采取了由市政府统一颁发保护标志牌、划定保护范围、不得随意拆迁、实施原址保护、按原风貌保护、整旧如旧、开展城市风貌整治、二维码身份识别等措施予以保护，并由此实施了一批保护项目。如对 176 个古旧建筑名录的公布和挂牌保护、对城市风貌的整治等，都取得了一定成效。

二、重庆历史文化名城保护存在的关键问题

经调查研究，发现重庆历史文化名城保护存在的关键问题有以下几点。

1. 保护意识不强

历史文化名城保护遇到的一个严峻挑战是保护意识不足。在本课题调研中，我们就"你知道历史文化名城应该保护吗？"和"你听说过《中华人民共和国文物保护法》《中华人民共和国非物质文化遗产条法》《国家级非物质文化遗产保护与管理暂行办法》吗？"的问题对 100 名包括党政干部和建筑开发企业领导在内的人士进行调研。

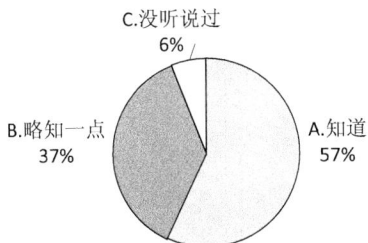

图 1

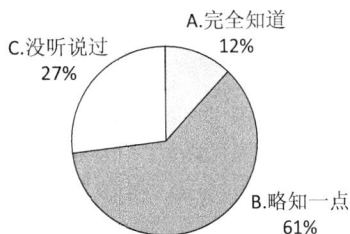

图 2

图1：你知道历史文化应该保护吗？调研结果见图1。

图2：你听说过《中华人民共和国文物保护法》《中华人民共和国非物质文化遗产条法》和《国家级非物质文化遗产保护与管理暂行办法》吗？调研结果见图2。

在第一个问题中，有37%的人仅仅"略知一点"，6%的人根本就"没听说过"。在第二个问题中，包括建筑开发企业领导在内的干部认知中，对历史文化名城保护的法律法规的意识，竟然有近1/3的人不知道。这一数据，可谓触目惊心。仅以《中华人民共和国文物保护法》为例，早在1982年就已颁布，后面还有几次修订，从1982年至今已有30多年，居然只有12%的干部完全知道，近1/3的干部不知道，连最基本的保护意识都没有，又如何去保护历史文化名城？

以上是我们的干部群体对历史文化名城保护意识的认知调查，作为普通的百姓，更可想而知。

另外，我们还就"城镇化建设也是国家的战略，什么历史呀，文化呀，古建呀，非遗呀，都是过时了的东西，这种观点是否正确？"这一问题仍然对上一被调查对象调研后发现，虽然认为"不正确"的有70%，但还有20%的人认为"有一定的正确性"，3%的人认为"完全没必要保护"，7%的人认为"正确"（见图3），"有一定的正确性""正确"和"完全没必要保护"的多达30%，近1/3。

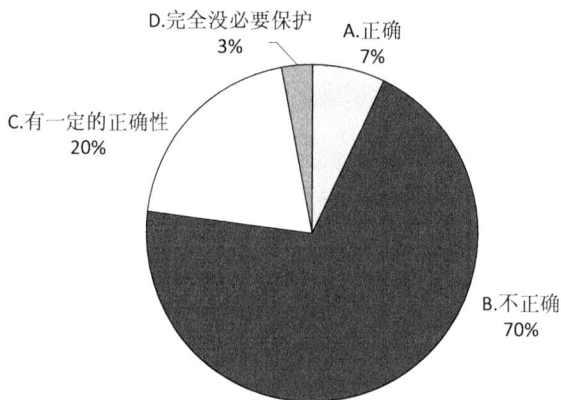

图3

思想是行动的先导，历史文化名城的保护意识不足，在城镇化建设中不按规矩办事而对历史文化遗产进行破坏就不难理解了。

群众的保护意识更是淡漠。我们以普通群众为调研对象，就上述问题进行调研，结果，有文化遗产保护意识的人不足 20%。

2. 重视度不够

文化是文明的象征，社会进步的牵引，大凡文化、文明程度高，则国家兴旺发达，人民安居乐业。可在调研中发现，有的领导对历史文化名城保护的态度冷漠，一位副县长对前来调研民俗文物的同志说："我连活人都管不了，哪里管你死人的事？"这种对历史文化的漠然和不重视，导致历史文化保护设施设备不完善、保护技术陈旧落后、保护人员工作条件和生活条件难以改善，保护经费不足等多种问题的存在。

3. 法律地位尴尬

无论是国家层面还是重庆市，有关历史文化名城保护的法律法规政策虽多，但有的人，包括一些领导干部，根本就没学习过相关的法律法规和政策文件。由此对历史文化遗产的破坏行为难免发生。在另一部分人身上，尤其是部分领导干部身上，虽然他们懂得、知晓相关法律法规和政策文件，但在现实中，却有法不依，执法不严，继而造成文化遗产的破坏。一些基层文化部门和领导，由于过去长期以来文化的不被重视和自身话语权的有限，在有关单位大拆大迁而对名城中的文化遗产造成破坏后，却因信息不对称（被破坏后才知晓）、无强制执法权等而难以严格执法，不仅显示出历史文化名城保护的法律地位的尴尬，也显示出历史文化遗产保护工作者地位的弱势。

4. 体制机制不健全

历史文化遗产被破坏，一个重要原因是保护体制机制的不健全。以文物为例，因保护体制机制的问题而破坏文物的现象不少。

古建筑等文物是重庆历史文化名城保护的重要内容。可由于历史文化名城保护是一个综合性的系统工程，涉及多个部门、多个领域、多种人员、多种技术等。要对重庆历史文化名城中的古建筑等不可移动文物进行保护和修缮，需要各部门和相关人员的共同作为才能完成。可由于某些相关部门在执行各自的工作任务时，通盘考虑不周，协调机制不强，往往各自从本部门的利益出发行事而影响文物的保护。加上不可移动文物——古代建筑的主体多元化的特点而造成文物保护的困局，难以控制文物主体对文物的破坏。重庆的郭勋祺公馆即是一例。位于沙坪坝区歌乐山镇山洞村的郭勋祺公馆，是重庆市抗战遗址保护点，原产权属新桥房管所，2003 年后划拨重庆市机关事务管理局。同年，市机关事务管理局将郭勋祺公馆移交渝中区能仁寺使用。在未经区宗教部门、区文物部门同意的情况下，擅自将郭勋祺公馆开辟为宗教活动场所，并于2012年将原有建筑整体拆除，改建为砖混建筑。而文物产权单位——市机关事务局管理局在整个事件中采取默许、不作为的态度，一处珍贵的抗战遗址文物至此消失。因产权原因使文物部门难以管理和保护。

再从非遗看，也有不尽完善之处。

历史文化名城中，不仅有看得见、摸得着的物质文化遗产，而且也有看不见、摸不着的非遗，也就是人们在长期生产、生活中创造的，反映其心路历程的传说、故事、歌谣、民俗等。这些非遗体现着人们的世界观、人生观、价值观、审美观、善恶观，是一笔宝贵的财富。

重庆通过《中华人民共和国非物质文化遗产法》和《重庆市非物质文化遗产条例》等法律法规和影像摄录、书籍出版、数据库建设等措施对非遗进行了保护，取得了不少成效，但也存在着法律法规不够健全、资金投入不足和传承人日益稀少、普查不彻底，以及传统生产生活习俗难以延续等问题。

另外，调研中也发现，人才队伍数量的不足（包括传承人的不足，详见表1）和质量的欠佳、财力的有限等，也是影响历史文化名城保护的重要因素，均有待于体制机制的协调与完善。

表1　重庆蜀绣传承人数对照表

时间	传承人数量	传承大师数量	备注：（资料来源）
20 世纪 20 年代（1925 年前后）	80%的家庭会蜀绣，蜀绣从业人员 1000 多人	1000 多人	仅成都从业人员数量，资料来自非遗世界网 http://www.feiyishijie.com/article.php?id＝164
20 世纪70 年代末	"家家女红，户户针工"，刺绣从业人员10 000 多人	3000 多人	资料来自非遗世界网 http://www.feiyishijie.com/article.php?id＝164
21 世纪（2017 年）	100 多人	16 人	资料来自 2016 年 5 月 10 日《重庆晚报》记者范圣卿文《重庆唯一男性蜀绣非遗传承人想招男徒弟》

5. 经济与文化错位

历史文化名城保护中存在的一个重要问题是一些部门和人员没意识到文化在经济中的旗帜和引领作用，于是，为追求短期经济效应而忽视对历史文化遗产的长远保护，使当前、短期的经济效应与长远的历史文化名城保护错位，这种缺乏长远眼光的急功近利行为，在新城、新貌和 GDP 的驱动下，在短期经济效应和政绩工程的驱使下，在部分领导权力意识和形象工程的追逐中，在部分市民、居民唯金钱论思想的支配下，以经济效益和商业价值的最大化为目的，一些商业利益追逐者不顾历史文化的生存环境，常常不按规矩出牌，不尊重祖先留给我们的文化遗产，不惜以牺牲文化遗产为代价而换取"漂亮"的经济指标和暂时的经济利益，或对涉及历史文化名城保护的事项不经报批和勘探就肆意开工，或干脆拆除，或过度开发……致使历史文化遗产遭到大量破坏。重庆抗战遗址——国民政府大门、国民政府办公楼等被完全拆除，重要抗战遗址连青楼被建筑商开发，改建为豪华餐厅，为打造重庆"温泉之都"而对温泉寺的破坏……均是在商业利益驱动下对历史文化遗产造成的破坏。

6. "建设性"与"保护性"破坏严重

重庆历史文化名城的"建设性"与"保护性"破坏严重。

虽然《中华人民共和国文物保护法》等国家法律对城镇化建设中如何保护历史文化遗产做出了明确规定，但在现实中，一些建设单位或因保护意识不强，或为了节省物力、财力和减少程序，或为了赶工，往往不按程序对施工范围内的文化遗产报请文化、文物部门勘探就擅自施工，继而造成历史文化遗产在改造旧城、扩建新城中的"建设性破坏"十分严重❶。重庆两江沿岸曾经拥有的成排吊脚楼的消失，大学城一些历史文化遗产的消逝，渝中区人民路 232 号原市人大办公楼的"国民政府大门"的被拆除❷……都是"建设性"破坏的案例，这种"建设性"破坏的惊人程度，往往超过其自然性的损坏。据《重庆商报》报道，重庆自第二次文物普查以来，20 年消失抗战遗址 372 处，其中，185 处消失于城建。据 2016 年 8 月 17 日的《重庆日报》报道，重庆"已经消失的古建筑、古遗址、近现代重要史迹等文物资源中，约有 50% 与经济建设、重大工程或人们的漠视有关"❸。

同时，"保护性"破坏也是重庆历史文化名城中的文化遗产遭到破坏的又一原因。渝中区解放西路 14 号的蒋介石重庆行营被"保护性拆除"迁建（原

---

❶ 详见赵冬菊、黎光：《城镇化进程中历史文化的保护与传承研究》，《长江师范学院学报》2017 年第 6 期。

❷ 《温泉兴教瑞云寺事件：挟佛敛财请小心》，中国旅游新闻网，2013 年 12 月 23 日。

❸ 魏中元：《重庆有哪些传统风貌街区　它们有着怎样的前世今生》，《重庆日报》2016 年 8 月 17 日。

地改建成了学校操场）；位于两路口的重庆十八梯被"保护性拆除"和重建……无一不是"保护性"破坏。

7. 非遗生存堪忧

重庆非遗在得到一定保护的同时，也存在生存堪忧的问题。

一方面，自然性破坏严重。非遗是人们在实践中创造出来的非物质形态文化，它来自于实践。但同时，它又在实践中要么发展，要么消亡，这是一个自然的过程。大禹三峡治水的故事，涪陵榨菜的技艺等，都在实践中发展和传承，并具有强大的生命力。利用山地环境修建吊脚楼的技能技艺、在激流险滩中形成的川江号子、在一针一线穿梭中形成的蜀绣等非遗，因老艺人的不断离世和新艺人的不足而使其自然消亡严重。

另一方面，大规模城镇化所带来的大量工程的兴建和大量人口的迁徙，必然破坏非遗的原生态生存空间。原来围着一个小院讲故事的氛围、几个女性聚在一起编织蜀绣的环境、三峡工程兴建后激流险滩的减少所致川江号子的歌唱环境等的改变，都严重威胁着非遗的生存空间。

三、重庆历史文化名城保护的对策建议

针对重庆历史文化名城保护存在的关键问题，并结合我们多年的研究，特提出如下保护建议。

（一）提高认识，加强顶层设计

文化是民族之根，国家之魂，具有导向作用。重庆在城镇化中，首先要考虑这里是历史文化名城，要有历史文化保护意识。无论是建设新城还是改造旧城，无论是政府还是开发商，抑或市民，都应始终牢记我们的根和魂，记住我们的文化和乡愁，要把历史文化遗产的保护纳入我们工作的每一个环节。为此，加强宣传，提高认识，形成保护历史文化名城的合力乃十分必要。尤其是在今天，重庆已得到巨大发展，中央对重庆寄予了厚望，我们应深刻认识重庆历史文化名城在凝聚人心、提高人气和在重庆发展中的战略地位。因此要高度重视，要像重视经济建设和项目建设一样重视历史文化名城的保护，像抓脱贫攻坚和精准扶贫一样抓好历史文化遗产的识别与破译，对历史文化名城的破坏者实行零容忍……并做好顶层设计，切实将历史文化名城的保护纳入政府工作的日程，形成政府重视、百姓参与的良好氛围。

同时，加强监督，将历史文化名城保护纳入地方政府和相关领导实绩考核和问责内容，使得责任到人、措施到位、有奖有罚、奖惩分明，切实保护好重庆历史文化名城的文化资源。

(二) 重视法律法规，以城市发展的眼光对待历史文化名城保护

历史文化名城保护中，要强化相关法律法规的科学性和权威性，要严格依法、执法，避免人为滥用，避免长官意志和急功近利，凡在法律法规保护范围内的重庆历史文化遗产，任何人不得突破红线，否则，照章执法，该判的判，该罚的罚，该问责的问责，当然，该奖励的也应奖励，树立起法律法规对历史文化名城保护的权威性和震慑力。

对于不够完善的历史文化名城保护的法律法规，应及时完善，使之更具科学性、完整性和可操作性。

在城镇化建设中，对新建、扩建中的新城、新镇、新街、新村、新建筑等的规划和设计，要以城市发展的眼光对待，包括在未来城市规划中重视历史文化遗产的保护规划和新建设施的标志性建筑的打造，都应一并纳入法律法规的范畴。

纵观国内外历史文化名城，都有一个共性，即都有丰富的文化遗产，特别是有城市的标志物，如古罗马的竞技场、法国巴黎的埃菲尔铁塔、美国纽约的自由女神像，以及中国北京的长城、故宫，上海的东方明珠，武汉的黄鹤楼等，都是城市的标志物。重庆也有人民大礼堂、三峡博物馆、解放碑等标志性建筑，但笔者认为，重庆的这些标志性建筑有待完善，在未来的城市建设中应注意标志性建筑的规划和设计。即便新建设施的标志性建筑在今人看来不能成为重庆的标志建筑，但只要它有深厚的文化内涵和鲜明的个性特色，能切实代表重庆的文化和符号，作为未来重庆的标志物也未尝不可。

(三) 构建完善的保护协调机制

体制是保障。历史文化名城保护涉及的部门和人员较多，为了避免"三个和尚无水吃"的状况，各部门应加强协调，构建一套既有分工又有合作的协调保障机制。这种协调机制的构建在目前有了更好的条件。以习近平同志为核心的党中央对包括历史文化名城在内的传统文化给予了高度重视，并发表了系列讲话，相关部门也出台了不少落实相关精神的具体措施。建议与重庆历史文化名城有关的部门，依据国家相关精神，加强协调与合作，并会同

专家学者一起，听取专家学者的建议与意见，进一步完善重庆历史文化名城保护的协调机制，切实落实各自的保护责任，共同保护好重庆历史文化名城这一宝贵资源。

在协调机制中，除了各部门的一般工作协调机制外，还应注意人才和经费保障机制的建设与协调。

孙中山说："治国经邦，人才为急。"在历史文化名城保护中，人才是关键。为此，建议政府出台激励文化人才脱颖而出的激励政策，将高端人才引进来。对中低端人才，加强培训和提升。做到人才结构的优化与合理，并给人才创造良好的工作环境，为其解决好后顾之忧。

在财力方面，应构建经费投入保障机制。政府应设立历史文化名城保护专项资金，并按每年经济增长的速度和比例逐年递增。同时，建议借鉴国外历史文化名城保护的经费筹措和保障机制。例如：法国的政府财政资金和社会资金并用、税收减免优惠、历史文化保护区内建筑维修与改建可获得国家资助的资金筹措机制；英国对古建筑的估价与收购、旧城改造的基金筹措模式；美国通过地方机构和联邦政府补贴和给予"联邦政府财政优惠的荣誉地位"解决旧城改造经费，诸如此类均可借鉴。

另外，建议设立历史文化名城保护日、鼓励历史文化名城保护志愿者活动等，并制定配套政策。

（四）城镇化建设与历史文化名城保护相结合，力避"建设性"与"保护性"破坏

城镇化建设的目的是以人为本，提高城镇的品质和人们的生活质量，使城镇更有利于人居和可持续发展。历史文化名城保护是将历史留下来的文化遗产保留下来，传承下去，给历史留下记忆，给后人留下文脉，给城镇注入文化内涵，让城镇更富文化底蕴。城镇化建设和历史文化名城保护的目的是一致的，建议将二者结合起来，既能节约资源成本，也有利于历史文化名城的保护。

城镇化建设的规划中，应有分管规划、文化等部门领导及其所属职能部门和相关专家参与，对规划进行科学谋划，凡是有历史文化遗存遗物的地方，有特色文化和特色风景的地方，都应列入保护规划之中，按不同等级和轻重缓急的原则予以保护，避免"建设性"破坏。为此，规划前必须在建设地带内对历史文化遗产进行普查。在历史文化遗产富集的连片区域，包括相应的

环境，应连片规划保护。

在城镇化实施中，工程建设单位应按《中华人民共和国文物保护法》等请文化部门对施工范围进行调查、勘探，对勘探中的重要发现进行处理后方能施工。施工中，不但要注意对已发现历史文化遗产的保护，而且对施工过程中有可能再次发现的历史文化遗产有心理预期和预案机制，一旦有新发现，必须立即停工，立即抢救和保护。待文化、文物部门前来勘探、发掘后才能再行施工，避免"建设性"破坏。

对那些新发现而尚未来得及列入文保单位的文化遗产，政府应打破按批次审批文保单位的惯例，随时将其列入文保单位，以便及时保护。对因文化遗产产权归属不一而造成难以修复和管理的，政府应尽量通过购买等方式收归国有，由国家统一修复和管理。

对已发现的历史文化遗产要做到科学保护和保养，切记"保护性"破坏。正在发生的"保护性"破坏，应立即停止。

在历史文化名城保护中，可学习欧洲一些国家对旧城整体保护，将新城镇建在新区的方法，以及我国时下流行的互联网+的保护模式进行动态保护。

（五）正确处理经济与文化的关系

经济是基础，是国计民生。但经济如何得到可持续发展，需要文化的引领，因为文化具有方向性的作用。习近平同志强调，在经济效益和社会效益中，要将社会效益放在首位。重庆历史文化名城中，有不少优秀的历史文化传统，这些优秀的文化浓缩着人们的理想信念和价值追求，是社会主义核心价值观的重要组成部分，对我们的经济建设有指导、导向作用。所以，我们在经济建设中，对祖先留下的文化遗产要敬畏、尊重、保护和传承。不能因经济建设而伤害之，要在经济建设中认真保护和传承的同时，将其注入经济建设的各种元素中，使文化与经济相融。

（六）加强非遗保护

重庆有丰富的非遗，应加强保护，应给非遗保护和传承留下空间。

非遗保护存在的一个重要问题是传承人后继乏人。

在对非遗传承人方面，由于老艺人的离世是不能改变的自然规律，必须对新生代进行培养。如何培养？一是挖掘爱好者，对某项非遗感兴趣的人，要培养，并通过政策留人。二是在学校传承。芬兰小学就开设有非遗课程，建议重庆从小学开始，开设非遗课堂，讲述非遗故事，开展非遗活动，使学校成为非遗保护和传承的主阵地。三是在退休人群中培养。非遗属传统文化，受到不少老年退休者的青睐，建议由相关街办或社区将其辖区里的退休老人组织起来开展非遗活动，让他们会说的讲故事，会跳的跳舞，会唱的唱歌……并给予一定激励。

非遗的生存、传承堪忧。政府应从以人为本的角度，尽量创造非遗的生存和传承空间。如何创造？一是在城镇化中，对非遗丰富的地方，包括老人喜欢集聚的老房子、老院子、老寨子等，能保留的尽量保留，给非遗留下传承的原生态空间。二是必须拆迁的地方，要给安置地留下传承非遗的空间，包括院落、广场和舞台等，并对人员集中安置，尤其是对某些非遗感兴趣的人进行集中安置，便于开展活动。三是利用好广场舞的空间。重庆广场舞随处可见，政府通过政策的制定，激励人们在广场多跳、多唱重庆的非遗歌舞，多讲非遗故事。

此外，进一步对非遗进行补查、实录、数据库建设、学术研究和应用等，也是保护和传承非遗的重要举措，建议加强。

通过非遗保护和传承，讲好发生在重庆的故事，感受重庆浓浓的情怀，展现重庆人积极向上的价值观和人生观，使这里的历史文化遗产成为沟通人们心灵的桥梁，成为联系世界的纽带，这些都是重庆历史文化名城保护的重要之责和意义所在。

传统家训文化的日常生活实践

——以晋南裴柏村为例

邵凤丽[1]

摘　要：在山西闻喜，有一个闻名古今的"宰相村"。作为地方望族，裴氏家族自秦汉魏晋，历六朝而盛，至隋唐而盛极，五代以后，余芳犹存。裴氏家族可以历经两千多年而不衰，一个重要原因是形成了"重教守训、崇文尚武、德业并举、廉洁自律"的家训文化。时至当下，裴氏家族仍在积极践行家训文化，努力促进家训文化的活态传承。他们通过修复历史建筑晋公祠、新建裴氏宗祠以及训诫室，让家训进家庭、社区、校园，举行"三月三"祭祖活动，并通过报纸、微信、政府网站等现代传媒方式，加大家训的社会传播。裴氏家族正在将家训文化融入村落的日常生活当中，在生活实践中营造浓郁的家训文化氛围，以润物细无声的方式达到教化作用。

关键词：裴氏；家训；日常生活实践

本研究以山西闻喜县裴柏村——"宰相村"为个案，关注一个家族传承两千年而不衰的动力所在。2017年三月初三，裴氏家族像往年一样举行祭礼，这次活动的特殊环节是全体族人集体大声宣读裴氏家训："我宣誓，作为一名裴氏后裔，一定谨记家训，做到敬奉祖先、孝顺父母、友爱兄弟、协和宗族、敦睦邻里……"实际上，裴氏家族历来十分重视家训的传承，裴氏家族历代家谱中都载有裴氏家训，裴晋公祠中设有训诫室，祠堂外面的墙壁上也刻着

---

❶　邵凤丽（1985—），女，北京师范大学民俗学博士，辽宁大学文学院讲师，研究方向是历史民俗学。

裴氏家训，近年来还整理出版了上万字的《裴氏家训》。春风化雨，润物无声。对于裴氏家族来说，家训是共同体所应遵循的行为原则，也是必须遵守和承担的伦理义务、社会责任。家训的良性传承，为该家族两千多年的蓬勃发展提供了源源不断的动力。

一、裴氏家族及其社会文化空间概述

裴柏村位于涑水河畔闻喜县内。据《闻喜县志》记载，闻喜县位于山西省西南部，运城市北端，运城盆地与临汾盆地的交界处。东与绛县、垣曲相接；北同侯马、新绛相连；西与稷山、万荣、盐湖区接壤；南与夏县毗邻。距太原市 369 公里，距北京市 848 公里。❶

（一）裴氏家族发展史

裴氏祖先最早可追溯到伯益，可以说是与秦同祖。据欧阳修《新唐书·宰相世系表》介绍：裴氏最早的先祖是与禹同时代的伯益。到公元前十世纪周孝王时，伯益的后代非子为周王室的军事和交通做出了重要贡献，被封于秦地，号秦嬴。非子后代的一支被封裴（非邑）乡侯，以裴为氏。其六世孙陵在周僖王时（公元前 677—公元前 618）又被封为解邑君，裴陵改"裴"字下"邑"为"衣"，居住在今天的闻喜县境内。❷ 裴建民说："裴字的意思是美好的相貌。"❸ 据裴建民讲，其他地方的裴氏家谱也是这样记载裴氏得姓的过程，包括越南的裴氏家谱，"相貌堂堂"。2008 年韩国裴氏家族曾经来到裴柏村寻根。2009 年，裴建民应韩国裴氏家族的邀请，作为宗亲代表到韩国裴氏家族参观，当地的裴氏家族新建了裴氏宗祠，里面供奉裴氏家族第一世祖——裴元庆。当地传说很早以前一个仙子穿着大红的衣服从空而降，于是就有"绯"字，后来简化为裴。❹

在战国到秦的几百年时间里，史书中并没有关于裴氏家族的记载。一直到西汉时期，据欧阳修《新唐书·宰相世系表》记载：裴盖曾担任水衡都尉、侍中。东汉初年，裴盖的九世孙裴遵曾担任敦煌太守。东汉中期，汉顺帝时

---

❶ 闻喜县志编纂委员会编纂《闻喜县志》，中国地图出版社，1993 年，第 5 页。
❷ 《新唐书》卷 71《宰相世系表》一上，中华书局，1975 年。
❸ 访谈对象：裴建民，裴氏家族第 78 代，访谈时间：2015 年 7 月 15 日，访谈地点：晋公祠，访谈人：邵凤丽、王晨。本文使用裴建民访谈资料，若无特殊注明，即为本次调查资料。
❹ 《新唐书》卷 71《宰相世系表》一上，中华书局，1975 年。

期，裴岑亦担任了敦煌太守，因成功反攻北匈奴呼衍王，当地人为其立"汉敦煌太守裴岑纪功碑"。❶ 汉永建初年，裴氏第 15 世孙裴晔为并州刺史、度辽将军，汉顺帝刘保永建初年，裴晔来到闻喜县城东 25 公里处，见此处山环水抱，柏树葱郁，风景绝佳，便合族搬迁于此，并以裴为姓，以柏为名，取名裴柏村，定为祖庄。❷ 裴柏村是坐落在金鸡岭、凤岭、凤北岭、沙坡岭、大西岭、小西岭、葫芦岭、铁牛岭、虎岭的九座土岭怀抱中。每一土岭上都有棵挺拔的翠柏，村民称"九凤朝阳"。"这村庄的位置，这三面有九个土梁，不算东面，东面开阔，像我们椅子一样，一边是开阔地，其他都是高高的，这个村就是坐在椅子上，有九个山头，环绕这个村子，具体名字记不准，好像一个当官的人坐在里面一样，老百姓说叫圈椅。"❸ 裴晔之子裴茂因战功被封为阳吉平侯。❹ 在汉代，裴氏家族初步确立了政治大家族的地位。

魏晋时期是裴氏家族发展的重要时期，成为高门士族。裴茂的四子形成众多分支，被称为"三眷五房"，即西眷裴、中眷裴、东眷裴、洗马裴和南来吴裴。西晋时期，是裴氏家族发展的一个高峰期，在魏晋交替中发挥了重要作用。据《晋书·贾充传》记载"贾裴王，乱纪纲；裴王贾，济天下"，由此可见，在西晋代魏过程中平阳贾充、闻喜裴秀、琅琊王沈在国家更迭中的关键作用，及其家族政治势力的强大。

唐代，河东裴氏发展到鼎盛时期，先后出现 17 位宰相，因此《新唐书·宰相世系表》将裴氏列于首位。唐高祖时期的裴寂、裴矩；玄宗时期的裴耀卿；肃宗时期的裴冕；宪宗时期的裴垍、裴度；以及一直伴随着行将崩溃的唐政权的裴澈、裴贽、裴枢。裴氏家族的宰相们伴随着唐王朝政局的每一次变化，与唐王朝休戚与共，对唐代政治的影响是全面而深刻的。

（二）"宰相村"得名

裴氏家族自秦汉魏晋，历六朝而盛，至隋唐而盛极，五代以后，余芳犹存。在上下千余年间，豪杰俊秀，名卿贤相，其家族封官袭爵的各类名流，不计其数。据《裴氏世谱》不完全记载，裴氏家族正史立传者 600 余人，名垂后世者千余人，先后出宰相 59 人，大将军 59 人，中书侍郎 14 人，尚书 55

---

❶ 《新唐书》卷 71《宰相世系表》一上，中华书局，1975 年。
❷ 闻喜县志编纂委员会编纂：《闻喜县志》，中国文史出版社，2012 年，第 713 页。
❸ 访谈对象：裴保田，裴氏家族第 78 代，访谈时间：2015 年 7 月 14 日，访谈地点：裴柏村裴宝田家中，访谈人：邵凤丽、王晨。本文使用裴宝田访谈资料，若无特殊注明，即为本次调查资料。
❹ （清）嘉庆《裴氏世谱》，山西古籍出版社，1993 年。

人，侍郎 44 人，常侍 11 人，御史 11 人，刺史 211 人，太守 77 人，真可谓"椒兰金鱼之荣宠，柱石乔木之倚籍"，众多将相公侯集于一门。❶

明末清初著名思想家顾炎武拜访裴柏村的"晋公祠"，专门撰写了《裴村记》，后收入他的《日知录》内，顾炎武赞扬裴柏村人才辈出和历史文化。❷ 1994 年时任新华社社长的穆青来此，题写了"裴氏碑苑"，他说：一个村子出了 59 个宰相，可以称为"宰相村"了。这就是"宰相村"称谓的来历。现在"晋公祠"门前的 59 个台阶就象征着裴氏家族的 59 个宰相。

二、裴氏家训的发展历史与主要内容

早在魏晋时期，晋南裴氏先祖为教育宗室子弟，根据儒家思想道德标准，制定了许多有关家规方面的训诫。北魏裴良撰写了《宗制》10 卷，北周裴侠编写了《贞侯传》。隋唐时期，裴氏家族发展到鼎盛阶段，其家规也日臻完善。唐代裴度临终留下"吾辈当令文种勿绝"的遗言，训诫子孙。明代裴濂修订《河东裴氏族戒》9 条。清代裴志灏在嘉庆十二年（公元 1807 年）题写《劝善戒不善》照壁，刻石嵌壁以教育后人。现存的裴氏家规修订于清末民初，有《家训》和《家戒》两部分，内容丰富而延展，并行而对立。《家训》是为裴氏子弟制定的行为准则，而《家戒》则是为裴氏子弟制定的禁律。

（一）训诫结合

两千多年间，裴氏族人在先祖留下的家规基础上，结合时代的发展，历经漫长的历史和传承实践，形成了"重教守训、崇文尚武、德业并举、廉洁自律"的独特家族文化，要求家族子弟崇德尚德，以孝友立身，以勤俭持家，以忠义为本，以才学自立，以仁爱待人，做到廉洁奉公、忠心效国，涵盖了对后人忠、孝、仁、义、德、能、勤、绩、廉等方面的要求，反映了"修身、齐家、治国、平天下"的信念坚守和价值追求。

晋南裴氏家族的家训家规具有三个特点：一是与时俱进，随着历史进程逐渐形成，不断丰富和发展；二是囊括整个氏族，而不是单个的家庭；三是由"训"和"戒"两部分组成，一正一反，共同发挥作用。正向教化的《家训》以"重教守训、崇文尚武、德业并举、廉洁自律"为核心，反向的训诫

---

❶ 山西省运城市政协教科文卫体委员会编《河东文史第 1 辑》，2004 年，第 182 页。
❷ （清）《顾炎武文选》，张兵选注评点，苏州大学出版社，2001 年，第 143 页。

以"十个毋"为主旨，告诫后人这十件事是不能做的，正反相得益彰。

（二）耕读传家的家风

裴氏家族千百年来涌现出诸多杰出人物，他们是裴氏《家训》的践行者，将《家训》中的道德典范融入了每个家庭，形成了"耕读传家"的优良家风。耕读传家是传统家族治家的根本，耕读兼备是古代农耕社会模式下，科举盛行时代的家庭选择。因此，裴氏《家训》要求子孙"读书明德：人不读书，马牛襟裾"的同时，还要有"一技专长，生计无虞"。正如北魏时期的裴氏族人裴安祖，虽德名远播，却不出仕，而是带领弟子勤于耕种，他认为安心于耕种是治家之道，也是对治国的贡献。

裴氏家风家训值得传承和弘扬，但随着时代的发展，面对中国社会由农耕社会向现代文明社会转变的现状，"耕读传家"的家风内涵也应随之变化。现今的裴氏家族依然重视"耕读传家"的家风传承，但是"耕"不能再仅仅局限于耕地，而是如孟子所说"士之仕也，犹农夫之耕也"，只要专心致力于某一事业都可以说是"耕"，形成家风家训创新性的传承。

（三）修身齐家治国

传统家训重视德育，以德立身，厚德载物，它同儒家所提倡的"修身"思想是一致的。裴氏《家训》在个人品德、内涵、行为等方面训诫子弟修身养性：在思想品德方面，做到"立身谨厚"；在思想内涵方面，做到"读书明德"；在行为习惯方面，做到"讲求公德、慎重言语"。

家庭是社会关系的特殊形式，在社会生活中占据重要地位，家庭的和睦稳定，对整个社会的安定有着重要意义。因此，古人重视"齐家"，并以此作为治理好国家的前提。裴氏《家训》警醒后人要做到：敬奉祖先、毋辱祖先；孝顺父母、毋忤尊亲、毋重男轻女；友爱兄弟；居家勤俭；严教子孙、毋事赌博、毋为盗窃、毋贪色淫、毋吸烟毒、毋酗酒好斗、毋忘本崇洋、毋入帮派。

家庭的发展不仅要处理好家庭内部成员之间的关系，更要处理好家庭与其他社会成员的关系。因此，传统家训大都结合其所处的时代背景、社会关系，向子孙传授为人处世之道。裴氏《家训》劝诫后世子孙要处理好同宗族、邻里、亲友之间的关系，重视社会环境、友邻品行对子孙的影响。在处理宗族关系上，"协和宗族"；在处理邻里关系上，"敦睦邻里"；在处理亲友关系上，"厚戚朋"。

裴氏家族作为三晋望族，清正廉洁的家风教育着一代又一代的裴氏后裔。如裴潜去世时留下遗嘱要求薄葬，丧事从简，与当时社会厚葬习俗形成鲜明对比；裴宽将别人求他办事送的鹿肉埋在花园中拒绝食用；裴侠定下"凡贪官污吏者，死后禁入祖茔"的严训……这种廉洁从政、淡漠钱财的优良品格，是诸多裴氏族人的共同品性。

三、裴氏家训的日常生活实践

传统家训中蕴含丰富的修身、治家、处世思想，在当今社会依然焕发着旺盛的生命力。以晋南裴氏家训为例，涉及个人、家庭生活的方方面面，既向后世子弟传授修身之道、治家之法、处世原则，又给予族人日常生活可以遵循的内部法纪。作为中国传统文化的重要组成部分，裴氏家训重视人的道德品性的提升、独立人格的培养、健康生活习惯的养成以及廉洁自律家风的树立，以裴建民为代表的裴氏族人遵循时代发展的要求，积极重建传统家训，弘扬优良传统。

裴建民是裴氏第 78 代世孙，现任裴氏名人馆馆长，据他所说，他"从小被古文灌制"，受家庭的影响，对裴氏文化很感兴趣，在裴氏文化开发时，他负责裴氏名人的讲解工作。1998 年，外地裴氏族人开始请求裴建民为其修家谱，裴建民也因此获得了"裴氏家族的活字典"的称号。他作为自觉的文化实践者，在全国各地演讲裴氏家训相关内容，据裴建民介绍，"刚开始是给裴氏后裔讲"，后来到"大学院校和社会团体做这方面的演讲"。他说"根据古代的稍微改编一下，一些重男轻女的不合时代的内容就去掉了。门风家训要随社会发展而更新，不能光讲老一套东西，故步自封就不好了"❶。

（一）修复晋公祠与新建裴氏宗祠

祭之以祠，是朱熹在《家礼》中提出的首要原则。凡是有能力之家都要建祠祭祖。宋明以来，作为家族组织的重要组成要素，祠堂成为传统家族的标志性建筑。在家族当中，祠堂是"妥先灵，隆享祀"的祭祀场所，同时也是处理家族事务、维持家族秩序、传承家族文化的重要空间。

裴柏村现有两座祠堂，一是裴晋公祠。裴晋公祠当年叫裴公祠，即裴家

---

❶ 访谈对象：裴建民；访谈人：邵凤丽、肖婷；访谈时间：2016 年 7 月 16 日；访谈地点：裴柏村。

祠堂，始建于唐贞观三年（公元 629 年），因裴度封晋国公，改名晋公祠。晋公祠为三进院的宫殿式建筑，有山门、仪门、献殿、正殿。明嘉靖二年重修。部分建筑在 1947 年的战乱中被毁，2007 年进行了重建。

晋公祠里有五祖像、名人纪念馆、碑苑等主要建筑。五祖像楹联上联：文史自周秦，细细读来，精髓全然原一训；下联：家山生将相，悠悠想去，风光何止在千秋。

在晋公祠西南角是碑苑。院子呈长方形，占地面积 2550 平方米，里面是裴晋公祠，正面无墙，檐牌匾上写着"裴晋公祠"四个苍劲大字。

碑馆中有"裴光庭神道碑"，全称"大唐故光禄大夫行侍中兼吏部尚书裴光庭碑"。裴光庭，字连成，裴行俭之子。自幼老成，博学有远志。唐玄宗时历官太常丞、兵部侍郎、侍中兼吏部尚书等职，是开元年间著名的宰相。任吏部尚书时，大胆改革官吏使用制度，任人唯贤，远斥奸佞，传为美德。唐开元二十年（公元 732 年）卒，唐玄宗非常怀念其政绩与为人，破格赐谥为"忠献"，并命中书令张九龄撰写碑文，歌功颂德。裴氏家族对裴光庭十分推崇，裴建民说："元代戏作家白朴根据裴光庭的故事写的传统戏剧《墙头马上》，裴少俊和李千金的爱情故事，说的就是他。"❶

碑馆中名声最大的是"平淮西碑"，此碑被誉为"三绝碑"，一是裴度削平淮西藩镇吴元济叛乱的卓著功绩。安史之乱以后，当时边疆内地，藩镇四起，唐王朝处在风雨飘摇之中。从公元 783 年淮西节度使李希烈叛唐开始，到吴元济叛乱，这些叛唐之将占据蔡州五十年，形成国中之国。当时吴元济手握重兵，据地千里，严重威胁唐朝安危。为了平定淮西，唐宪宗下令讨伐。由于用兵不利，平淮之战连年失败。最后，在裴度的统领下，由部将李愬乘敌不备，采用掏心战术，在风雪之夜，以三千兵勇，突袭吴元济，在蔡州将其活捉。此一战不仅结束了长达五年之久的平叛，结束了蔡州长达五十余年的割据局面，稳定了大唐基业，也让裴度一战成名，为万民仰望。二是"唐宋八大家"之首的韩愈的撰文。三是作为"三代帝师"的祁寯藻的书法。❷

裴柏村的另一座祠堂是裴氏宗祠，族人又称之为"先祖祠"。2007 年始建，坐落于裴晋公祠的西侧，由县政府出资建造。裴氏宗祠里面供奉裴氏始祖裴陵。2016 年、2017 年的"三月三"祭礼都在这里举行。同时，祠堂四周的廊道上是裴氏名人介绍，主要是 59 个宰相和 59 个将军，内容基本与晋公

---

❶ 访谈对象：裴建民；访谈人：邵凤丽；访谈时间：2017 年 8 月 26 日；访谈地点：裴柏村晋公祠。

❷ 访谈对象：裴建民；访谈人：邵凤丽；访谈时间：2017 年 8 月 26 日；访谈地点：裴柏村晋公祠。

祠中的名人纪念馆相同。

在裴柏村，两座裴氏祠堂无疑是村落的精神文化空间。祠堂是供奉祖先的神圣空间，也是传承家训的重要文化空间。走进祠堂，祖先画像、名人故事、楹联、匾额，都在告诉人们要"重教守训、崇文尚武、德业并举、廉洁自律"，对于裴柏村来说，"祠堂在，祭如在。祭如在，倍思亲。祭如在，一切在。"❶

（二）重建训诫室

2015 年，经裴建民设计的训诫室竣工。训诫室位于裴晋公祠正门右侧，室内悬挂着裴氏族范、裴氏家训、裴氏家戒，是训诫、教育裴氏子孙的场所。训诫室是裴氏家训在物质层面的呈现，是裴氏家训文化中有形的部分，是看得见、摸得着、实实在在的物质化的文化形态，是裴氏家训文化的重要载体。训诫室内悬挂的家训、族范、家戒体现了山西裴氏家族的修身、治家、处世之道，以日常训诫的方式发挥着教育裴氏子孙的功能，对构建裴氏家训文化有重大意义。

传统家训重视对家族成员的教育，因此训诫室在家族教育中发挥着重要作用。比如家族中要进行一项事务时，要到训诫室念训诫词。参与训诫仪式中的所有家族成员都要认真聆听和学习，谨记家训中为人处世的原则，在立身行事中做到时时提醒自己修身自律。这种家族集体活动在当今社会已经很少见到。晋南裴氏家族训诫室的修建，是通过物态建筑的影响，通过复兴传统文化的文化空间，来重建当代的裴氏家训文化。

（三）家训进校园

裴氏人才辈出在很大程度上得益于良好的早期教育与家风的熏陶。裴柏村村风特点之一是重视教育，除了历史建筑，村子里最好的建筑就是宰相小学。将家风家训纳入学校教育，是宰相小学的教育特色之一。裴建民、宰相小学的老师先后多次带领小学生集体诵读裴氏家训。通过诵读，裴氏家训所蕴含的自强不息的精神力量和修身自重的道德规范，可以引导孩子们在日常生活中亲近文化传统，感受文化传统，让裴氏家训的精神渐渐成为一种记忆、一种认同，形成内化的文化素养。

除了诵读家训外，裴氏家训还以故事、歌谣、诗词等多种形式在小学生

---

❶ 周伟《祠堂是国人灵魂的栖息地》，《人民日报》2016 年 9 月 5 日。

中得以传播。2012 年闻喜县教育局印制了闻喜县乡土教材，包括裴氏人物、裴氏故事、裴氏诗文三册，分别适用于一二、三四、五六年级。"在《裴氏人物》歌谣的朗朗上口里，放飞童年对家乡伟人最单纯的敬与爱。这是春天里热土中的幼种，一旦生发，蓬勃葱郁；在《裴氏故事》的真实和趣味里，走进人物世界，感知人物精神。这是看一叶翩跹，知秋之厚重，探究的动力悄然强劲；在《裴氏诗文》的深沉之美中，不仅品文之美，更品人之美，价值之重。"❶ 将裴氏家族文化纳入乡土教材，其目的是让"整个裴氏文化在孩子们的心中有了全面、整体的认识，这种认识，必为之后更深层次的探究提供源泉。那么，由此，种在孩子们心里的不仅仅是家乡的人、事、文，而是知家乡、爱家乡、建家乡的情感和继承裴氏文化、发扬裴氏文化的信心，这种情感和信心的力量已完全超越几本薄薄的小册子，注入生命，泽及整个人生"。❷

（四）家训进家庭、社区

作为裴氏家族的发源地，裴柏村近年来非常重视家风家训建设。尤其是党的十八大以来，习近平总书记在不同场合多次谈到要"注重家庭、注重家教、注重家风"，强调"家庭的前途命运同国家和民族的前途命运紧密相连"，提倡"大力弘扬中华民族优秀传统文化，大力加强党风政风、社风家风建设，特别是要让中华民族文化基因在广大青少年心中生根发芽"。至 2017 年夏，裴柏村家家户户都悬挂了由政府出资定制的"裴氏家训"，主要内容是"敬奉祖先、孝顺父母、友爱兄弟、协和宗族、敦睦邻里、立身谨厚、严教子孙、读书明德、淳厚戚朋、慎重言语、讲求公德"。

家训的重要功能是"齐家"，即对家庭进行有序治理，重视其规范功能。在儒家传统中，修身是齐家的基础，齐家又是治国平天下的前提。裴柏村有位 67 岁的老人——裴国臣，曾任小学校长，退休之后积极参与家族事业，宣传家族文化。他平时生活中非常注重搜集与裴氏家族、家风家训有关的新闻报道、照片等资料，并将收藏的老照片按照裴氏家训十二条的内容分类整理，每一条家训都有对应的照片。如"读书明德"一条对应的照片是裴老先生读书时代的班级合影。裴国臣还时常在没有用处的广告纸上随手记录家风家训和自己的思考，日记的扉页上写着："律己以廉，抚民以仁，存心以公，莅事

---

❶ 闻喜县教科局《闻喜县乡土教材·裴氏人物·序言》，2012。
❷ 闻喜县教科局《闻喜县乡土教材·裴氏人物·序言》，2012。

以勤。"有一次，他在晨练途中听闻两位村民谈论小时候的偷窃问题，便在日记中写道："说明从小就要培养孩子有好作风和教育的重要性。"裴国臣以实际行动感染和熏陶着他的子女们，他在日记中写道："看到女儿在自身的影响下团结邻里，帮助他人，十分欣慰。"❶

在裴柏村，有很多孝顺的故事。一位裴氏族人说，他以前不知道裴氏家训具体有什么内容，但是他的长辈都告诉他为人一定要孝顺，他的母亲对老祖母非常孝顺，几十年的生活中，从未出言顶撞过婆婆，"和婆婆从没红过脸"，他的妻子也是这样，在二十多年的家庭生活中，婆媳关系非常好，"就像自己的亲妈一样对待"。❷

裴柏村是裴氏家族的祖居地，但目前已有杨、张等多个姓氏居住，村内统一悬挂"裴氏家训"，并非是宣扬裴氏的家族文化，而是要从裴氏家训中汲取智慧，涵养家风，养护心灵，让生活在这里的人随时都能知道自己应该如何为人处世，以达到利用传统家训文化、推进乡村社会治理的目的。

（五）将家训融入一年一度的"三月三"祭祖仪式当中

祭礼中对祖先的感恩，对家族历史的讲述，对家风家训的宣读，这一切都是在强调、突显优秀家风家训在个人成长、社会发展中的重要性。每年的"三月三"，裴氏家族都会举行祭祖仪式，缅怀先祖、重温家训。2017年"三月三"祭祖仪式上，裴氏后裔集体诵读裴氏家训。通过"三月三"祭祖活动，全国各地的裴氏后裔聚集一堂，共同学习、重温裴氏家训，将传统家训文化融入现实生活中，融入思想中，融入灵魂中，成为裴氏家训文化"活"的载体。

82岁的裴明文来自河南焦作。十年前，他第一次来裴柏村祭祖。"终于找到祖先了。"十年来，他不断收集与裴氏文化相关的书籍以及裴氏家规家训，并让自己的儿孙学习。"裴氏家训涵盖的内容很多，但我告诉孩子们最多的是孝顺父母，做人要诚实守信。"今年，他又带着儿子、孙子来了，"想再回老家看看，让后人了解裴家历史，也能像先人一样有出息！"❸

---

❶ 访谈对象：裴国臣；访谈人：邵凤丽、冯舒婷；访谈时间：2017年8月27日；访谈地点：裴柏村。

❷ 访谈对象：裴氏族人；访谈人：邵凤丽、冯舒婷；访谈时间：2017年8月27日；访谈地点：裴柏村。

❸ 《"中华宰相村"：祭祖传家风》，新华网，2017年3月30日，http://news.xinhuanet.com/local/2017-03-30/c_1120727520.htm。

（六）加大家训的社会传播

国是千万家，家和万事兴。2015年5月，中央纪委监察部网站和客户端推出"中国传统中的家规"专题，选取全国各地的优秀历史人物及传统家规，持续不断地予以全方位的介绍与解读。当年6月，运城市纪委配合中央纪委监察部网站，将闻喜县裴氏家族纳入视野，组织力量进行专题研究、撰写与拍摄，最后以《〈家训〉润无声，〈家诫〉醒后人》为题进行专题报道。

为了让裴氏文化得到进一步继承和传播，闻喜县又于2017年启动了"家国情怀、世代传承"中国闻喜家风家教主题文化系列活动，将开展"弘扬裴氏文化、汇集发展智慧"——裴氏后裔共商闻喜文化旅游发展座谈会，"齐家治国、传承致远"——宰相文化与家国情怀北京座谈会，"传承家风家教、涵养党风政风"——党员干部家风建设"五带头"活动，"传优秀家风、促廉洁从政"——清廉家风"四进"活动，"学儒学、传家训、明家礼"——传统文化进万家活动，"最美是我家"——家庭文化文艺汇演和"最美家庭"摄影展，"欣赏传统瑰宝、领略书画风采"——非物质文化遗产、优秀楹联书画及文化旅游产品展示会，"文化添魅力，引凤兴闻喜"——举办招商洽谈会等系列活动。❶

在裴氏家族方面，也在积极推进家训文化的社会传播。作为裴氏家训的积极践行者，裴建民多年来以各种形式向大家讲解裴氏家训。据裴建民介绍，裴柏村"三月三"祭祖在网络上公开后，浙江金华市、天台县、长山县，江苏徐州，江西桂溪镇、吉安市等地区纷纷邀请他去做有关裴氏家训的演讲，裴氏家训文化由此传播到全国各地。

在如何理解传统家训方面，裴建民说，早在2006年，他就用"八荣八耻荣辱观"解释裴氏文化，他认为"弘扬传统文化，是很有意义的事情，现在学习学习老祖宗有必要"。裴建民在讲解裴氏家训时，特别强调不能照本宣科，而是与时代内容相结合，他发现裴氏先贤的事迹与现代社会的荣辱观有异曲同工之处，将知荣辱与传统家训中道德教育思想相结合，增加了时代感，使传统家训便于理解、易于接受。在山东某大学做演讲时，校方坚持给裴建民报酬，但他拒绝了，他说"这方面给钱的话，过去说有辱斯文"，他认为"祖先虽然没有为子孙后代留下深宅大院和万贯家财，但留下了自强不息的精

---

❶ 《"中华宰相村"：祭祖传家风》，新华网，2017年3月30日，http://news.xinhuanet.com/local/2017-03/30/c_1120727520.htm。

神力量和修身自重的道德规范"。❶

四、小结

　　家训作为训诫、劝导、教育、培养后代的书写文字，是社会精神文明、家庭伦理的集中解说，是家庭文化建设的生动体现。在裴柏村，人们对传统家训的理解并未停留在书面上，而是多层次、立体化地渗透日常生活当中，长者率先垂范，后辈身体力行。裴氏家训的人文精神还充溢在先贤事迹、神圣祭礼、牌匾楹联、碑刻字画、乡土教材之中，它们共同营造了浓郁的家庭文化氛围，使得古老的家训再次在人们的生活中扎下了根，以润物细无声的方式滋养、教化着生活在现代社会的人们。

---

❶　访谈对象：裴建民；访谈人：邵凤丽、肖婷；访谈时间：2016 年 7 月 16 日；访谈地点：裴柏村。

基于微博数据的用户时空行为研究

——以北京城中轴线部分景观为例

剡宝琳❶

摘　要：随着社会经济和科学技术的迅速发展，21世纪迎来了大数据的时代。在"互联网+"的背景下，大数据的开放、挖掘和应用已经成为趋势。本文首先以有关北京中轴线部分旅游景点的微博数据为基础，分析了微博用户在2012年和2015年两年中在北京城中轴线上不同景观地点、传统节日、公共假日以及每个月的微博数据的变化情况，并总结了用户行为的时空特征和变化，最后探讨了微博数据挖掘和分析旅游业的必要性。

关键词：微博数据；中轴线；用户行为；时空特征

一、引言

自2009年新浪微博出现以后，微博很快开始流行。目前微博常被人们用来记录每天的状态，如用户当时心情、去过的地方以及对某事件的评论等，然而在用户注册微博账号和发完每一条微博后都会留下自己的一些基本信息，如在微博用户基本信息里会有用户所在地、性别、注册时间等，在发过的微博中会有当时的地点、发布时间、微博内容等。这些由公众自主创造的地理

---

❶ 剡宝琳（1991—），男，甘肃兰州人，北京联合大学应用文理学院硕士，主要从事区域社会文化史研究。

信息为研究人类的时空行为提供了大量的数据资源。❶

　　游客在空间中的行为受到好多主观和客观响因素的影响，尽管空间行为是一种很复杂的行为过程，但还是有规律可循的。对游客时空行为的研究，特别是对游客时空分布的研究，对景区自然生态系统的管理和环境质量的保护具有重要作用。❷本文以有关北京部分旅游景点的微博数据作为研究对象，详细介绍了文中的微博数据来源，并以定量分析的方法分析了微博用户在2012年和2015年两年中不同旅游地点、传统节日、公共假日以及每个月的微博数据的变化情况，并分析出用户行为的时空特征及变化和旅游热点区域，以期为类似的研究提供经验。

二、研究方法

　　微博用户在发完一条微博后，会在该条微博上留下地点和当时的时间信息。微博的地点信息是由手机或者电脑 GPS 定位的地理坐标，通过这些地理坐标我们就能得知用户在旅游景点内所处的空间位置，从而可以利用这些坐标得出旅游热点地区；每条微博会按照按"年/月/日时：分：秒"的格式记录发表微博的具体时间，通过微博记录的时间可以得出用户在时间上的分布，如月变化、年变化、不同传统节日变化以及不同公共假日的变化。

（一）数据收集

　　本文从微博收集数据。微博（英语：microblogging 或 microblog）又称微博客，是一种允许用户及时更新简短文本（通常少于 140 字），并可以公开发布的微型博客形式。它允许任何人阅读或者只能由用户选择的群组阅读。随着发展，这些信息可以被很多方式传送，包括短信、实时信息软件、电子邮件或网页。在微博网站上，用户可以查看具体微博的发表地点、发表时间、已经被浏览次数等。

　　本文以微博上收集的 2012 年和 2015 年关于北京部分旅游景点的微博数据（完整的微博数据，具有微博名称、微博内容、微博链接、微博号、发布时间，且每条微博内容都是关乎指定的北京城中轴线上的部分景点）为原始

---

❶ 李春明、王亚军、刘尹等：《基于地理参考照片的景区游客时空行为研究》，《旅游学刊》2013 年第 10 期。

❷ 杨新军、牛栋、吴必虎：《旅游行为空间模式及其评价》，《经济地理》2000 年第 4 期。

数据，并且对原始数据进行了数据清洗，在此基础之上，分析了用户在不同旅游地点、传统节日、公共假日和不同月份的数据量（发表条数）变化以及旅游热点区域（表1）。

表1　2012年和2015年各单元数据统计表

时间 ＼ 单元	地安门单元	前门单元	钟鼓楼单元	前门大街单元
2012年	45 511	78 297	29 251	28 753
2015年	16 791	27 841	9690	16 325

（二）数据分析

根据收集的微博数据中的时间信息和地点信息可以分析用户在2012年和2015年在不同旅游地点、不同传统节日、不同公共假日以及不同月份的微博数据量的变化，可以反映出用户在具体区域的时空行为（或者对该地区的关注度），并且能反映出微博用户在传统节日和公共假日时与具体景观的关系。

三、案例研究

（一）研究区域概况

研究区域主要是北京旧城的传统中轴线上的一些景观，分为地安门、前门、钟鼓楼、前门大街四个单元，其中地安门单元包含地安门、万宁桥（后门桥）、什刹海、烟袋斜街、玉河；前门单元包括正阳门和前门；钟鼓楼单元为钟鼓楼；前门大街单元包含前门大街、大栅栏、鲜鱼口。

北京旧城的传统中轴线全长7.72公里，南起永定门，北至钟鼓楼，从南往北依次为永定门、前门箭楼、正阳门、中华门、天安门、端门、午门、紫禁城、神武门、景山、地安门、后门桥、鼓楼和钟楼。其中北段的地安门外大街至中鼓楼虽然只有1.01公里长，却是北京旧城中轴线北端的高潮，是重要的传统风貌景观轴线，又是现代城市的主干路，地位十分重要❶。钟鼓二楼原是北京城中轴线上北段的两大单体建筑，也是中轴线结尾的标志性建筑，

❶　杨振华：《完善北京传统中轴线的景观环境——从地安门外大街的整治谈起》，《北京联合大学学报（人文社会科学版）》2005年第2期。

或者说是这条气势磅礴、跌宕起伏的中轴乐章结尾的标志性音符。❶ 前门地区曾是金中都的近郊。北京城沿中轴线分里外三重城垣组成，并设城门九座，居中的正是前门（原正阳门），它是京城具有标志性的南大门。前门大街成为南中轴以"天街"冠名的南北主街，是帝王祭天之道，是最繁荣、最具京味特色的市井文化街区，更是京城最主要的商业中心。❷ 正因为以上四个单元有着这样浓厚的历史蕴涵，如今这些单元对游客的吸引力是非常大的，所以研究这些区域的微博用户的时空行为是很有意义的。

（二）2012 年与 2015 年各单元微博数据量变化

从 2012 年和 2015 年各单元总体数据统计表（表 1）中，我们可以看出 2012 年所有单元的微博数据都高于 2015 年，这可能是 2012 年微博很流行，使用微博的用户数量多，所以微博数据量大。而 2015 年随着科学技术的发展，类似微博的网站、软件越来越多，所以微博数据量就出现了下降。但是 2012 年和 2015 年的微博数据中数据量最大的还是前门地区，然后是地安门，再是钟鼓楼，这说明微博用户对四个单元的关注度很高。

由此可以看出，在北京城中轴线选取的四个单元中，前门单元的微博数据量是最大的，然后是地安门，再就是钟鼓楼，最后是前门大街，由于前门和前门大街离得近，有很大的相似度，所以统一归为前门地区单元。通过数据分析，笔者认为微博用户在这四个单元的热点关注度由高到低分别是前门地区单元、地安门单元、钟鼓楼单元。当然这四个单元都因为具有浓厚的历史蕴涵所以吸引着广大微博用户的关注。如前门地区是北京城中轴线上最繁荣的商业街区，展示着中轴线永恒的活力，具有北京独一无二的由弧形街巷、南北向胡同、东西向小型四合院组群所形成的特色肌理，保存着自元朝至今延续了 730 年历史的外城，具有顺应自然地形的街巷、胡同格局及空间形态、传统风貌建筑、老店老宅及轶闻故事等各时期原真的历史信息。❸ 地安门外大街是北京旧城中轴线的重要组成部分，也是北京传统风貌的重要景观轴线之一，同时还是当代北京

---

❶ 左犀：《北京的钟鼓楼与钟鼓文化》，《北京观察》2010 年第 2 期。

❷ 业祖润、边志杰、段炼：《北京前门历史文化街区保护、整治与发展规划》，《北京规划建设》2005 年第 4 期。

❸ 业祖润、边志杰、段炼：《北京前门历史文化街区保护、整治与发展规划》，《北京规划建设》2005 年第 4 期，第 34-35 页。

城区的主干路，地理位置十分重要，是旧城历史悠久的传统商业中心之一。❶ 钟鼓楼地区以钟鼓楼为中心，西至旧鼓楼大街，东至规划道路东鼓楼大街（与旧钟鼓楼大街中轴对称），南至鼓楼，北至张旺胡同。它南望景山，西临什刹海，为元朝北京（元大都）的几何中心，也是旧北京（主要是元大都时期）的商业中心，在明清时期为北京中轴线北端结束的标志。❷

（三）2012 年与 2015 年每月各单元数据比较

从图 1 可以看出，2012 年四个单元中 1 月份的时候数据量都是最高的。自 1 月份开始都出现了减少的趋势，3 月份到 7 月份是比较平稳的阶段，7 月份以后逐渐开始出现上下浮动，11 月份开始上涨。

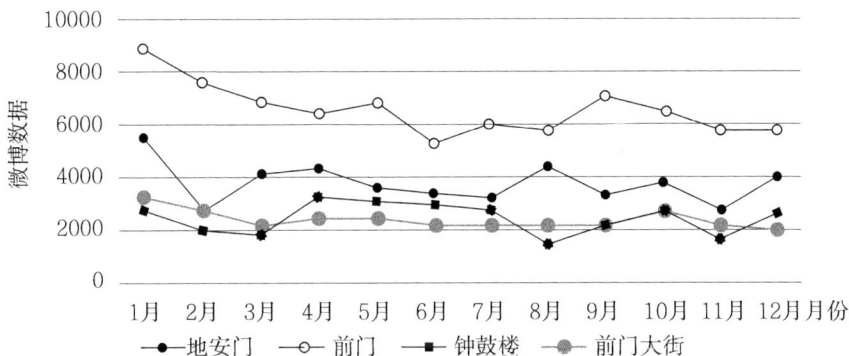

图 1　2012 年每月各单元微博数据

从图 2 可以看出，2015 年除去前门单元，基本上和 2012 年呈现出的现象一样。自 1 月份开始都出现了减少的趋势，3 月份到 7 月份是比较平稳的阶段，7 月份以后逐渐开始出现上下浮动，11 月份开始上涨。其中值得注意的是 2015 年的前门单元数据量最高的是 6 月份，这是由于 2015 年的父亲节在 6 月份，微博官方举办了主题为父亲节的活动，因此微博用户在 6 月的数据量猛增。其次钟鼓楼单元的全年数据量均低于其他三个单元。

---

❶ 杨振华：《完善北京传统中轴线的景观环境——从地安门外大街的整治谈起》，《北京联合大学学报（人文社会科学版）》2005 年第 3（2）期，第 22-23 页。

❷ 吴炳怀：《北京钟鼓楼地区更新前期研究——现状成因·历史脉络·更新动力》，《华中建筑》1997 年第 3 期，第 102-103 页。

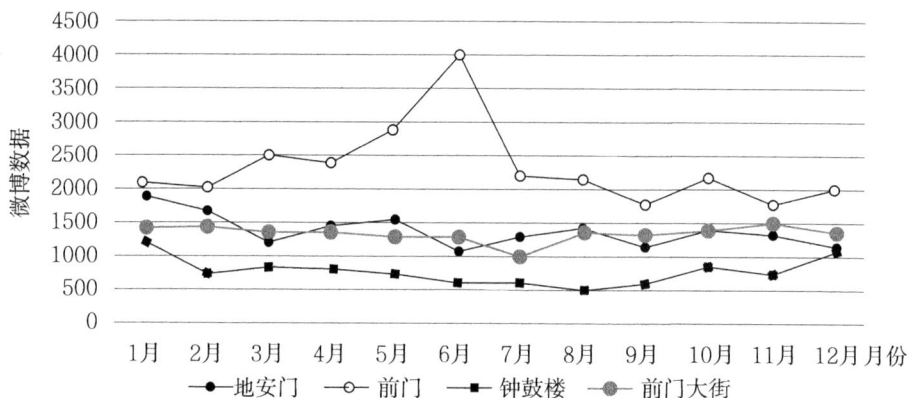

图2　2015 年每月各单元微博数据

2012 年和 2015 年四个单元中微博数据量最大的都是前门，其次是地安门，然后是前门大街或者钟鼓楼。

（四）传统假日时各单元微博数据量变化

表2　2012 年和 2015 年传统节日具体日期

日期＼节日	春节	元宵节	清明节	端午节	七夕节	中秋节	重阳节	冬节
2012 年	1 月 23 日	2 月 9 日	4 月 4 日	6 月 23 日	8 月 23 日	9 月 30 日	10 月 23 日	12 月 21 日
2015 年	2 月 19 日	3 月 5 日	4 月 5 日	6 月 20 日	8 月 20 日	9 月 27 日	10 月 21 日	12 月 22 日

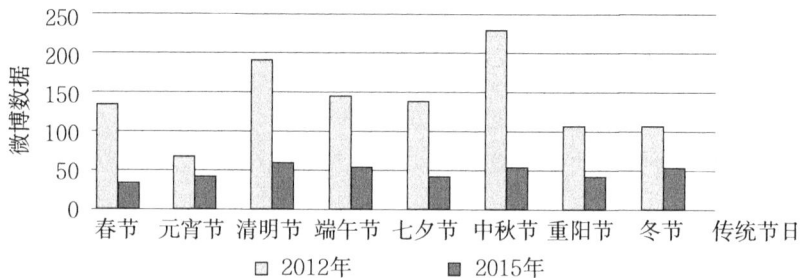

图3　传统节日时地安门单元微博数据

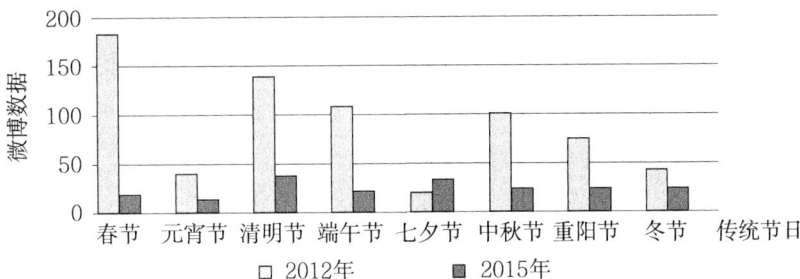

图 4　传统节日时钟鼓楼单元微博数据

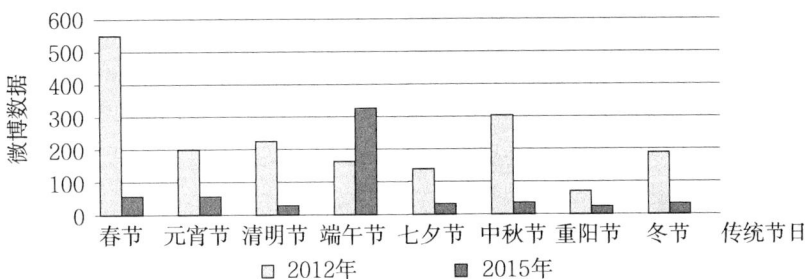

图 5　传统节日时前门单元微博数据

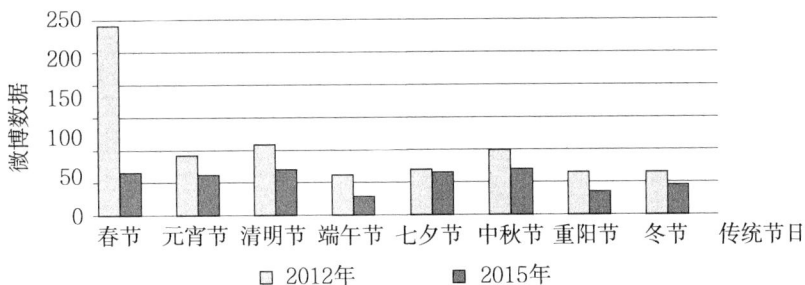

图 6　传统节日时前门大街单元微博数据

通过图 3 至图 6 可以看出，四个单元中，首先 2012 年的各个传统节日时的数据量均比 2015 年的大。其次，不管在 2012 年还是 2015 年，微博用户在春节、清明节、端午节、中秋节时的微博数据量都是较大的。

四个单元中，春节、清明节、端午节、中秋节这四个节日的数据量相比其他的节日是较多的。这说明微博用户对以上四个节日的关注度是比较高的，由此可以说明传统节日中春节、清明节、端午节、中秋节在大众的意识中是比较重要的。春节是中国第一传统大节，现今的春节在过去叫大年或年节。年节是一个时间过程，它包含旧年岁末与新年年初这两个前后衔接的时间段落。岁除与新年构成中国年节的整体，中国年节的仪式是中国人时间观念与生命意识的集中体现，人们对岁末年初这段时间有着空前的关注程度。❶ 清明节，又叫扫墓节、踏青节、三月节等，时间在农历春分后第15日，公历4月5日前后。它是中华民族的重要传统节日，历史上一度成为仅此于春节的盛大节日。❷ 端午节是中国传统节日中民俗内涵最丰富的节日之一，作为具有千年历史的端午节，其影响范围广阔，虽然各地自然风土与人文环境有所差异，具体节日习俗上各有侧重，甚至不同，但从总体上看共性大于差异，所以端午节是中国人的共同节日。❸ 中秋节又称月夕、团圆节，是在农历八月十五日。根据我国的历法，农历八月在秋季中间，为秋季的第二个月，称为"仲秋"，而八月十五又在"仲秋"之中，所以称"中秋"。2007年12月在国务院新修改通过的《全国年节及纪念日放假办法》中规定：清明、端午、中秋三个传统节日成为国家法定节假日。中秋在传统的四大节日中，虽然成型最晚，但影响很大。❹

（五）公共假日时各单元微博数据量变化

表3　2012年与2015年公共假日具体日期

节日	元旦节	妇女节	劳动节	青年节	儿童节	建军节	教师节	国庆节
日期	1月1日	3月8日	5月1日	5月4日	6月1日	8月1日	9月10日	10月1日

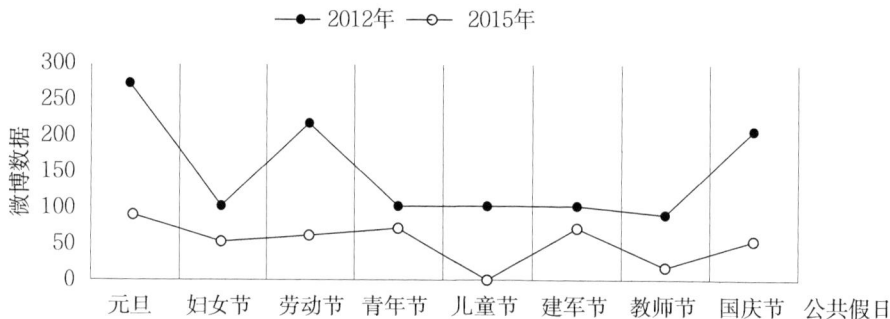

---

❶ 萧放：《春节习俗与岁时通过仪式》，《北京师范大学学报（社会科学版）》2006年第6期，第51-58页。

❷ 黄涛：《清明节的源流、内涵及其在现代社会的变迁与功能》，《民间文化论坛》2004年第5期，第16-17页。

❸ 萧放：《端午节俗的传统要素与当代意义》，《民俗研究》2009年第4期，第228-229页。

❹ 李泽熙、郑华领：《中国传统节日文化内涵及旅游开发研究——以中秋节为例》，《三峡大学学报（人文社会科学版）》2010年第S2期，第182-183页。

图7　公共假日时地安门单元微博数据

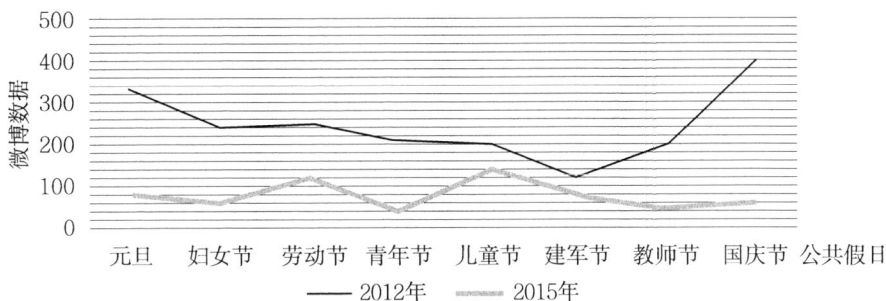

图8　公共假日时前门单元微博数据

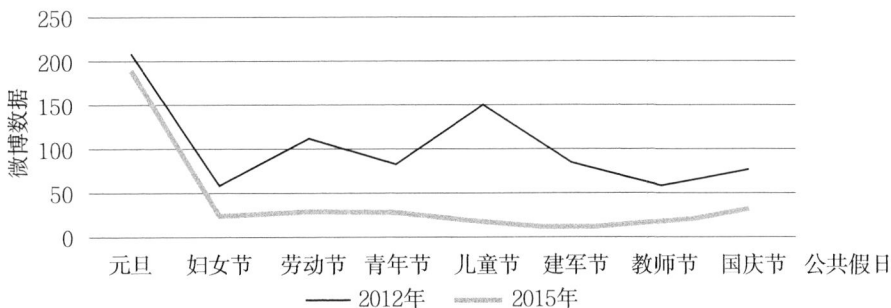

图9　公共假日时钟鼓楼单元微博数据

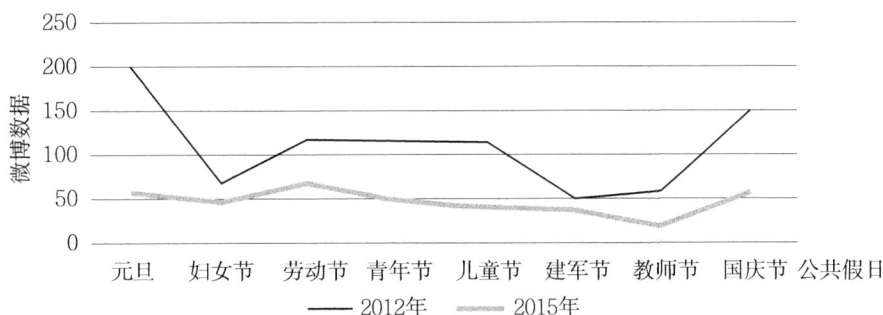

图10　公共假日时前门大街微博数据

从表3、图7至图10可以看出，2012年和2015年四个单元中在元旦、劳动节、儿童节、国庆节这四个节日时的微博数据量都是比较大的。四个单元中数据量都是在元旦这一天最大；在妇女节和建军节这段区间前后开始出现上下波动，但是较为平稳；在教师节前后开始上升。

在公共节日时，四个单元的微博数据量较大的是元旦、劳动节、儿童节、国庆节。对于今日中国社会来说，元旦和春节是新年过渡礼仪的不同阶段，大多数人通常是参与了元旦的仪式活动，再过完春节的仪式活动，才算是过了年。❶ 由此可以看出元旦和春节的关系是非常紧密的。五一国际劳动节（International Labor Day 或者 May Day），又称国际劳动节、劳动节，是世界上大多数国家的劳动节。中国中央人民政府政务院于 1949 年 12 月做出决定，将 5 月 1 日确定为劳动节。1989 年后，国务院基本上每 5 年表彰一次全国劳动模范和先进工作者，每次表彰 3000 人左右。中国的国家性质使得劳动节在中国成为重要的节日之一。世界上许多国家都将 6 月 1 日定为儿童的节日，尤其是在社会主义国家，儿童是国家的未来，是民族的希望，给所有儿童创造良好的家庭、社会和学习环境，让他们健康、快乐、幸福地成长，一直是国家的目标。国庆节，也称国庆日、国庆纪念日，是指由一个国家制定的用来纪念国家本身的法定节日，通常是这个国家的独立、宪法的签署或其他有重大意义的周年纪念日。在这个日子里，每个国家都会举行各种各样的庆典活动。我国的国庆节特指中华人民共和国正式成立的纪念日，因此全国各地人民会在每年的 10 月 1 日举行庆祝活动。国庆节的节日性质决定了人们对该节日的高涨的关注度。

（六）结论

微博用户在北京城中轴线上部分景观的数据量在全年是不断变化的，其中变化的因素主要是重大节日的影响作用，因为在这些重大节日人们都拥有法定假期。而微博用户的主体是较年轻的群体，人们平时工作繁忙，到这时有了空闲时间就会来到北京中轴线上游览不同的景观。本文的结论指出了四个单元中微博用户的关注度的变化和不同月份、节日的关注度的变化，这对于合理保护开发中轴线上的景观资源具有一定的意义。

---

❶ 高丙中：《作为一个过渡礼仪的两个庆典——对元旦与春节关系的表述》，《中国人民大学学报》2007 年第 1 期，第 53-53 页。

地方文化与宗教的融合

——以台湾北港为例

蔡相辉[1]

摘　要： 台湾云林县北港镇，古称笨港，荷据时期派兵三员在此收取港税。明郑时期，郑经曾率兵在此地平定叛乱。清朝统治后，北港为闽、台航线正口，农产品集散运中心，政府于此地置县丞、驻水师，设官仓，有店铺590家，为台湾府滨海最大城镇，泉州、漳州、厦门等地商户均在此建立商会。历次台湾民变，如乾隆五十二年林爽文、道光年间的张丙、同治年的戴万生，北港都饱经战火。在这种环境下，北港居民建立天妃妈祖的共同信仰，融儒、释、道三教于一炉，形成台湾独特的妈祖信仰文化。

关键词： 北港；朝天宫；旌义亭；聚奎阁

一、北港地区的开发

北港地区古名笨港，据康熙《台湾府志》记载，明天启元年（1621）颜思齐入台湾，以笨港为据点。天启四年（1624）郑芝龙前来依附之，颜思齐亡，郑芝龙取而代之。[2] 同年，荷兰人入台湾南部的北线尾，筑普罗民遮城与赤嵌城，经营南部台湾。崇祯元年（1628）九月，郑芝龙受明朝福建巡抚熊

---

　　[1]　蔡相辉，中国文化大学史学研究所博士，曾任"国立空中大学"人文学系主任、"国立空中大学"图书馆长、"国立空中大学"总务长、云林县北港妈祖文化协会理事长。已出版著作《台湾的王爷与妈祖》（1989）、《台湾的祠祀与宗教》（1989）、《妈祖信仰研究》（2007）、《天妃显圣录》与《妈祖》（2016）等。

　　[2]　康熙三十四年《台湾府志》，卷1，沿革。

文灿招抚，任水师游击，赋予平定闽海水寇任务。崇祯五年（1632）秋，福建省大饥，芝龙招饥民，用海舶载至台湾，令其开垦荒土为田，辟建庄屋。❶其垦区称外九庄，其地涵盖今云林县旧虎尾溪以南至台南县盐水溪以北沿海平原，笨港因可直通澎湖，为出入门户。

崇祯六年（1633）六月，荷兰台湾督办布德曼士奉总督及印度参事会特别训令，率巨舰7艘及部分驻台湾兵船攻击福建沿海。十月，郑芝龙率戎克船150艘与荷人交战，大破之，俘获荷军百余人，焚毁、俘获巨舰各一艘。十一月，荷人邀海盗刘香联合攻击郑芝龙。崇祯七年（1634）四月，刘香至澎湖，致书台湾督办布德曼士，允愿与荷人联军攻打郑芝龙及澳门葡人。布德曼士允带刘香使者赴巴达维亚，并促刘香移往他港居留。❷六月，刘香听信通译之言，企图夺取荷人财富，率舰攻打热兰遮城，失败而去。夏，福建巡抚熊文灿升任两广总督，招抚刘香，失败。崇祯八年（1635）三月，熊文灿会同福建巡抚邹维琏，檄郑芝龙统辖人船收刘香。四月，郑芝龙尽出所部，于粤海将巨寇刘香击毙，收其余众。芝龙因功晋升为水师都督，遂雄踞海上。

郑芝龙打败荷兰人，击毙粤海巨寇刘香后，群盗皆故盟或门下，遂与荷兰人约定，荷兰人不得擅至福建贸易，所需商品，由郑芝龙遣海舶运至台湾贸易。海舶欲赴台贸易者，需向郑芝龙申请，未得郑氏令旗者不能往来。每艘赴台船舶，每年缴纳三千两银，郑芝龙每年收入达千万两，以此富敌国，自筑城于福建泉州南安县濒海的安平镇，船只可转换直通其卧室，所部水师官兵自给饷，不取于官。凡贼遁入海者，檄付芝龙，取之如寄。

荷人原拟以台湾为贸易据点，经此变局，乃改变策略，经营台湾为殖民地。崇祯九年（1636）十一月，至崇祯十四年（1641）年年底，在荷军及四大社❸征讨下，台湾各地土著纷纷出降，皆与荷人签约效忠。北港附近的华武笼社亦在其内。崇祯十七年（1644）十二月，荷人将笨港河捕鱼税以半年份为220里拉（荷币），并派兵三人驻守，可见其时笨港已有华人在此捕鱼。

明亡，郑芝龙被清兵挟持北上，其子郑成功代之而起，掌控闽海中荷贸易。永历十五年（1661）郑成功率军入台湾，围荷兰人。永历十六年（1662）荷兰人降，郑成功以台湾为承天府，设天兴、万年二县及南、北、澎湖三安

---

❶ 黄宗羲，《赐姓始末》。

❷ 台湾银行经济研究室编印，150《巴达维亚日记》，1634 年。

❸ 四大社为台湾南部四个原住民部落，含麻豆、萧垄、目加溜湾、新港四社，为最早归降荷兰人的部落。三藩之役，郑经入闽，四大社亦为随征主力之一。

抚司管理原住民。是年五月郑成功卒，长子郑经嗣位。当时笨港地区由郑成功部将陈县入垦，是文献记载笨港最早的记录，陈县垦拓地区，是以云林县北港及以西的水林乡为中心。

明郑统治时代，位于旧虎尾溪附近的南社原住民为抗税杀死驻守官员，郑经亲自率兵征讨，军队驻扎在北港北方四公里的土丘（今元长乡东庄嘉庆路旁），当时台人视郑经为皇帝，遂称其地为"皇帝仑"，后被改称嘉庆仑，故迹仍在。❶ 郑成功入台，曾颁"垦田令"，规定不得侵占原住民土地、财产。原住民如归附，则保障其生命、财产，然如经用兵，则没收其财产。如是，则北港附近土地应为郑家直接辖有。

康熙二十年（永历35年，1681）正月，郑经卒，长子克臧嗣位，内部发生政变，次子克塽取代之。清廷派施琅专征，康熙二十二年（1683）八月，郑克塽降清。康熙二十三年（1674）四月，将台湾纳入版图，设台湾府，辖台湾、凤山、诸罗三县及南、北理番同知；迁明皇室、郑氏宗亲及文武官兵入内地；以台湾为九边重镇，禁止汉人移民；军民人船出入台湾皆由福建水师提督管制护送。而福建水师提督一职，终康熙之世，施琅、施世骠父子共担任了三十五年。

台湾设府后，施琅遣参将陈致远留台分配明郑遗留田园，北港地区因已开辟水利灌溉设施，田园多为高等则良田，施琅、吴英、陈立勋等荫占开垦者甚多，农产品可以填补福建粮产不足的需求，奠定北港与福建省商贸往来与快速发展的基础。❷

二、清代北港的发展

台湾设府后，北港是一个供应福建糖、米等农产品的主要基地，广东十三行的特许海外贸易，终止了荷兰人来台湾贸易的习惯。康熙二十三年台湾设府后，一连串的善后问题，包含建置行政官署、遴选官员、陆海军队部署、遣送明郑官兵遗民回大陆、招募新移民来台，加上留台明郑遗民的反抗、被遣回大陆官兵的安抚、谋反案件处理，也让清朝官方困扰不已，到康熙五十七年（1718）康熙还认为台湾有问题，要六部九卿注意防范。康熙六十一年

---

❶ 康熙《诸罗县志》，杂记志。
❷ 施琅家族在北港镇附近有近约有四千多亩田园，北港镇施姓家族仍为当地旺族，保留有清代施侯租田园印契，施姓宗祠供奉施琅将军为主神。

（1722），以郑成功墓地浮现玉带、七星旗为号召的朱一贵建国事件被平定，福建水师提督施世骠来台平乱去世，雍正帝下令禁止福建水师提督衙门的各项陋规后，闽、台间重新建立贸易秩序，北港回复到正常发展。

闽商为经营北港贸易，处理共同商务及与官方接应问题，泉州商人成立商业公会泉州郊，厦门商人成立厦门郊，漳州商人成立龙江郊。此外尚有各种同业公会，如糖郊、米郊、杂货郊、布郊、水郊（水上运输）、油郊等，把各种福建商品卖到北港，北港商户则把当地米、糖、油及北港溪上游农业产品卖给福建郊商，列肆之盛，不难想象。

康熙五十六年《诸罗县志·笨港》谓："台属近海市镇，此为最大。"

乾隆五年（1740）刘良璧重修《福建台湾府志》，内中记录不少笨港地区的相关史料。其卷三《山川，四邑海道》，记载当时可通大舟者，计有鹿耳门、打狗、东港、上淡水等四处，可通小舟者，则有笨港等十二处，笨港并有小港可通鹿耳门内，名马沙沟。笨港除了本身是可通小舟的港口外，尚可与鹿耳门相通，其街市繁荣，百业鼎盛，仅次于台湾府城。《福建台湾府志》卷五《城池，附街市》《诸罗县笨港街》云："在笨港，为大市镇"；附《桥梁》《诸罗县笨港桥》云："木为之，在冬春之间架设，以通行人。"卷八《户役，陆饷》《诸罗县，笨港》云"店五百九十九间，共征银二百两零五钱"，为诸罗县唯一被课征店税的地方，当时全台共有街市瓦草店厝五千三百五十间，共征银一千四百六十六两六钱九分五厘二毫四丝二忽，即笨港店铺占全台 11.18%，缴税占 13.97%。另有官设仓廒六十九间，其规模仅次于诸罗县政府设在台湾府之仓廒，而大于设在诸罗县治者。❶

雍正至乾隆中叶，为笨港地区发展最快时期，笨港街肆随人口大量增加而不断扩展，乾隆六年（1741）诸罗县行政区划汉人居住区原仅为四里、七保、十七庄，至乾隆二十九年（1764）增辟三十九保、一庄，共计四里、四十六保、十八庄。笨港街则以人口众多，被划分为南、北二保，北街属大棣榔东保，南街属打猫西保，对外仍合称笨港街。乾隆二十九年余文仪《重修台湾府志》，描述当时笨港情形云："笨港街，距县三十里，南属打猫保，北属大棣榔保。港分南北，中隔一溪，曰南街，曰北街，舟车辐辏，百货骈阗，俗称小台湾。"当时所绘台湾地图，笨港南街更分前街、后街，加上北街，其繁荣景况，除台湾府城外，沿海城市无出其右者，故清廷依文武分治原则，于北街驻千总一员，驻兵一百二十三名以维持治安。南街置县丞署，由县丞

---

❶ 乾隆《福建台湾府志》卷五《城池，附街市》《诸罗县笨港街》。

管理民事。

乾隆四年（1739），笨港三郊和众商号合资创建水仙宫，祀水仙尊王，并为三郊公所，处理阃港商业有关问题、仲裁商业纠纷。

嘉庆年间，北港地区遇到洪泛，造成笨港街肆受损，嘉庆十九年（1814）北港三郊重建水仙宫，泉州郊金合顺、厦门郊金正顺、龙江郊金晋顺及阃笨街民，于道光二十八年（1848）于水仙宫后增辟一殿以奉祀关圣帝君。道光三十年（1850）庙成，立《重修笨南港水仙宫碑记》❶

碑文记载水仙宫的重建是由三郊泉州郊、厦门郊、龙江郊所主导，三郊所捐款项占全部捐款总数的60%，碑文所列其他捐款者数据，包含官员、士绅、行郊、商户、各澳宝舟等。官员有台湾理民抚番兼鹿港海防同知胡国荣（一百元）、嘉义县令王廷干（二十元）等，士绅有布政司理问陈尚志（二十元及中梁一支）、贡生蔡庆宗（二十元）等，行郊则有台郡三郊（一百四十元）、盐水港五郊（二十四元）、澎湖郊、糖郊等，各澳宝舟则有一百二十号，当时台湾主要商港台湾府城、盐水港、嘉义城、朴树街、鹿港街官商都有捐款，可见当时北港为一重要商业都会。

道光以后的台湾，不断有内部的动乱与外国的入侵。咸丰八年（1858）台湾正式开港，外商挟巨资入台，购运茶、糖、樟脑，贩卖鸦片，台湾银两大量外流，台湾社会经济日渐衰退，但至光绪年间，北港阓阛依然甚盛。光绪十三年（1887）台湾建省，增设云林县，北港划归云林县管辖，倪赞元《云林县采访册》描述《北港街》云："北港街，即笨港，因在港之北，故名北港。东西南北共分八街、烟户七千余家。郊行林立，廛市毘连。金、厦、南澳、安边、澎湖商船，常由内地载运布疋、洋油、杂货、花金等项，来港销售；转贩米石、芝麻、青糖、白豆出口。又有竹筏为洋商载运樟脑前赴安平，转载轮船运往香港等处。百物骈集，六时成市、贸易之盛，为云邑冠，俗人呼为小台湾。"❷ 当时云林县全年税收三万二千余元，北港文口费收入为一万零三百八十元，武口费六百九十元，占全县收入三分之一。来北港贸易的商船包含泉州府属的金门、厦门、安边及漳府属的南澳等地；由内地载运而来的货物有布匹、洋油、杂货、花金等项；转贩至内地货物为米石、芝麻、青糖、白豆等。光绪二十一年，由北港载送鹿港、安平，输往香港、福州、泉州、厦门及外国商船来购沙糖，出口总额共二十万七千一百石，二千五百

---

❶ 蔡相辉《北港朝天宫志》《第二篇建庙》，第83-95页，1995年，北港。

❷ 光绪《云林县采访册》《大榔椰东顶保》。

七十二万斤，值一百一十五万七千元。从中国泉州、福州、漳州、厦门、上海、宁波、香港等地输入货品，有各种布类、材木、烟草、酒、陶器、纸张、药材、金属、火柴等。输入北港商品总额价值为九十万二千八百元，当年北港贸易额是出超二十五万余元。❶

三、天妃信仰的概念

天妃是元朝诰封海上女神林默的封号，林默是福建莆田湄洲林氏女，丁伯桂在南宋临安府知府任内曾重建艮山顺济庙，宋理宗绍定元年（1228）庙成，撰《顺济圣妃庙记》，提到妈祖其人，谓："神莆阳湄洲林氏女，少能言人祸福，殁，庙祀之，号通贤神女，或曰龙女也。"❷谓天妃是观音大士的侍从神龙女。

明神宗朝礼部尚书林尧俞撰《天妃显圣录》序，谈到天妃渊源云："天妃，吾宗都巡愿公之女也。……相传谓大士转身，其救世利人，扶危济险之灵，与慈航宝筏，度一切苦厄，均属慈悲至性，得无大士之递变递现于人间乎？"❸元初太学博士黄四如在莆田白塘顺济祖庙重建落成时撰写了一篇《圣墩祖庙新建蕃厘殿记》，提到天妃生前形象，谓："他所谓神者，以死生祸福恐吓人，唯妃（妈祖）生人、福人，不以死与祸恐之，故人人事妃，爱敬如母。"❹

说明妈祖同时代的宗教人物常以死生、祸福恐吓人，只有妈祖能生人（指点信徒新的生命道路），能造福信徒，故深受信徒敬爱，事之如母。这段文字不但印证妈祖真有其人，而且说明她更是一个慈悲的宗教家。丁、林二人直指天妃信仰的源头是观音大士，黄四如说出天妃生前的慈爱宗教家本性。观音大士则有在东海海中建立六渡信徒极乐世界的宏愿，谓：

> 吾后与弥勒尊佛下生本国，足踏海水枯竭，遂使诸天龙神八部
> 圣众在于东海中心，修造化城，金银为壁，琉璃为地，七宝为殿。
> 吾后至阎浮，兴流佛法，唯传此经，教化善缘。六度弟子归我化城，
> 免在阎浮受其苦难，悉得安稳。衣食自然，长受极乐，天魔外道弱

---

❶　大正八年《云林县沿革史。》
❷　潜说友，《咸淳临安志》卷73，外郡行祠，丁伯桂《顺济圣妃庙记》。
❸　林尧俞，《天妃显圣录·序》。
❹　黄仲元，《莆阳黄仲元四如先生文稿》，商务四部丛刊三编辑部。

水隔之，不来为害。

　　吾当度六种之人：第一度者，孝顺父母敬重三宝；第二度者，不杀众生；第三度者，不饮酒食肉；第四度者，平等好心不为偷盗；第五度者，头陀苦行，好修桥梁并诸功德；第六度者，怜贫念病，布施衣食，极济穷无。如此善道六度之人，吾先使百童子领上宝船，载过弱水，免使沈溺，得入化城。❶

南海补陀落伽山是观音道场，莆田湄洲屿为天妃道场。元朝以后，天妃庙均于后殿祀观音大士，二者表相为二，其实则为一，天妃即大士，大士即天妃。台湾四面环海，百货骈阗，是大士、天妃道场的胜境，所以台湾人崇信观音大士和妈祖的人特别多。

四、天妃信仰的建立与地方文化的整合

明郑时代即有观音信仰传入，入清后，以天妃助清军取台湾，水师将领施琅、吴英等人开始在台湾建立天妃宫，清廷也诰封天妃为天后。康熙六十年朱一贵在台湾建立中兴王国，福建水师提督施世骠、南澳总兵蓝廷珍奉命征讨，又传出天后显神赞顺等神迹，雍正皇帝赐"神昭海表"额，后又明定沿江、沿海各省建天后庙，官员春、秋二祭，开启台湾人崇祀天妃的坦途。

康熙三十九年（1700），在时代风潮推动下，由贡生陈立勋捐献土地，在北港建立第一座天妃庙，也就今天的北港朝天宫。始初，正殿祀天后，后殿祀观音大士，由临济宗树璧和尚住持香火。雍正八年（1730）天妃宫扩建，并配合清廷诰封妈祖为天后，易名天后宫，雍正十一年（1733）清廷令沿江、沿海各省省城旧有天后祠宇者，官员一体致祭，未有祠宇者，以所属府、州、县原建天后祠宇，择规模宏敞者春秋致祭。当时诸罗县于笨港置县丞，稽查船只人员出入，笨港天后宫为地方文武官员春秋致祭之庙宇，诸罗县令孙鲁复允许僧人于夏、秋水涨时，在北港溪设义渡协助行旅，获取香资维系香火；僧侣常借机开示信徒观音大士六度要旨，劝人为善。朝天宫第二代住持能泽，学行俱佳，在雍正年间被聘兼任彰化县僧纲，总管彰化县佛教事务，朝天宫已成为地方社会教育的重镇而深得信徒信仰。

北港是清初台湾中部的唯一进出福建的公开港口，居民来源多元，有福建的晋江、同安、安溪、兴化、漳州和广东的潮州地区，地方又有蔡（福建

---

❶ 《大正新修大藏经》，《僧伽和尚欲入涅槃说六度经》。

石狮）、蔡（福建晋江）、许（福建漳州）、杨（福建泉州）、陈（福建漳州）等巨族，闽、粤各族群本不容易整合，但经济力量的富厚，也让居民读书求学，沾染儒家的雍容。

乾隆四十年（1775）北港朝天宫重建，通过朝天宫住持僧能泽的运作，成功地将各籍贯人士整合在一起，从现存的"重修诸罗县笨港北港天后宫碑记"，可以看到重建董事，除住持僧能泽外，董事九人，就有贡生陈瑞玉一人，监生王希明、蔡大成二人，总约杨允厦一人，行户刘恒隆一人，外地代表梅山蔡世国一人，族姓代表郑奇伟、张克昌、陈愧贤三人。贡生、监生在清代台湾都是难得一见的资深儒学生员，陈瑞玉也是捐献土地建天妃宫的陈立勋后裔，总约则是地方政府首长聘任管理、协调地方公共事务的领导。重建碑记还由地方行政首长诸罗县笨港县丞薛肇熿亲撰，碑额"重修诸罗县笨港北港天后宫碑记"则由华亭林思补撰写❶。

北港朝天宫已顺利通过信仰文化成功融合地方各个族群，共同发展地方文化的场所，每年农历正月至三月春、秋二祭，街民都会到庙里拜神，庙方会聘请剧团演出教忠、教孝的历史故事，最有名的刻目是"断机教"，描写孟子少不力学，孟母剪断纺织到一半的布训谕孟子为学不能半途而废，卒让孟子成为一代名儒。另一则为"斩妤堂"，描写王莽篡汉，杀害忠良，其女婿吴汉大义灭亲的故事。这些都是教导百姓的社会教育。

每年农历正月十五日会有庆祝元宵节的大绕境活动，街民以历史人物故事装扮台阁，提灯游行，读书人则组成笨津吟社，公然游街吟唱，带动地方文艺风气，行列最后则为天妃及观音神轿，让街民礼敬，街民则备香案、牲醴于住家门口为祭拜行为。透过上述活动，让不同出身背景的居民有共同的文化行为与地方意识。乾隆五十二年（1787）发生的林爽文事件，北港守城义勇一百零八名壮烈牺牲，乾隆皇帝亲题"旌义"二字为额，咸丰十一年（1861）受天地会起义影响，台湾发生戴潮春结党起事，淡水、彰化俱沦陷。同治元年（1862）四月，戴潮春攻北港。居民议战、议避，莫衷一是，相率祷于朝天宫。卜战，吉。议遂定。乃培土为垒，引溪水为濠。贼大聚，至，居民迎天后神旗出御，大败贼党，地方获得保全。❷ 表面上看，是宗教的力量，但如果没有各族姓的合作，是不可能整合全体居民配合政府来保乡卫国

---

❶ 蔡相辉《北港朝天宫志》，第220页，《重修诸罗罗县笨港北港天后宫碑记》，财团法人北港朝天宫，1995年。

❷ 蔡相辉，《北港朝天宫志》，1955年，第96—97页。

的，也因为这些案例，让朝天宫成为台湾各地，尤其是中部、北部天妃妈祖信徒朝拜的圣地，从嘉庆年间开始有彰化县南瑶宫的团体进香活动，同治以后大甲镇澜宫也以北港朝天宫为进香谒神祖庙。

五、朝天宫祀神与地方教育的整合

从"重修诸罗县笨港北港天后宫碑记"就可以看到乾隆年间北港地区就有许多读书人，但北港真正建立学校，则在清道光十九年（1839），由北港望族峰山堂的贡生蔡庆宗捐资于北港街西北建文昌庙，堂宇二进，东西二廊，奉祀文昌帝君及五文昌夫子（宋代理学廉、洛、关、闽四大派，周敦颐、程颢、程颐、张载、朱熹五位学者），并成立"聚奎社"为会文讲学之所，两廊则为义塾，由贡生担任教师教育学生，为学生启蒙、生员传习举业或论学之所。该庙宇联文有"聚合群英崇圣道，奎辉五宿启儒宗""聚蒸士气扶名教，奎朗文光射斗牛"，很清楚地揭橥学校设立的宗旨是要发扬儒学圣道，目标是要扶名教。这所学校在光绪元年（1875）由贡生陈樱宏、光绪十三年（1887）蔡庆元重修。这所学校培养出许多人才，清光绪十三年台湾建省后采辑的《云林县采访册》记载当时北港有光绪丁丑科（三年，1877）进士黄登瀛一人，同治甲子科（三年，1864）举人黄登瀛一人，道光己酉（二十九年，1849）拔贡许鸿书，咸丰癸丑（三年，1853）岁贡生洪时配，光绪乙亥科（元年，1875）恩贡蔡锡嘉等人，在清末台湾，除了多位秀才、举人外，还出了进士，是台湾非常少见的例子。

北港文风鼎盛，国家民族意识也深，1895 年清朝与日本发生战争，清朝战败割让台湾，1896 年日本成立台湾总督府，以武力攻打台湾，北港人成立义勇军反抗，在日本优势武力下打了败仗，当时北港义勇团团长蔡庆元逃回福建安海，亡于安海。日军平定北港后，在北港设立"北港国语传习所"计划培养日文种子教师，但北港士人拒不入学，坚持到聚奎阁读汉文。日人骑虎难下，下令拆除文昌祠断绝北港人学习管道，并聘聚奎阁教师蔡然标为传习所汉文师，如此诱骗北港学生转往国语传习所学习日本语文。

1905 年北港发生大地震，北港朝天宫大殿破损，四垂亭倒坏，当时蔡然标被派为北港区长，遂发起重建朝天宫，并同时扩大朝天宫规模，于朝天宫后殿右侧增建聚奎阁，将原北港文昌祠祀神神像移建于此，并于每年农历春（二月）、秋（八月）的第一个丁日举办祭典，并由北港地区学校校长主祭，期以维系中国儒家传统文化于日本统治下的社会。

1937 年，第二次中日战争发生，台湾总督府为防止台湾汉人暗中支持中国抗战，禁止与汉人传统文化有关的活动，积极发动同化运动，在北港建立日本神社，命令学生每周一到神社祭拜日本天照大神，把朝天宫改为日本临济宗附属庙宇，对庙宇中具中国文化因素的祀神予以废毁，如曾协助平定林爽文事件的福康安禄位即被烧毁。许多庙宇都被收归公有、改为学校或没收，神像被毁或没收，此举引起台湾人的恶感。随着日本军队战线的扩张，兵源不足，台湾总督府开始在台征兵参与海外战争，为了安抚征属及充员兵，终于在 1942 年停止此迫害民间信仰活动，1945 年 10 月台湾光复，台湾人才得重见天日。1968 年国民政府在台湾推展中华文化复兴，传统庙宇文化再度受到肯定，成为台湾各地方居民认同的文化象征。

六、结语

北港是汉人较早进入台湾垦殖的地区，也是闽台两地贸易的重要港口，至雍正以后，在笨港经营闽台贸易的商号甚多，泉州、漳州、厦门商人都组有商会，另有专营糖业、布业、杂货、水运的郊商，共同合作推动两岸贸易。

复杂、多元住民组成的移民社会，没有稳定社会的大家族，没有深厚的文化涵养，社会常有动乱产生。在这种环境下，宗教信仰就特别容易号召人心，庙宇也就成为融合地方、凝聚人气的公所。北港人建立了天妃宫，在僧侣、士绅、商人合作下，维持了文化传承，动乱时组织丁壮，维护了地方安全，在日本统治时隐藏儒家思想于社会基层，保存了文化复兴的种子。朝天宫能成为台湾的领导庙宇，各地宫庙纷纷前往朝圣，日本人称之为台湾妈祖信仰的大本营，其背后有很深厚的文化素养在内，教忠、教孝，儒、释、道三教互相包容与融合，就是北港地方文化的特征。

台湾宜兰民俗类非物质文化遗产探讨

林茂贤❶

　　摘　要：本文以宜兰地区的六项法定民俗类"非物质文化资产"作为讨论对象。台湾"无形文化资产"的意义与概念，等同于联合国所称"非物质文化遗产"，或日本、韩国的"无形文化财"，是人类文化遗产中的重要组成部分，具有不可取代的地位，它体现了特定民族、群体或地域的历史、文化传统、生活方式和美学的独特性。

　　宜兰的六项民俗类非物质文化遗产包括头城抢孤、利泽简走尪、礁溪二龙竞渡、宜兰放水灯、冬山八宝挂贯、二结王公过火。它们不只是庶民生活的呈现，也诉说着地方发展的脉络、先人一路走来至今的人生观、价值观、宇宙观；并且投射出宜兰作为台湾"后山"的区域性、边缘性、多元性、包容性，透过它原汉的互动、先民拓垦的心灵与社会需求等具体而微的表露，是认识宜兰的最佳教科书、故事书。透过它可重建属于宜兰地区的文化系统与内涵，它本身就是"宜兰学"建构中极其重要的一环。

　　在社会的快速变迁下，这几项民俗也面临了消失、没落、转型等问题。为让其得以延续，持续运转与活化便成当务之急。然而所有的保存、延续、推广最终一定得回归到生活，唯有回归生活，为其寻找存在当代生活中的重要性及角色、定位，加上公私部门的通力合作，才能令其永续。

　　关键词：无形文化资产；宜兰；民俗类文化资产

---

❶　林茂贤，台中教育大学台湾语文学系副教授。

一、绪论

（一）宜兰的族群

宜兰，位于台湾岛的东北部，三面环山（雪山山脉及中央山脉），一面滨海（太平洋），有"宜兰母亲河"之称的兰阳溪从山脉间穿凿而出，由西向东冲积出肥沃的兰阳平原，最后汇流入太平洋。沿海平原连绵的沙丘（状似蛇）与外海的龟山岛（龟），构成了具有地理风水意涵的"龟蛇守海口"景象，护佑着兰阳平原，百姓深信因有"龟蛇把守"，使宜兰物阜民丰、居民安居乐业。

随着时空转变物换星移，千百年来宜兰这块被视为台湾"后山"的土地上，印刻着不同族群走过的足迹。宜兰旧名为"噶玛兰"，地名源自自古以来世居于此的原住民——"噶玛兰族"（Kevalan），噶玛兰意为"平原之人"，他们曾是平原上最优势的族群，直至18世纪末期，大批汉族移民进入兰阳平原，运用各种手段欺压、强占噶玛兰人耕地、猎场，才迫使噶玛兰人陆续迁移花莲、台东地区。

宜兰的原住民还有泰雅族，他们约在清乾隆年间开始迁居此地，相对于聚居于平原上的噶玛兰人，泰雅人则居住于山区，包括兰阳溪、和平溪、南澳北溪上游一带，现为大同、南澳乡，他们是以游耕、狩猎为生。

除南岛民族的噶玛兰与泰雅族之外，来自欧洲的西班牙与荷兰也都曾经来到宜兰。1626年西班牙人在北台湾登陆，之后积极向外围扩张，1632年一艘西班牙船只因台风漂至宜兰，据说船上人员全被当地原住民所杀，于是西班牙派兵攻击宜兰烧毁村落、杀死原住民，噶玛兰人因此而降服。1642年，来自南台湾的荷兰人击退西班牙人，占领了兰阳平原，结束了西班牙人占领北台湾的历史。

至于汉人则是自18世纪中末时期开始进入宜兰，而大规模的开发是来自福建漳州以吴沙为首的垦殖团队，他们于嘉庆元年（1796年）大举进入噶玛兰，展开汉人全面拓垦宜兰的序幕。多元族群为宜兰刻画出丰富多彩的文化风貌，使宜兰成为多元族群文化的融会之地。

（二）文化资产保存法

依据台湾的《文化资产保存法》，所谓文化资产是指具有历史、文化、艺术、科学等价值，并经指定或登录之"有形文化资产"或"无形文化资产"。本文所探讨的宜兰民俗则属于"无形文化资产"。

根据《〈文化资产保存法〉施行细则》第八条，"无形文化资产"是指各族群、社群或地方上世代相传，与历史、环境与社会生活密切相关之知识、技术与其文化表现形式，以及其实践上必要之对象、工具与文化空间。其类别可分为"传统表演艺术""传统工艺""口述传统""民俗""传统知识与实践"五大类❶。而"民俗"则是指："各族群或地方自发而共同参与，有助形塑社会关系与认同之各类社会实践，如食衣住行育乐等风俗，以及与生命礼俗、岁时节日、宗教信仰等有关之仪式、祭典及节庆。"❷

民俗是人民生活的表征，所谓"俗"正因代表普罗大众之风俗。因此民俗呈现一个族群之生活方式，反映族群社会价值观。所以民俗的形成是在一定范围的地域，相同族群，在共同的环境中历经长久的岁月，经由自主地选择、沉淀、累积、互动，逐渐养成固定因应生活的方式与知识，所形塑的风俗习惯、信仰体系和价值观念。台湾《文化资产保护法》中将民俗概分为风俗、仪式、祭典、节庆四大类别，内容几乎涵括所有人民的生活习惯，如结婚、生育、成年、丧葬之生命礼俗；以及过年、元宵、清明、端午、七夕、中元等岁时节令；或最具台湾特色之信仰习俗，如宗教信仰、祭典科仪及祭祀文物等；及民众普遍相信之占卜巫术与禁忌、民俗疗法及地理风水等众多内容。

（三）宜兰非物质遗产登录项目

民俗信仰、岁时节庆是民众生活的一部分，但随着社会形态的转变，许多传统文化、民俗活动在现代文明的冲击下，逐渐流失或濒临失传，为保存、维护这些先民所留下的珍贵遗产，需要政府与俗民大众群策群力的投入，除了从日常生活与教育等面向着手，法令与政策的协助也相当重要。根据《文化资产保护法》第七章第八十九条："直辖市、县（市）主管机关应定期普查或接受个人、团体提报具保存价值之无形文化资产项目、内容及范围，并依法定程序审查后，列册追踪。"第九十一条："传统表演艺术、传统工艺、口述传统、民俗及传统知识与实践由直辖市、县（市）主管机关审查登录，办理公告，并应报中央主管机关备查。中央主管机关得就前项，或接受个人、

---

❶ 根据《文化资产保存法》第三条第二款。
❷ 按《〈文化资产保存法〉施行细则》第十二条。

团体提报已登录之无形文化资产，审查登录为重要传统表演艺术、重要传统工艺、重要口述传统、重要民俗、重要传统知识与实践后，办理公告。依前二项规定登录之无形文化资产项目，主管机关应认定其保存者，赋予其编号、颁授登录证书，并得视需要协助保存者进行保存维护工作。"

　　台湾的《文化资产保护法》自施行以来，全台所登录的无形文化资产涵盖不同项目。目前重要传统表演艺术、传统工艺共有 30 项，一般传统艺术277 项；而民俗类共计登录有 17 项重要民俗，各县（市）政府登录的一般民俗项目更已达 140 项，两者合计共 157 项。其中宜兰县所登录的共计有 15 项，传统表演艺术及传统工艺合计 9 项，民俗类则占 6 项。

表 1　宜兰地区传统表演艺术及传统工艺类文化资产一览表

编号	名　称	类　别	公告日期	所在地
1	北管戏曲（汉阳北管剧团）	传统表演艺术—戏曲	2009/02/17	罗东镇
2	宜兰总兰社	传统表演艺术—音乐	2009/01/21	宜兰市
3	布马阵	传统表演艺术—其他	2008/01/21	宜兰市
4	本地歌仔（壮三新凉乐团）	传统表演艺术—戏曲	2008/01/21	宜兰市
5	缠花工艺（春仔花）/（陈惠美）	传统工艺美术—其他	2010/5/26	五结乡
6	泰雅族口簧琴/（江明清）	传统表演艺术—音乐	2010/5/26	南澳乡
7	民族舞蹈（天主教兰阳青年会）	传统表演艺术—舞蹈	2012/6/22	罗东镇
8	彩绘工艺—寺庙彩绘/（曾水源）	传统工艺美术—彩绘	2012/6/22	宜兰市
9	纸属工艺—蒪草花艺术/（黄德河）	传统工艺美术—其他	2012/6/22	宜兰市

表 2　宜兰地区民俗类文化资产一览表

编号	名　称	类别	公告日期	时　间	地　点
1	头城抢孤	节庆	2006/12/27	农历七月二十九日	头城镇乌石港区
2	利泽简走尪	节庆	2006/12/27	农历正月十五日	五结乡利泽简
3	礁溪二龙竞渡	节庆	2006/12/27	农历五月五日	礁溪乡二龙村
4	宜兰放水灯	节庆	2009/01/21	农历六月二十九日	宜兰市宜兰河
5	冬山八宝挂贯	风俗	2006/12/27	农历七月七日	冬山乡八宝村石圣爷庙
6	二结王公过火	信仰	2011/02/09	农历十一月十五日	五结乡二结王公庙

二、宜兰民俗类非物质文化遗产概述

（一）头城抢孤

名　　称	类　别	公告日期	时　　间	地　点
头城抢孤	节庆	2006/12/27	农历七月二十九日	头城镇乌石港区

每逢农历七月普度活动结束后，各地举行抢孤活动象征强制驱离孤魂野鬼，其中又以宜兰头城抢孤规模最大、参与人数最多。

抢孤并非头城专有的民俗，清乾隆年间台湾文献史料如《重修台湾县志》《台海见闻录》《海东札记》等书均有记载台湾各地抢孤活动，日本人铃木清一郎所著之《台湾旧惯习俗信仰》记载："……当天午夜十二点以前举行完毕，以铜锣为信号竞相撤供。孤棚上的一部分供品，特别是摆在最高地方的供品，因为上面都插有'普度阴公'或'庆赞中元'的红三角旗，所以当超度完了，铜锣一响，群众就一拥而上抢这些供品和红旗。迷信中传言，能抢到这些东西的人，在这一年之中都会得到幸运，这就叫作'抢孤'。"[1] 而头城抢孤在道光五年（1825）噶玛兰通判乌竹芳《兰城中元》[2] 诗即有记录，根据《续修头城镇镇志：抢孤篇》[3] 中所描述，抢孤文化的历史，可追溯至清嘉庆元年（1796），吴沙在今日乌石港南方建立"头围"。传说为纪念开拓时死难的弟兄，因此在建城来年于庆元宫前举办普度仪式，并经过两百余年的演变，成为今日独具风格的抢孤仪式。

头城抢孤依惯例都是在七月最后一天的午夜举行。在此之前其实还有冗长繁杂的祭典，如破土、押煞、普施、迎神、迎斗灯、建造孤棚、孤栈、放水灯、竖灯篙、普度、跳钟馗送孤等仪式。头城抢孤曾因发生伤亡事件而停办 43 年，至 1991 年才恢复办理。

抢孤是象征强制驱离老大公、好兄弟的仪式。农历七月台湾民间俗称鬼月，阴司地府的孤魂野鬼将在此期间返回阳间，初一"开鬼门"，傍晚民众在

---

[1] 　详见铃木清一郎著，冯作民译：《台湾旧惯习俗信仰》，台北市：众文图书公司，1978 年，第 593 页。

[2] 　根据清道光五年（1825）时任噶玛兰通判的乌竹芳题诗《兰城中元》附注记载："宜兰每年七月十五夜，火炬烛天，笙歌喧市，沿溪放焰，家家门首各搭房台，摆列供果，无赖之徒相夺食，名为抢孤。"

[3] 　详见林正芳编著：《续修头城镇志》，宜兰县：头城镇公所，2002 年，第 510 页。

自家门前"拜门口"，迎接老大公、好兄弟重返人间，接着由各村里轮流举办"普度"，使老大公、好兄弟一整月都能接受百姓奉祀，民众也乘机轮流宴客联络情谊。后来政府认为轮流普度、宴客过于铺张浪费，故自1952年改为集中在农历七月十五日中元节当天统一拜拜。

农历七月最后一天，好兄弟必须回到阴间报到，如有滞留的孤魂野鬼则以"抢孤"强制驱离。"抢"具有强制之意，"孤"则指孤魂野鬼，故抢孤活动一定在普度之后才能举行。其意义具有不同意涵，一方面，在信仰上代表与鬼争食，惊吓驻留不去之孤魂野鬼，使之不敢停留危害人间；另一方面，也透过普度的祭品，分享食物及祭品，救济当地穷困的贫民与罗汉脚。

抢孤祭典从农历七月初一开始进行，现场请来道士举行破土押煞、清净场地及祭告鬼神之仪式，说明其普度事项及抢孤活动，并邀请众神降临，警告妖魔鬼怪不得扰乱醮坛；破土仪式完成后，则开始搭设饭栈，其整体外观较孤棚小、低，饭栈由下埔里民众搭建并提供祭品，祭品以米饭为主，在抢孤竞赛进行前举行，其目的为普施超度，饭棚孤柱并未涂牛油，较容易攀爬，以往是提供残障者、乞丐参加，有照顾弱势之意，也是整项抢孤竞赛的热身赛，而过程中，食用所捡得之米饭具保平安的功效。

农历七月二十五开始，主办协会恭迎头城镇内各寺庙神尊前来坐镇，并于翌日准备迎斗灯，由道士到镇内各寺庙及各斗灯家献敬，农历七月二十八则举行祭拜吴沙及犒兵赏将等仪式，并在夜晚由道士进行"放焰口"仪式，超度亡灵后焚化大士爷。

最后，则进行"进包仔香"仪式，进包仔香为头城抢孤竞赛前特殊之仪式，抢孤当天中午，孤棚上放上包子、面龟等祭品，由道士、法师进行"放焰口"仪式将祭品一化十、十化百，主祭者再上孤棚，将包子丢下，并在棚上祭拜，祭典结束后将猪头朝外摆放，代表普度到此结束，老大公不可在此继续享用祭品，并撒下银纸，表示开始抢孤。

农历七月最后一天举办的抢孤竞赛，参加的队伍以五人成组，每组分得一根绳索，孤柱上皆涂抹牛油，以增加困难度。抢孤活动有许多禁忌，如不净者、女性不得靠近、不可参加抢孤活动，主事者及建孤棚者须茹素，制作孤栈、竹篾之竹不可跨越。女性不得参与，除因女性在民俗观念上属阴之外，也是要避免女性参与危险之民俗活动。在普度仪式结束后，须举行跳钟馗及谢灯篙仪式，借此押煞驱逐，活动才算圆满。

抢孤基本上属于民俗体育活动，除纪念开发兰阳平原而牺牲生命的先民，亦具有分享祭品、培养互助合作精神、凝聚族群意识等多重意义。民间咸信抢得顺风旗者，可获得神鬼庇护，将顺风旗插在船桅，定可一帆风顺、满载而归。其实顺风旗是否灵验并不重要，重要的是在抢孤的过程中，抢孤者所呈现的同心协力、互助合作的团队精神，以及建造孤栈时，各乡里居民集体参与的族群意识。

（二）利泽简走尪

名　　称	类　别	公告日期	时　　间	地　　点
利泽简走尪	节庆	2006/12/27	农历正月十五日	五结乡利泽简

"利泽简走尪"是宜兰县五结乡利泽、季新、成兴以及苏澳龙德、顶寮等八大村元宵节特有的民俗庆典。起始的年代被认为是清代的嘉庆年间，每逢农历春节正月初二开始，八大庄头就展开"请妈祖"活动，也就是以两天或是一天一请的方式，轮流迎请利泽简的信仰中心——"永安宫"的主神妈祖前来村里做客。妈祖趁此机会巡行各庄头，驱邪除煞、保境安民，庄民也会在门口设香案虔敬拜，直至正月十五，妈祖才会回到永安宫，此时则改由永安宫做东，邀请各庄庙主神前来做客，并举行"走尪"活动。

而"走尪"的来由据传是早期利泽简居民为避邪祛灾，每逢正月十五元宵时，便由村里壮丁抬着神轿，至新婚家庭冲喜，由于神轿的行进十分迅速，当地村民称之为"弄尪"。某年，利泽简地区闹瘟疫，于是当地士绅决定扩大举行弄尪驱邪仪式及范围，并由永安宫主办神明绕境与抬神轿过火❶竞赛仪式，于是形成"走尪"的习俗，居民认为具有辟邪驱灾、保平安的作用，因此形成代代相传的民俗。

举行"走尪"时，需将邀自各庄头的神明请至神轿内，再按神轿大小分四人组及十二人组，以每两轿一组的方式，在长一百二十公尺的利泽简老街上竞走，以竞走三次方式决胜负，胜者可得令旗一面，带回所属庄庙供奉，庄民咸信神明将保佑他们该年平安顺利、大赚钱，至于输者则排列路旁成为啦啦队。竞走结束后，各神轿皆需在永安宫前进行过火仪式，"过火"在宗教上是属洁净仪式，各庄民众抬着神轿踏过熊熊火堆，以答谢妈祖庇佑并祈求新的一年事事平安顺利。各庙宇在"输人不输阵"的情况下，竞争十分激烈。

---

❶ 过火，是台湾民间常见的"洁净"仪式，借由过火神明得以更新神力、强化神威；信徒则能除秽祛厄、消灾禳祸。

举办走尪时，有不少禁忌，例如丧家、坐月子的妇女都不能参与，必须严格遵守，否则将被视为对神明不敬。

这项传承上百年的民俗于 2006 年被登录为宜兰县的民俗类无形文化资产。现今举行时除增加了男女分组，还增开了"团体组""寺庙组""体育组"等以便让更多的人有参与的机会，甚至加入了"尪背某"的趣味竞赛，由老公背起妻子，合力闯关，通过系列考验，优胜者可得主办单位准备的奖品。

利泽简地名源自噶玛兰语"休息之处"，当地"流流社"则是噶玛兰人最后的聚落，因此"利泽简走尪"民俗也被认为可能是由平埔族"走镖"习俗转化而来。

从最初的扫除瘟疫，驱邪祈福，经过百年的发展，利泽简的走尪活动更兼具了凝聚地方向心力、创造地方和谐及传承在地信仰与民俗的意义。

（三）礁溪二龙竞渡

名　　称	类　别	公告日期	时　间	地　点
礁溪二龙竞渡	节庆	2006/12/27	农历五月五日	礁溪乡二龙村

根据考证礁溪"二龙竞渡"是由以前当地平埔族噶玛兰人的农暇娱乐活动演变而来，依据出土的考古文物考证礁溪噶玛兰人聚居淇武兰，至少有三百年以上的历史，在汉人不断移入的过程中，二龙竞渡也加入汉人的传说和信仰，如屈原的传说与龙船公镇压水域等，村民依照祖先留下来的历史故事、道德观念，口耳相传，再配合生活环境生活的需要，演变为一套村人自己的历史逻辑和风俗习惯。

二龙当地的龙舟赛称为"竞渡"而非"竞赛"，竞渡的"渡"意谓"普度、超度"。昔时淇武兰港河水凶恶，常发生水患及居民落水死亡事件，村民因之认为河中有被称为"老大公""好兄弟"的"歹物仔"（水鬼）在作祟、讨交替，因之便以龙舟竞渡方式驱邪、求平安。2004 年以前二龙村并无村庙，龙舟竞渡遂成两村最大的民俗祭典，龙舟竞渡原为期 12 天，日据时期因受日本统治者限制，故缩短为 6 天，之后更渐次缩为 4 天、2 天。终战后本乃维持农暇时不定期举行 2 天的活动，直到 1965 年，担任村长的林趖先生在节省资源、纪念屈原及不耽搁农务的情况下，将活动改为于端午节当日举行，活动日期再次缩减，由 2 天变为 1 天。对村民而言，竞渡不是应景的节庆活动，而是严肃的宗教仪式。

二龙村的龙船采用"鸭母船"形式，材料为台湾红桧，长10公尺、宽2.7公尺，由于原为噶玛兰人的民俗活动，故船只没有龙的具体造型及龙形雕刻，而是在船壳、船身及船桨上涂满太极图案，意在驱赶水鬼；船首还绘有一对麒麟，是镇邪、除煞、祈福的象征。活动时还要请长者在船头插上榕树枝及纸钱以避邪，船尾也要绑插上各书有"国泰民安"及"风调雨顺"的顺风旗各一面。

活动前村长会按户收取"丁口钱"分别作为公共经费。活动当日早上轮值的主事者会敲着大铜锣召聚村中壮丁，协力将龙船由"龙船厝"中请出至晒谷场，待完成缚龙骨、系绳、涂油粉饰、架舵、插旗等工作，村中长者手持清香面向二龙河，迎请龙神附身于龙舟，并进行净舟及点睛仪式，礼成后，则献上纸钱、鸣炮，此时众人可齐力将龙舟抬入水中进行"洗江净港"，意为清净水域，龙舟沿着河流放鞭炮、撒冥纸，陆上家家户户也都准备牲礼，在河边祭拜。除外，各家户在这一天也会重新贴春联，并祭拜祖先。

礁溪二龙竞渡最大特色在于不设裁判、船只使用"鸭母船"、以立姿划船、只敲锣不击鼓，且由"上庄"淇武兰与"下庄"洲仔尾二村村民对抗比赛。竞赛于中午过后举行，两队人马皆由男性组成，各有划手20人，舵手、锣手各1人。起标点设在起点前约40公尺处，以两方皆鸣锣方表示竞赛开始，换句话说若未听见另一方鸣锣，则表示比赛尚未开始，这时先鸣锣前进的一方就必须返航；若在此时另一方乘机鸣锣前行，但另一方不予敲锣响应，则比赛又得退回原点。而就算比赛已进行至最后夺标阶段，若有一方感觉有不公平处，也可借由停止鸣锣喊停重赛，就算有一方已夺标也不算赢得胜利。也因此经常出现活动已进行多时，却尚未完成一趟比赛的有趣现象。

由于没有设置裁判，比赛结束后双方都自认为赢得胜利，回去庆祝宴客，龙舟竞渡结束后，村民还会聘请戏班演出"龙船戏"，也就是请龙舟看野台戏酬谢神恩，为二龙竞渡画上圆满句点。

2006年礁溪二龙竞渡被登录为无形文化资产，但近年来二龙竞渡由礁溪乡公所主办，比赛规则比照一般龙舟竞赛，设裁判、分名次并开放外地队伍参赛，传统两村对抗赛反而只进行三回合，形同"表演"形式，如目前形式继续不变，笔者则建议宜兰文化局应思考撤销、废止其登录资格。

（四）宜兰放水灯

名　称	类　别	公告日期	时　间	地　点
宜兰放水灯	节庆	2009/01/21	农历六月二十九日	宜兰市宜兰河

放水灯是普度前邀请水中水鬼上岸接受普度的召鬼仪式。

宜兰"放水灯"习俗已有超过百年的历史，《噶玛兰厅志》记载："七月超度，自初一至月终，各里社金举首鸠金，延僧礼忏，普施盂兰法食，家供牲醴时馐果实，结彩张灯，焚化楮镪，不计其数。先一夕，各首事子弟皆捧一座纸灯，上书姓名、铺号，结队连群，金鼓喧阗，送至溪头，名曰'放水灯'，谓将引馁鬼以就食也，三日事竣，演剧一日，名曰压醮。"

噶玛兰通判乌竹芳在道光五年（1825）的《兰城中元》一诗中则描述："殽果层层列此筵，纸钱焚处起云烟；满城香烛人依户，一路歌声月在天。明灭灯光随水转，辉煌火炬绕街旋；鬼余争食齐环向，跳跃高台欲夺先。"由上述可知，在俗称"开鬼门"的传统仪式中，水灯施放具有"开光引道"、普度孤魂野鬼之功能，诗文最后一句则描述当时"抢孤"的情况。

关于宜兰放水灯的由来，根据宜兰普度最早史料的《噶玛兰厉坛祭文》可知，道光元年（1821），噶玛兰厅通判姚莹为祭祀汉人入垦宜兰以来不幸亡故的原住民及汉人，故在宜兰河边搭建厉坛祭厉，普度孤魂，希冀人鬼相安、原汉融合。而地方耆老则传说，昔时一位卖面龟的小贩，人称"猫仔枝"，其因终年身体欠安，而至城隍庙请示，经城隍爷指示，需于中元普度前日组织一吹鼓阵，绕境宜兰的东、南、西、北四方，猫仔枝照办后果不药而愈。为感谢神恩遂于每年同一时间，率吹鼓阵绕行宜兰吸引百姓跟随，并于绕境完成后，相偕至宜兰河畔施放水灯，而逐渐形成目前规模及习俗模式。

放水灯之俗最早由官府主导，之后由民间各角头接办，目前则由市场业者合办。其中各角头接办的情况在日据初期达到高潮，当时将宜兰城分为城隍庙、天后宫、五谷庙、庆和庙、新民堂、灵惠庙、慈云宫7个角头，各自有领导头人，在农历七月择日轮番施放水灯、普度，在"输人不输阵"的情况下，每个角头都别出心裁，不只供品丰盛、争奇斗艳，阵头让人目不暇接，各方更动员百姓，提灯、执火把……热闹至极，浩浩浩荡荡将水灯请至宜兰河施放。日据末期，因战情严峻，民俗活动受影响而多数被禁止，宜兰放水灯也受到波及而停办，直至猫仔枝绕行宜兰城之后，才又使宜兰放水灯风俗恢复。光复初期，放水灯之俗再起，由7个角头外加上壮一（下渡头）的慈安寺，构成八个角头参与的地方盛事。但随即而至的戒严及管制民俗活动等相关政策又再使得活动受阻，幸得地方士绅的坚持长期居中协调，才能使此一流传超过百年的地方民俗得以留存。

2000 年，地方人士组成"宜兰市中元民俗文化推展协进会"，并延续日据时期就留下来的十三灯首方式办理。这十三灯首乃由所谓"四大柱"——主普（宜兰市蔬菜批发小组）、主醮（宜兰市南馆肉类商小组）、主会（宜兰市鱼商）、主坛（宜兰市南馆菜商小组）加上水灯首（宜兰市北馆商合会）、三官首（宜兰市杂货商小组）、大士首（宜兰市青果批发小组）、发表首（南馆豆腐商小组）、观音首（宜兰县众信士）、招财首（宜兰市东门观光夜市）、进宝首（宜兰市绿九市场自治会）、福德首（宜兰市北馆肉类商小组）、平安首（宜兰市南馆鸡鸭商小组）等构成，各灯首都有各自的值年炉主、头家负责处理活动的相关事项。

随着民间的大力投入，这项深具地方色彩的民俗活动也得到官方的认同，2000 年宜兰县府取名为"宜兰城·水灯会"，2006 更名为"宜兰水灯节"。2009 年 1 月经县文化局审议公告为县定文化资产。

（五）冬山八宝挂贯

名　　称	类　别	公告日期	时　间	地　点
冬山八宝挂贯	风俗	2006/12/27	农历七月七日	冬山乡八宝村石圣爷庙

冬山乡的八宝"挂贯"，又可写成"挂絭"，意指为求孩童身体健康，故拜神明为契父母，并求得刻有该神明圣像或圣号，或是避邪物的护身符携挂于颈上，以求孩童平安健康。八宝挂贯的习俗最早见于日据昭和八年（1933年）由铃木清一郎编著的《台湾旧惯冠婚葬祭と年中行事》中，昭和十三年（1938）曾景来的《台湾宗教と迷信陋习》中亦有专篇描述。关于来源，两者所述类似，皆表示昔时某位农夫在某次耕作时遇一大石阻碍，故而将其推入一旁坤圳。没想到隔日这颗大石头竟又回到原来位置，这位农夫于是再次将其丢入坤圳，如此数次，最后这颗大石头均又都重返原位，农夫由此感悟必有神灵存于其中，而虔心膜拜，并尊称其为"石圣爷公"，因颇为灵验，故吸引许多人前来朝拜，而渐声远播、广为人知。

除了上述，还流传另一说法。根据此说八宝一地因位处汉番交界地带，汉人移居拓垦后便饱受泰雅族原住民出草威胁，然某一时期原住民出草次数突然减少，居民大感疑惑而到处探问，始知原住民每到村口便会见到武装老人率领成群士兵镇守该地。只是该处人烟稀少，唯有石头遍布，居民因而认为应是石头显灵护佑，为感谢其恩泽，故尊称"石圣爷公"，并烧香祀奉。当地民众有感于石头公相当灵验，于是将较为体弱多病、"歹育饲"的小孩给神明当义子女，并开始有信徒将石头公旁的石头磨平并系上红线佩带于小孩身上，希望借以得到石头公庇佑，孩童也因此得以顺利长大，故而有"挂絭"仪式的出现。日据时期絭改由铜钱取代，以红线穿过其中，加以佩戴；光复后则是以铜板打洞后佩戴。近年来，石圣爷庙庙方铸造圆形"石圣爷公保佑平安絭"，正面刻有"石圣王爷公"，背面刻有"保佑平安"，民众在七夕时会带着孩子前来祈求佩带，祈求守护儿童平安长大。

八宝挂絭可再细分为"求絭""换絭""退絭"三阶段。求絭意旨向石圣爷公求得系上红线的絭以佩戴于身上，佩戴者的年龄为满月的新生儿至十六岁前的青少年。求絭时需准备麻油鸡、水果、金纸来祀奉石圣爷公，之后以掷筊方式向石圣爷"求絭"，若得应允，庙方会将"絭"挂到求取对象颈上，仪式即算完成。

"换絭"仪式通常于每年的农历七月初七举行，每到该日，佩戴石圣爷公平安絭的孩童要返庙祭拜，一来祈求石圣爷公来年的庇佑，再者更换绑絭的红线。换好红线后，行过炉仪式——拿絭在香炉上绕三圈即礼成。

待佩戴石圣爷公平安絭的青少年年满十六岁，则需举行"脱絭"仪式，即宜兰地区青少年的"成年礼"。传统上视十六岁为成人，此时信徒会准备红龟粿及米糕来祭祀石圣爷公，感谢石圣爷公多年的守护照料，并祈求往后的平安顺利。祭祀完后，在昔时"絭"需还返庙方，今日则可各自保留，至于红线则与金纸一同烧化。脱絭同换絭仪式相同，均于农历七夕举行。当日庙方还会准备平安粥，供信徒食用。

2004年起，宜兰县政府以"宜兰儿童守护节——挂絭保平安"为名推广此一民俗活动，参加者除了可以把"絭"带回家之外，还搭配钻神轿，赠送纪念品，如今更是加入了许多外围活动，如掷筊比赛、亲子童玩DIY、小区团体演出、烟火施放等。2006年八宝挂絭通过宜兰县文化资产审查，列入县定文化资产。

（六）二结王公过火

名　　称	类　别	公告日期	时　　间	地　点
二结王公过火	信仰	2011/02/09	农历十一月十五日	五结乡二结王公庙

农历十一月十五日是二结王公庙古公三王中三王公的诞辰，"王公庙"照例都会举行盛大的"过火"仪式。二结"王公庙"过火所用的木炭多达两万斤以上，是全台规模最大的过火仪式，每年都会吸引许多民众前来观赏，王公过火也成为二结地区最具特色的民俗活动。

二结王公在过火之前还有一项神奇有趣的"掠童乩"过程，所谓"掠童乩"就是三王公必须亲自去寻回自己专属的乩童，借以显示其神威显赫、法力无边。午后，当炭火的点燃准备工作完成就绪，而代表三王公主持过火的乩童仍不知道身在何处，三王公的乩童每年都会故意躲起来，和神明玩捉迷藏游戏，总是要由三王公的辇轿亲自前往寻找，才会乖乖就范出来过火。在进行过火仪式之时，三王公的神轿便会在庙口"发辇"，然后冲向村里去"掠童乩"；令人称奇的是，在冥冥之中王公似乎都知道乩童躲在哪里，否则二结地区几千户人家，要王公挨家挨户搜寻，并非轻易之事。当王公"辇轿"发现乩童时，乩童随即"起乩"在脸颊两侧穿上铜针，并背上五方旗代表率领五营神兵神将，然后随辇轿回到庙埕进行过火仪式。

过火是台湾民间常见的"洁净"仪式，借由过火神明得以更新神力、强化神威；信徒则能除秽祛厄、消灾禳祸。无可讳言，过火无疑是一项具有危险性的宗教科仪，也经常发生烫伤的意外事件，但民众通常将烫伤的原因归咎于受伤者本身"不净"所致。由于过火是一项高危险性的民俗仪式，因此事前的准备工作愈显重要，过火之前要先施法、勒符，以维护火场安全，也具有安定过火信徒心理、克服恐惧感的作用。其中最重要的仪式是"摔盐米"，在民俗信仰中，"盐米"可以化为"雷电火石"驱逐恶煞，普遍应用在各种除煞仪式中，但在物理学上，盐可以降低温度，减低过火者烫伤的可能性。

参加过火的信徒事前必须禁荤茹素、不近女色，显示过火的神圣性。如在一个月之内曾经进过坐月子的房间、见过未入殓尸体，或戴孝或在生理期间，都属于"不净者"，严禁参与过火，否则必遭烫伤。进行过火时先由执黑令旗者"开火路"冲过火堆，试探是否安全；之后信徒才抬着神轿、抱着神像、令旗，分别跑过火堆。仪式之后未能亲自参加过火的信徒也会带着亲人的衣服在火堆上挥舞，祈求解消秽气及厄运；还有许多民众到现场取回炭烬，据说过火所使用的灰烬埋在房舍地基下可庇佑宅第平安，以灰烬喂牲畜则能使牲畜免遭瘟疫，因此民众总是争相舀取。

过火仪式不仅显见神明的神威显赫，最重要的功能是增强民众对神的信心，使其信仰更加坚定，许多宗教也都是以神迹、神通来强化信徒的信赖感。对参与过火的信徒而言，也唯有宗教的力量才能让他们有勇气踏越火堆，当他们毫发无伤地通过考验，不但建立起对自己的信心，也认定所有的厄运秽气自此消解，可以重新面对生活的挑战。虽然我们都知道过火的秘诀在于盐的降温作用，但抚慰心灵、重建自信心的宗教功能却非科学所能解释。

三、结论：保存与维护

台湾"无形文化资产"的意义与概念，等同于联合国所称"非物质文化遗产"，或日本、韩国的"无形文化财"，是人类文化遗产中的重要部分，具有不可取代的地位，它体现了特定民族、群体或地域的历史、文化传统、生活方式和美学的独特性。

本文以宜兰地区的民俗类非物质文化遗产作为讨论对象。尽管它们是连接过去与现在，带领我们理解地方历史、文化的极重要的"入口"，但在社会的快速变迁下，这几项民俗也面临了消失、没落、转型等问题。

为了让民俗文化资产得以延续，持续运转与活化便成当务之急。而公私部门又各在其中扮演重要角色。以公部门而言，除确实落实《文化资产保护法》的规定，作为地方文化主管机关的宜兰县文化局应制订妥善的短、中、长程传承、维护、保存、推广计划，并以具体作为保护民俗文化资产。例如民俗资源的普查、对已登录为民俗文化资产者之内容进行翔实记录、对其现况做追踪调查、对过度偏离该项民俗之核心精神、价值者提供改善之道。

而县内的各级学校更应以课程、工作坊、活动参与等方式向下扎根，强化年轻一辈对民俗文化的认识、认同，例如将民俗融入课程中，成为课程的一部分，或是开设以民俗为题的专业课程、编印相关教材。再者也可以学校社团组队，鼓励学子参与民俗活动，或是训练学生成为民俗的导览解说员。

另外，民间保存团体方面，则可运用小区总体营造的动能，以民俗作为打造地方独特性的触媒或关键要素，例如萃取民俗活动的精神使其成为小区独一无二的"品牌"，借此凝聚小区向心力与小区意识。同时也可借由民俗文化活动的推办、塑造民俗景观、民俗文化产业化的方式让地方文化的生命得以转化与延续。此外，更可与小区大学合作，经由田野调查、耆老访谈、阵头教与学等方式，让民俗的"俗"与"深度"得以开展。

民俗不只是庶民生活的呈现，民俗也诉说着地方发展的脉络、先人一路走来至今的人生观、价值观、宇宙观。宜兰这六项法定的民俗类无形文化资产就是最好的例证，它投射出宜兰作为台湾"后山"的区域性、边缘性、多元性、包容性，透过它原汉的互动、先民拓垦时的心灵与社会需求等具体而微的表露，是认识宜兰最佳的教科书、故事书。透过民俗可重建属于宜兰地区的文化系统与内涵，它本身就是"宜兰学"建构中极其重要的一环。

因此，它的存在绝非意在满足"活化石"的需求，或是作为"活化石"般的见证，它的保存当然更非是"博物馆"式的展示品或展式方式可得。所有的保存、延续、推广最终一定得回归到生活，唯有回归生活，为其寻找存在当代生活中的重要性及角色、定位，加上公私部门的通力合作，才能让传统民俗文化资产永续保存、发展。

台中地区的农业垦殖与
族群关系（1683—1945）[1]

许世融[2]

摘　要：清朝统治时期台湾并不存在着"台中"的地名，文献上所提到的台中，泛指台湾全岛，作为行政区域的专名之台中，要到日据时代才正式出现。不过由于位居全台中间，清代以来入垦的汉移民，途径相当分歧，方向上分别有来自南北及西边者，以宏观角度来观察，台中正位于全台最集中的客家区与福老区交会处，两大族群在中部地区，由一条无形的"闽客交界线"一分为二。此处又被认为是全台械斗最剧烈之地，族群分布变动频繁。

本文首先介绍台中地区的地理环境与行政区划变迁，其次探究汉系移住民在本区农业垦殖的经过；接着透过日据时期的祖籍和形势调查绘制各时期的族群分布图，印证台中地区的汉移民，大抵于日本统治前即形成"泉人近海、漳人居中、客人居内"的族群分布态势。此外，关于台湾移民分布的成因，也尝试提出前人所未论及之处。

关键词：地理信息系统；在籍汉民族乡贯别调查；台中

一、前言

清朝统治时期台湾并不存在着"台中"的地名，文献上所提到的台中，

❶ 本文承"科技部"计划补助研究经费（计划名称：族群语言的接触与互动：语言、地理、社会与历史跨领域整合研究（Ⅱ）——近百年来台湾族群及语言的分布与变迁，计划编号：MOST 106-2420—H-142-002），相关图层由助理赖笃婷协助绘制，在此一并致谢。
❷ 许世融，"国立"台中教育大学区域与社会发展学系副教授。

泛指台湾全岛，例如"时台中疠疾盛行，将士死者多"❶；"生番杀人，台中常事。此辈虽有人形，全无人理"❷；"窃意台中各属县员吏亦宜仿，此将各处叛产及流亡无主田亩，各拨若干顷，以为公田"；"麻虱目，鱼塭中所产，夏秋盛出，状类鲻鳞，台中以为贵品"❸；"筑城凿濠，台中第一急务，当星速举行者也"❹；清末虽有文人提议台湾建省之后"宜以台中、台南、台北命郡，便渻纠缭，且各有独专，亦合升府为省之义也"❺，不过终清之世，并未付诸实行。直到日本统治台湾，"台中"之名正式出现在行政组织上，虽有县、厅、市、州之别，但所指涉的区域，大抵与今日台中地区相去不远。1908 年西部纵贯线铁路通车后，台中地当全台中点，地位益形重要，2017 年7 月之后，人口总数已跃居全台第二大城市。

由于台中地区位居全台中间，清代以来入垦的汉移民，途径相当分歧，方向上分别有来自南北及西边者，移入途径则有水路及陆路。同时因为有武官参与垦殖工作，使得其汉人开发历史备受瞩目，连带的族群分布概况也成为研究焦点之一。如果以宏观角度来观察，台中正位于全台最集中的客家区与福老区交会处，两大族群在中部地区，由一条起自苗栗县苑里镇海边，逐渐斜往东南山区的"闽客交界线"一分为二。同时中部地区又被认为是全台械斗最剧烈之地，其中又以拣东上堡（今台中市丰原、神冈、潭子、新社、石冈、东势等区全部，以及苗栗县卓兰镇、台中市北屯区一部分）为最❻，族群分布的变动频繁，其来有自。

然则，除了械斗之外，是否有其他因素影响本区的族群分布变化？本区的族群分布样貌如何？凡此，皆有加以厘清的必要。

本文拟搜罗台湾清代以来的文献、日据时期的调查资料，运用现代的地理信息系统（GIS），以图像化的方式呈现出 20 世纪上半叶台中地区的族群分布与变化情形，并尝试探究其变化之因。文中所指的台中地区，涵盖1950—2010 年的台中县及台中市，2010 年年底合并为今日的台中直辖市。

---

❶　川口长孺：《台湾割据志》，台北：台湾银行经济研究室，台湾文献丛刊（以下简称文丛）第1 种，1957 年，第 84 页。

❷　黄叔璥：《台海使槎录》，台北：台湾银行经济研究室，文丛第 4 种，1957 年，第 169 页。

❸　蒋师辙：《台游日记》，台北：台湾银行经济研究室，文丛第 6 种，1957 年，第 45、74 页。

❹　蓝鼎元：《东征集》，台北：台湾银行经济研究室，文丛第 12 种，1958 年，第 27 页。

❺　蒋师辙：《台游日记》，第 64 页。

❻　台湾惯习研究会原著，台湾省文献委员会译编：《台湾惯习记事（中译本）第一卷上》，南投：台湾省文献委员会，1984 年 6 月，第 178-179 页。

以下首先就本区域的地理环境、行政区域演变做一说明；其次探究本区的农业垦殖过程；最后则说明以农业垦殖为目的的汉移民进入本区后的互动及其分布情形。

二、台中地区的地理环境与行政区划变迁

（一） 台中地区的地理环境

台中位于台湾西海岸平原中段偏北之处，位置在东经 120.58 度、北纬 24.17 度，东至中央山脉、雪山山脉棱脊与宜兰县和花莲县为邻，西界台湾海峡，南接南投县和彰化县，北邻苗栗县和新竹县；全区地形为东西狭长而南北较窄；海拔高度则从海平面上升到海拔 3900 公尺左右，形势包括上游山地地区、中游台地浅山地带及下游海岸平原盆地地区。形式完整，并涵盖热带、副热带、温带、寒温带等完整的不同气候区；境内拥有大甲溪、大肚溪、大安溪三大水系。❶ 总面积有 2214.8968 平方公里，其中原台中县面积为 2051.4712 平方公里、原台中市面积为 163.4256 平方公里。

（二） 台中地区的行政区划变迁

郑氏治台 （1661—1683 年），将中国式的地方行政区划带入，全台分为一府 （承天） 二县 （天兴、万年），台中地区隶属北部的万年县 （州）。清领之后，地方行政区划屡有变革：1684—1723 年，隶属于福建省台湾府诸罗县辖域；1723—1874 年则分属福建省台湾府彰化县和淡水厅 （今台中市大甲区）；清光绪元年 （1875） 设台北府，原隶淡水厅的大甲区改隶台北府新竹县；光绪十三年 （1887） 台湾建省，台中地区改属台湾府台湾县及苗栗县 （今台中市大甲区），此后直至台湾割让为止，未再更易。

日据时期，先于 1895 年 6 月治台之初，制定 "地方官假官制"，划全岛为 3 县 （台北、台湾、台南）、1 岛厅 （澎湖），台中地区隶属在台湾县；未几，随着军政实施，修改地方行政区划，设 1 县 （台北）、2 民政支部 （台湾、台南）、1 厅 （澎湖），"台湾民政支部" 设置在彰化，统辖整个中部地区，同年 12 月将民政支部迁往东大墩 （今台中市中区一带），利用清代省城

---

❶ 刘益昌：《存在的未知——台中地区的考古遗址与史前文化》，台中：台中县立文化中心，1999 年，第 2-4 页。

考棚办公。翌年全岛勘定后，废除军政，复行民政，地方行政区划恢复初期"地方官假官制"时期 3 县（台北、台中、台南）、1 厅（澎湖）的组织，并将"大墩街"改为"台中街"，"台中"之名正式出现在行政组织上。

其后地方行政制度多所变革，1897 年在乃木总督时代全岛区划为 6 县 3 厅（除原有厅县外，增设新竹、嘉义、凤山 3 县，并将宜兰、台东 2 支厅升格为厅）；1898 年 6 月第四任总督儿玉源太郎修改地方官制，行政区划为 3 县 3 厅（台北、台中、台南三县及宜兰、台东、澎湖三厅）；迨 1901 年，为了简化行政层级，废除以往的厅、县，将全岛分为 20 厅（台北、基隆、深坑、桃仔园、新竹、苗栗、台中、彰化、南投、斗六、嘉义、盐水港、台南、蕃薯蓉、凤山、阿缑、恒春、台东、澎湖）；1909 年，将基隆、深坑、苗栗、彰化、斗六、盐水港、蕃薯蓉、凤山、恒春等 9 厅裁废，另由台东厅管内分出花莲港厅，使全岛精简为 12 厅；1920 年 9 月施行地方官制改正，废除西部的厅、支厅、区、里、堡、澳、乡等单位，改设 5 州（台北、新竹、台中、台南、高雄）、47 郡、3 市、36 街、227 庄，至于东部的花、东 2 厅则依旧保留，原本的台中、南投 2 厅合并为台中州，辖台中市及大屯、彰化、大甲、东势、丰原、员林、北斗、南投、能高、新高、竹山等 12 郡，相当于今日台中、彰化、南投三县市。这是日本统治时期对台湾地方行政制度最重要的一次调整，至此，台湾地方行政区划渐形固定，除市郡街庄偶有零星并废裁汰外，再无重大变动。1945 年日本战败投降时，全台共有 5 州 3 厅（1926 年将高雄州澎湖郡升格为澎湖厅），下辖 11 市、51 郡、2 支厅、67 街、197 庄。

战后国民党政府接收台湾，设置行政长官公署，将全台分为台北、台中、台南、新竹、高雄、花莲、台东、澎湖等 8 县，台中县的辖区即是原日据时期的台中州，县治设于员林，分为员林、大屯、彰化、大甲、东势、丰原、员林、北斗、南投、能高、玉山、竹山等 11 区；1947 年 2 月因为台中市辖区过小，呈请行政长官公署将台中县西屯、南屯、北屯三乡并入，台中市辖区由 5 区扩大为 8 区。1950 年行政区域改采小县制，原台中县析为台中县、市、南投、彰化等 4 县市；❶ 2010 年 12 月台中县、市再度合并，成为今日大台中市。

三、台中地区的汉系移民农业垦殖经过

明嘉靖末年、万历初年，中国大陆已有不少商船或渔民进入台湾，南起

---

❶ 苏全正：《台中县市历史发展》，《中国地方自治》60：11（2007.11），第 11 页。

北港，北部一直到淡水、鸡笼，唯当时多属季节性移民居多。❶ 郑氏时期带入的军民人数增加，开垦足迹遍及全台，然除台南外，其余地区仅呈现点状分布。换句话说，汉人到台湾的全面垦殖，当始自清领时期，且是自南往北发展，康熙晚期进入到中部地区，清领时期结束以前，盆地的核心地带皆已垦殖完成；日据时期，汉人的垦殖工作转以盆地东北角的丘陵及山地为主。以下略述两个不同时期汉系移住民的垦殖活动以及主要的开垦族群。

（一）清领时期

本区汉人移垦殆始自大肚上、中、下堡（今台中市清水、梧栖、沙鹿、龙井、大肚等区），其次为沿北方大甲溪进而至拣东上、下二堡（神冈、丰原、石冈、东势、新社、潭子、大雅、北屯、北区、西屯、南屯等区），再沿南方大肚溪及至猫罗堡溪西，更进入猫罗堡溪东；而蓝兴堡（太平、大里、中西南东区）则是由西南北三面包围压迫，最后才进行开发。❷ 大致说来，西海岸平原以地利之便，首先开拓，尤其河口港及沿河易于取水之滨河地带，系移民较早落脚之地，开发最早；大肚台地西坡为一断层崖，顺此断层线涌出丰富泉水，亦为移民选择建立聚落之最佳地点；后里台地缺乏水源，开垦稍晚；台中盆地土壤肥沃，康熙年间即有移民入垦；盆地东方丘陵地带垦成年代较晚。❸ 至于移入途径可分为水路及陆路，水路主要有鹿仔港、大安港、涂葛崛港（今龙井乡丽水村）、梧栖港、土地公港、脚踏港、蓬山港、草港、水里港等，尤其乾隆四十九年（1784）正式开港的鹿仔港，更是本区移民登陆的主要地点；陆路方面，南北通衢大路，往北可通淡水，往南可抵嘉义，为移民由南部地方进入本地区所依主要陆路交通。❹ 以下分区加以叙述。

1. 沿海地区海岸平原的开垦

海岸平原系指大肚山以西，介于大肚、大安两溪之间，约三四十余里的沿海地带；由于大甲溪横切其间，又可分为"大甲溪南"与"大甲溪北"两区。汉系移民全面进入约在康雍之际，到了乾嘉年间，大肚、沙鹿、清水、

---

❶ 曹永和：《明代台湾渔业志略》，收录在氏著：《台湾早期历史研究》，台北：联经出版社，1995年，第165页。

❷ 台湾惯习研究会原著，台湾省文献委员会译编：《台湾惯习记事（中译本）第一卷上》，第177页。

❸ 洪丽完：《大安、大肚两溪间拓垦史研究（一六八三～一八七四）》，《台湾文献》43：3（1992），第168页。

❹ 洪丽完：《大安、大肚两溪间拓垦史研究（一六八三～一八七四）》，第172页。

龙井、梧栖等街市相继形成，垦殖工作大致完成。❶ 入垦此地的汉移民祖籍以泉州府为主，也曾有潮州府籍移民；入垦方式为汉人个别向平埔族社承垦，清水紫云岩观音庙所存的乾隆四十三年（1778）"感恩社民番业佃谕示碑"载及雍正十一年（1733）汉人向牛骂社番业户承垦土地、开垦十三庄事。

大甲溪南的大肚、龙井一带，因地利之便，开发最早。康熙四十一年（1702）漳州人首由鹿港登陆，赎得番地，开拓大肚庄；雍正年间，闽籍林、戴、石开垦今龙井区一带。雍正末年，闽人再沿大肚溪北岸东进，开垦中由的王田、乌日一带。邻近大甲溪的海岸平原，原系牛骂社地，雍正十一年由闽粤籍人向平埔族社承垦秀水等13庄地（今清水区），乾隆二十九年（1764）已形成牛骂街；乾隆五十一年林爽文抗清事件后，粤人移居葫芦墩及东势角地方，海岸平原遂成为泉籍地盘。❷

溪北大甲附近海岸地区的开垦始于康熙三十年（1691），漳州林姓、澎湖张姓、广东邱姓等各率其众，由鹿港、香山各地登陆，在当时的九张犁庄、下大安庄、顶大安庄、打铁庄、日南庄、三张犁庄构筑茅屋，向大甲东西社给垦埔地，至康熙三十五年渐成村落。❸ 雍正九年（1731）大甲西社抗清事件发生，事平之后，平埔族社遭到官方进一步的打压，也有利于汉系移住民的入垦。

2. 盆地区的开垦

清代台中盆地的拓垦，由南北两地向中间推进，南以蓝张兴庄为首，北以张达京为首之六馆业户，自雍正至乾隆年间，已开垦成田。

南区的蓝张兴庄垦业始于张国，他曾任北路营参将，熟悉地方情势，康熙四十九年（1710）张国报垦猫雾拣社（今台中市南屯区一带），着眼于当地筏仔溪的涌泉，命名张镇庄，后因垦地与原住民（泰雅族眉加腊社）重叠，汉佃屡遭杀害，引起闽浙总督觉罗满保重视，下令毁庄，逐散佃民。雍正二年（1724），率兵来台平定朱一贵抗清战事的蓝廷珍典买，建蓝张兴庄。其后又因屡遭民"番"冲突，蓝廷珍乃将自己分内土地报请充公。唯此际聚集拓垦人数已达两千余人，雍正九年（1731），清廷批准在此地设立"彰化县猫雾

❶ 洪丽完：《清代台中开发之研究（一六八三～一八七四）》，台中：东海大学历史研究所硕士论文，1985年，第54页。

❷ 洪丽完：《清代台中开发之研究（一六八三～一八七四）》，台中：东海大学历史研究所硕士论文，1985年，第55-59页。

❸ 临时台湾土地调查局编：《台湾土地惯行一斑（第一编）》，1905年，第33页。

拣巡检司巡检"。❶ 官方力量进驻后，更强化本区农业垦殖的力道。乾隆初年，粤籍汉系移住民东进原属民番杂处的大里杙地方（今台中市大里区），开垦结果，乾隆五十年乃形成大里杙、内新庄、凉伞树、柳树湳四大庄，同时建立太平、番仔寮、涂城等庄（今台中市太平区）。❷

台中盆地北区为巴宰族岸里社群聚居地，康熙五十年（1711）左右，原籍广东省大埔县的张达京，以草药为当地社民医病，取得当地社民信任。雍正元年（1723），张达京与六馆业户等闽粤汉人，集中资金，提供技术开筑水圳灌溉诸社荒埔，并使用"以水换地"的方式，取得当地部分社地。雍正三年，清廷任命其为岸里社第一任通事，张达京更以其特殊身份，广置田产，招佃开垦。❸

雍正十年，张达京又会同陈周文、秦廷鉴、姚德心、廖朝孔、江又金等业主，修筑朴子篱口大埤，开凿水圳，将水分为十份，其中八份留下自用，其余两份灌溉岸里社"番田"，借此换得阿河巴地（今台中市大雅、北屯等区一带）；道光年间，埧雅街（今台中市大雅区）形成，作为葫芦墩街（今台中市丰原区）与牛骂街（今台中市清水区）的中继站；同时埧雅街及犁头店街（今台中市南屯区）的中继西大墩街（今台中市西屯区）也形成，❹ 汉系移住民在盆地的垦殖活动大致完成。

3. 大甲溪纵谷地区

本区大致包括今石冈、东势、新社等区，在清领时期属于番界之外，其开垦与军工匠伐木采料有密切关系。乾隆三十五年（1770）7月，军工匠首郑成凤等八九十人进入东势角采取军料，并借机私垦，此后越界私垦者渐多。乾隆四十九年，官方准给汉人承垦升科，何福兴、曾安荣、巫良基等遂透过岸里社总通事潘明慈、朴子篱社副通事潘光慈，以东势角、水底寮等处开垦田园，赴县呈报准垦。唯因开垦行为侵占原住民社业，乃遭朴子篱社控官。乾隆五十一年林爽文抗清事件爆发，何福兴等利用此机会协助官军入山围堵"叛民"，加强与官方的关系。❺ 其后，复利用屯制实施，以协助开垦"养赡

❶ 孟祥瀚：《蓝张兴庄与清代台中盆地的拓垦》，《兴大历史学报》2006年第17期，第395-430页。
❷ 吉田东伍：《大日本地名辞书续编第三．台湾》，东京：富山房，1909年，第70页。
❸ 洪丽完：《大社聚落的形成与变迁（1715—1945）——兼论外来文化对岸里大社的影响》，《台湾史研究》3∶1（1996），第31-95页。
❹ 吉田东伍：《大日本地名辞书续编第三．台湾》，东京：富山房，1909年，第69页。
❺ 温振华：《清代土牛界外的土地开垦——以东势为例》，收录在宋光宇编：《台湾经验（二）——社会文化篇》，台北：东大图书，1994年，第225-269页。

埔地"的方式，不断进入盆地东北角的山区。

大致说来，本区属山区地带，由于地理环境与原住民的因素，汉人入垦年代迟至乾、嘉之后，多系平原、盆地拓垦的余绪，或分类械斗所促成。移垦方向，首先越大甲溪入垦今东势区一带荒埔，进而北进罩兰（苗栗县卓兰镇），南向大茅埔（东势区）、水底寮（新社区），入垦者以粤籍居多，不仅使得粤籍移住民在下一阶段的山区开垦占得先机，也让山区地带的东势、新社、石冈等区的粤籍族群优势得以持续至今。

（二）日本统治时期

清领时期来台汉系移住民的垦殖活动，泰半集中在容易开垦成田、园的平地地区，至于汉人相对较晚进入的丘陵林野地带，其土地拓垦状况并不清楚。总督府对于这些前朝处于地权暧昧地带的林野之处置，虽然在领台伊始就曾颁布"官有林野及樟脑制造业取缔规则"，决定了无主地国有的原则（第一条规定"没有地券或其他确证可以证明所有权的山林原野，概归官有"），❶ 但在往后实际进行林野调查时，对于台湾人未有地券或其他确证可以证明其所有权之林野状态，并未完全照此项规定执行，而是采行占有事实认定，对于"费相当劳资""多年栽种管理"且"持续平稳占有"之土地，虽将之查定为官有，但认定原占有人之权利。❷ 明治四十一年（1908）起，总督府针对全岛林野展开数次调查，一直进行到大正十四年（1925）完毕；❸同时在大正四年（1915）时，总督府依据"官有森林原野及产物特别处分令"第一条第八号之二，做出以下决议：①本次林野调查之际发现的无断开垦地，特别放领给其开垦者；②根据林野调查结果，将官方认为没有存置必要的保管林中放领给已被认可的缘故者；③根据以往的各项规则来处理预约开垦及其他贷下许可地。中部地区土地开垦申请的高峰也大致在此时出现，其中更不乏为数众多的客家人。根据大正五年的调查，台中厅内未经申请即先行开垦的土地（无断开垦地）及官有林野放领地的面积高达万余甲。❹

为了了解日据时期中部地区农业垦殖概况，笔者从《台湾总督府公文类

---

❶ 矢内原忠雄著，周宪文译：《日本帝国主义下的台湾》，台北：帕米尔书店，1985年，第18页。

❷ 台湾省总督府殖产局编：《台湾林业史》，台北：台湾总督府殖产局，1917年，第92页。

❸ 李文良：《日据时期台湾林野整理事业之研究：以桃园大溪地区为中心》，台北："国立"台湾大学历史学研究所硕士论文，1995年版，第58—59页。

❹ 《台湾总督府事务成绩提要·第廿二编下（大正五年分）》，台北：成文出版社，1985年，第307页。

篡》中找出关于当时台中厅的土地开垦申请文件，经整理后，大致可以分为两部分：第一部分是较零星个别的开垦资料，分散在各个年度中；第二部分集中在大正五年及六年，❶ 总申请开垦人次有4164，其中重复申请开垦者有532人，故实际申请开垦者为3513人。总开垦笔数有4572笔、件数有2729件、开垦面积达4014.9753甲。开垦地区遍及当时台中厅20堡当中的7个堡，尤其以拣东上堡最多。以开垦区域来看，涵盖今日台中市的大甲、太平、北屯、外埔、石冈、东势、新社、潭子、丰原、雾峰以及彰化县的大村、芬园、员林、彰化等乡镇市区。其中又以今东势区的笔数1692，占37%，件数1059（39%）、开垦面积1309甲（33%）居冠。换言之，日据时期台中地区汉系移住民的农业垦殖活动，主要集中在盆地东北角的石冈、新社、东势等区，其中尤以邻近"蕃地"的东势区最为兴盛。

进一步查询开垦者资料，其中属于福老系汉移住民占了约34%，客家系占了59%。可以发现这波以台中盆地东北角为主要开垦区域的申请者，客家占了绝对优势。

表1　大正五年（1916）台中地区土地开垦者族群别统计

总人次	福老	客家	日本	其他
4164	1411	2458	4	291

说明：其他指"无族群属性资料""查无此人""无影像"等。

资料来源：据《台湾总督府公文类篡》档案汇整，并查询户政系统。

进一步分析客籍开垦者住所状态，2458笔中世居当地的开垦者有1307笔，有迁徙记录者1124笔，仅在中彰投范围内移动（州内迁徙）有961笔，移动范围跨出中彰投之外（跨州迁徙）有163笔，另有27笔迁徙记录不详。

表2　大正五年（1916）台中地区客家土地开垦者来源统计

总笔数	其他	有效笔数	世居	州内迁徙	跨州迁徙
2458	27	2431	1307	961	163

说明："其他"指住所资料不全或无法判断；"有效笔数"为总笔数扣除其他；"州内迁徙"指移动范围仅限在中彰投内；"跨州迁徙"指移动范围跨出中彰投。

资料来源：据《台湾总督府公文类篡》档案汇整，并查询户政系统。

---

❶ 主要目录存储在《台湾总督府公文类篡》第6464册，唯相关申请者档案则散在第6455至6477册之间，参见附录4-1-1。

分析这些在台中进行土地开垦的客家人，主要分布区域如表3所示。

表3　大正五年（1916）台中地区客家土地开垦者住所分布统计

郡　市	笔　数	街　庄	笔　数
东势郡	2033	东势庄	1220
		新社庄	448
		石冈庄	365
丰原郡	293	丰原街	265
		内埔庄	13
		潭子庄	9
		神冈庄	6
大屯郡	111	北屯庄	100
		雾峯庄	6
		大平庄	4
		大里庄	1
大湖郡	8	卓兰庄	8
能高郡	4	埔里街	2
		国姓庄	2
彰化郡	3	南郭庄	3
台中市	3	台中市	3
苗栗郡	2	三叉庄	1
		通霄庄	1
南投郡	1	南投街	1
总计	2458	总计	2458

说明：为便于资料统计，所有开垦者住所皆转换成大正九年（1920）后之街庄名。

资料来源：据《台湾总督府公文类纂》档案汇整，并查询户政系统。

从表3可以看出，大正五年前后，投入台中地区这批保管林、官有林野从事农业垦殖的客家人，主要是来自东势郡，其辖下的东势、新社、石冈三个街庄高居前三名，另外丰原街、北屯庄也有不少开垦者。尤以来自东势庄最多，总数高达1220笔，占了客籍开垦者近半数。这几个投入土地开垦的客家人数最多之街庄，都位于台中盆地东缘的沿山地带，台中盆地内的沃野，在清领时期多半已开发殆尽，此时期台中地区土地开垦的主力即移往此处，当地客家人因得地利之便，乃相率投入此时的农业垦殖活动。

四、台中地区的族群关系与族群分布

（一）台中地区的早期住民

历史上曾在台中地区驻足的族群，大致可分为以下三群。

（1）在大甲溪扇形平原（行政区含今台中市大安、大甲、清水等区全部及外埔区的一部分）的双寮、大甲西、大甲东三社与南日社，这些社群与分布于苗栗丘陵南端的吞霄、苑里、猫盂、房里四社，清代文献通称为"崩（蓬）山八社"。

（2）在清水隆起海岸平原、大肚台地（行政区含今台中市清水、梧栖、沙鹿、龙井等区及大肚区的一部分）活动的牛骂、沙辘、水里、大肚等社，均属于现代族群分类中的拍瀑拉族；17世纪中叶曾以大肚南社为中心，形成跨部落联盟。

（3）曾驻足于台中盆地及其周缘地区的社群，包括现代学术分类中的巴宰族岸里社、阿里史社、乌牛栏社、朴子篱社，拍瀑拉族猫雾拣社，以及洪雅族猫罗社。其活动领域包括原台中市旧市区大部分，以及乌日、雾峰、太平、大雅、神冈、潭子、丰原、后里、大肚等区以及外埔、新社、石冈、东势等区的一部分。

18世纪30年代之前，崩山社群与牛骂、沙辘、水里、大肚等海岸社群，主导台湾中部平埔族群的社会活动；雍正九年（1731）大甲西社联合中部平埔社群抗清事件爆发，事后涉及"乱事"的部落势衰力微，协助朝廷平息"乱事"的岸里社群取而代之，成为台中地区最具势力的社群。❶

岸里社为开垦台中盆地的草埔地，引入汉人张达京，以"割地换水"的方式取得灌溉水源。但随着汉人入垦人数逐年增加，平埔社群渐成了经济上的弱势。嘉庆九年（1804）在潘贤文、大乳汗毛格率领之下，以大甲溪两岸社群为中心，北至苗栗通霄、南到彰化、东到南投草屯、西到沿海，包括岸里、阿里史、乌牛栏（巴宰族）、阿束、东螺（巴布萨族）、吞霄、大甲（道卡斯族）、北投（洪雅族）、牛骂（拍瀑拉族）、马赛（不详）等社，选择远

---

❶ 洪丽完：《熟番社会网络与集体意识——台湾中部平埔族群历史变迁（1700—1900）》，台北：联经出版社，2009年，第28-29页。

离家园，迁往东北角的宜兰，为清代平埔族大迁徙之先驱。❶

道光三年（1823）起，台中地区的平埔族群，又因为各社番园俱归汉人买瞨殆尽、大租被汉佃侵占短折、隘粮屯饷有名无实、官方的力役要求、汉人的抬尸抗议、军工匠人采料长年不息、护卫终岁无休、欲耕不能、欲种不得等因素，再次展开大迁徙，大举进入气候、土壤、水源皆适合农业生产的南投埔里盆地，同时受到与汉人长期接触影响，学会汉人募股开垦方法，平埔族社自己包揽社民土地，从事土地开垦，终于在此找到一个安身立命之地。❷

原先西部的平埔族社，经此两次迁徙之后，仍居留在台中地区者已大幅减少，而选择留下者，大多隐藏自身的族群属性，以致清代中后期之后，台中地区的优势族群已转以汉系住民为主。

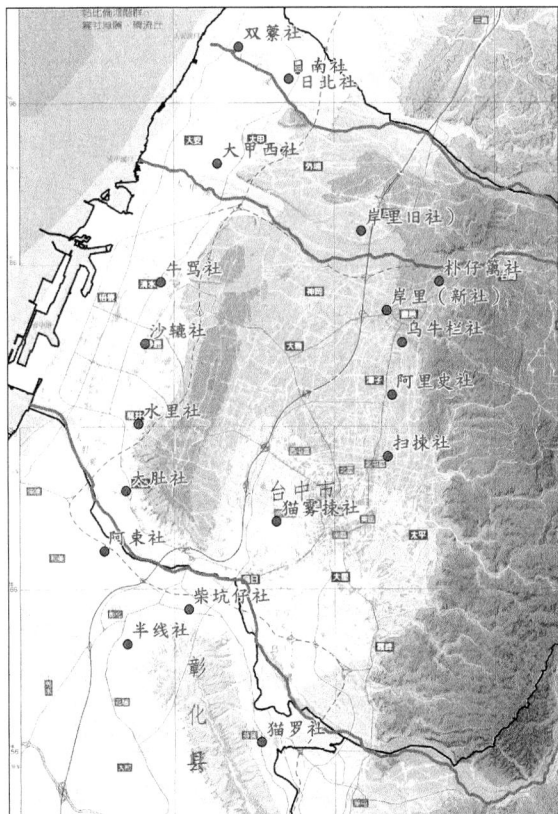

图1　台中地区早期平埔族社分布

---

❶　李信成：《清代台湾中部平埔族迁徙噶玛兰之研究》，《台湾文献》56：1，第93-130页。
❷　温振华：《清代中部平埔族迁移埔里分析》，《台湾文献》51：2，第27-37页。

（二）汉系移住民的进入与分布

荷兰时代有不少汉人在彰化地区的马芝遴、二林、半线等社活动、居住，此已见诸《热兰遮城日志》。郑氏治台初期，军队在中部地区的开垦工作，曾遭遇当地平埔族社的严重抵抗，随着统治基础的建立，除了军屯外，又有郑氏宗党及文武官员与士庶之有力者，亦参加土地开垦。不过当时汉人的拓殖，应只是一种点状的存在，就全台而言，尚不足称道。❶

康熙二十二年（1683），清朝军队在施琅的指挥下攻陷澎湖，不久，郑氏政权宣布投降，结束其在台23年的统治。随着郑氏军队及各省难民相继被遣回中国大陆，台湾人口顿时减少，对汉人移垦史来说，可算是一次打击。不过，清朝中央虽不愿台湾人口过多，进而为乱，但对于派到台湾的官吏而言，却希望招徕对岸中国人前来开垦，积极从事战后的复原工作，特别是管辖范围涵盖今台中地区且当时开垦区域相对较稀疏的诸罗县。初期虽"阻于洪涛，招徕不易"，❷ 不过到康熙四十年，已是"由内地迁徙而居于此为士、为农、为工贾者，云集影附，无待议招"了；甚至还必须设法将一些"游手好闲，不事生产，有害于地方之人加以驱逐"。❸ 康熙五十年，更是"闽、广之梯航日众；综稽簿籍，每岁以十数万计"，导致米粮不足、米价骤贵，必须"申请严禁偷贩米谷"。❹ 随着合法及偷渡人潮的涌入，台中地区开始出现汉人聚落；尤其在雍正元年（1723）彰化设县后，汉人聚落增加更为快速。据史书记载，康熙三十年代流移开垦的群众，极远不过斗六门，"虎尾、大肚，人已视为畏途，过此，则鲜有知其地理之险易者"；到了康熙四十三年（1704）"流移开垦之众已渐过斗六门以北矣"；俟康熙四十九年（1710）海盗郑尽心骚扰之时，"流移开垦之众，又渐过半线大肚溪以北矣。此后流移日多，乃至南日、后垄、竹堑、南嵌，所在而有"。此从官方设治亦可略窥一二：17世纪末移民人数既不多，官方的防汛也仅止于半线（今彰化市）、牛骂（今台中市清水区）；康熙四十九年（1710），在海盗威胁下，"设淡水分防千总，增大甲以

---

❶ 曹永和：《郑氏时代之台湾垦殖》，收录在氏著，《台湾早期历史研究》，台北：联经出版社，1995年，第282页。

❷ 杨文魁：《台湾纪略碑文》，收录在高拱干：《台湾府志》，台北：台湾银行经济研究室，文丛第65种，1960年，第265页。

❸ 陈璸：《条陈台湾县事宜》，收录在氏著：《陈清端公文选》，台北：台湾银行经济研究室，文丛第116种，1961年，第10页。

❹ 周元文：《申请严禁偷贩米谷详稿》，收录在氏著：《重修台湾府志》，台北：台湾银行经济研究室，文丛第66种，1960年，第323页。

上七塘"。❶

尽管 18 世纪之后移居台中地区的汉人与日俱增，但因统治者对于相关的族群分布情形始终没有全面而系统地掌握，地方官员或地方志作者，提到辖下族群状况，多半出自于粗略式观察，诸如"按全台大势，漳、泉之民居十分之六七，广民在三四之间。以南北论，则北淡水、南凤山多广民，诸、彰二邑多闽户；以内外论，则近海属漳、泉之土著，近山多广东之客庄"；❷"台湾大势，海口多泉，内山多漳，再入与生番毗连则为粤籍人。泉人倡乱，则漳属起而攻泉；漳人倡乱，则泉属起而拒漳；粤之于泉、漳也亦然"等。❸对于了解本区域的族群分布概况无甚裨益。

及至日本治台，引进科学主义的统治手段，展开人口调查，同时运用精密的测绘技术，重新丈量绘制具有坐标及经纬度的台湾地图，在这两个条件下，台湾才出现相对准确的族群分布图，人口以及族群分布逐渐显现出清晰的面貌。特别是 1901 年"关于本岛发达沿革调查"以及 1926 年"台湾在籍汉民族乡贯别调查"，成为日后讨论台湾的族群分布与族群概况——不论是清代、日据，乃至战后——最常被引用的文献。❹ 以下根据这两个调查来探究台中地区的族群分布概况。

1. 1901 年"关于本岛发达沿革调查"

总督府曾在统治台湾迈入第五年时进行过一次"关于本岛发达沿革调查"，当时台中仅遗漏了拺东下堡下石碑庄（今台中市西屯区大石、大河、大鹏、大福等里），其余资料皆甚完整。总督府要求各地方进行调查时，并未明确规范调查的祖籍或族群种类，所以各地所列族群调查项目不尽相同。共同被提到的祖籍或族群是"泉州""漳州"及"广东"三者；"熟蕃"除澎湖之外，在台湾本岛也全部都有。换言之，各地方机构在调查时最常见的是分为泉州、漳州、广东、熟蕃四类。其次是属于福建的福州人及兴化人；再次是汀州人，在嘉义以北的统计表中皆可以见到；比较有问题的是潮州人，仅出

---

❶ 周钟瑄：《诸罗县志》，第 110 页。

❷ 郑光策：《上福节相论台事书》，《清经世文编选录》，台北：台湾银行经济研究室，文丛第 229 种，1966 年，第 17 页。

❸ 林豪：《东瀛纪事》，南投：台湾省文献委员会，1997 年，第 16 页。

❹ 20 世纪 50 年代陈汉光曾在《台湾文献》上为文介绍，20 世纪 80 年代随着台湾史研究的兴起，不少学者在讨论区域性的族群概况时，都会加以引用，如温振华、洪丽完、蔡采秀、林美容、陈其南等。而其中尤以施添福《清代在台汉人的祖籍分布和原乡生活方式》（台北：国立台湾师范大学地理学系，1987 年）是最全面的讨论。

现在台北县以及嘉义厅的调查表中，推测其他地区可能并入广东人的调查项下。此外，个别地区还出现湖南、河南、江苏、北京等地的移民，有的地区调查项目甚至多达 18 种。虽然其对于族群的界定不若 1926 年的乡贯调查严谨，但在探讨漳泉、闽客，以及日据初期平埔族（熟蕃）的分布等相关议题上，具有重要的参考价值，且因调查时间较早，其所呈现的族群分布当更接近清代（至少是晚清时期）汉人移民来台的面貌。

笔者根据这份 1901 年调查的统计资料，将其与 1904 年的"台湾堡图"街庄对接之后，绘制成 1901 年台中地区闽客分布图，如图 2 所示。❶

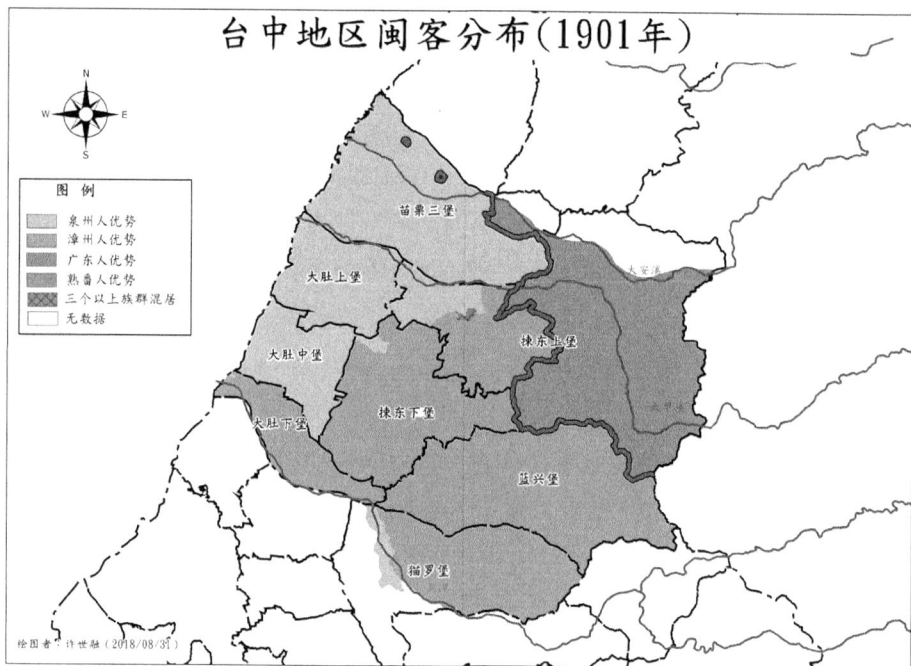

图 2　1901 年台中地区闽客族群分布

2. 1926 年"台湾在籍汉民族乡贯别调查"

日据时期最为学界熟知的汉人祖籍调查，便是 1926 年"台湾在籍汉民族乡贯别调查"。这是日据时代正式出版品中，唯一对台湾汉族祖籍调查的详细

❶　有关本调查的相关经过、内容以及族群分布图绘制方式，请参阅拙著，《台湾最早的汉人祖籍别与族群分布：1901 年"关于本岛发达之沿革调查"统计资料的图像化》，《地理研究》第 59 期（台北：国立台湾师范大学地理学系，2013 年 11 月），第 91-126 页。

资料，昭和三年（1928）由台湾总督府构内的台湾时报发行所发行。依"凡例"的说明，本书为台湾总督官房调查课所撰，所载人口资料是根据昭和元年（1926）12月末的调查。这份调查将台湾汉族祖籍按清代行政区域分为福建省与广东省，福建省下分泉州府（安溪、同安、三邑）、漳州府、汀州府、龙岩州、福州府、兴化府、永春州；广东省分为潮州府、嘉应州、惠州府等。至于调查单位则依当时的行政区划，即州、厅，下分郡、市或支厅，再下则分街、庄或区，每一个行政层级及行政区域都详细统计各个乡贯，人口数以"百人"为单位，百人以下就不记录了。

该调查中关于本区的概况，前述洪丽完及温振华的相关论文皆已有提及，大抵泉州府占37.68%，漳州府占34.43%，广东潮、嘉、惠三州占19.82%。❶原书所附图由于缺乏明显的行政区域界线，辨识不易，笔者将统计表简化为漳、泉、广三籍，重新绘制各街庄优势族群图如图3。

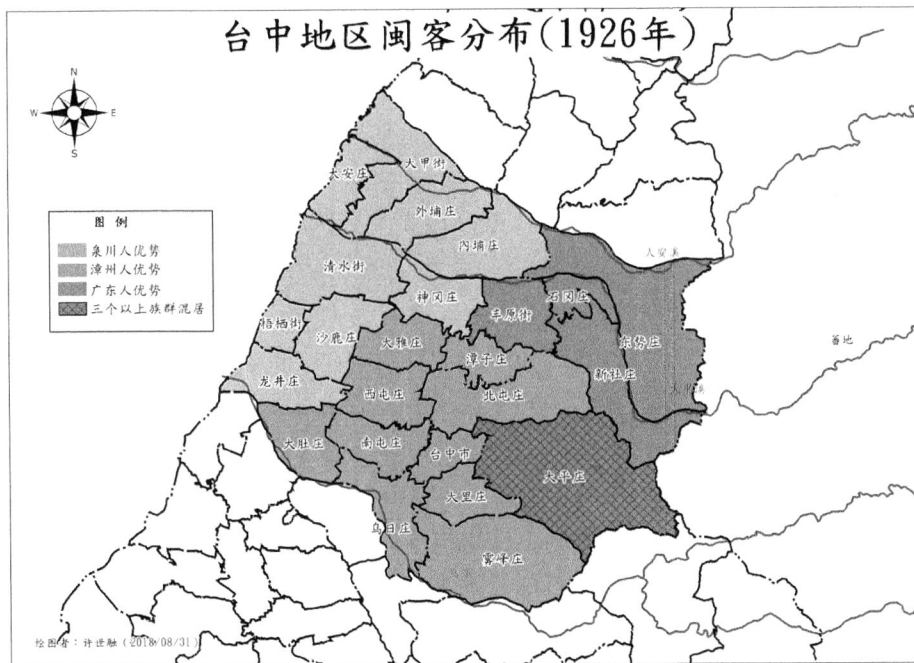

图3 1926年台中地区闽客族群分布

---

❶ 不过洪丽完在文中表3-1，将外埔庄的顺序排错，该庄应该以广东潮、嘉、惠三州（38.7%）居第一而非同安（32.8%），参阅氏著：《大安、大肚两溪间拓垦史研究（一六八三~一八七四）》，《台湾文献》43：3（1992），第179页；温振华：《清代台湾中部的开发与社会变迁》，《师大历史学报》1983年第11期，第48-58页。

　　本图由于是以当时的街庄（相当于今乡镇区）为调查层级，因而各街庄呈现出的族群属性颇为鲜明：西部海岸及盆地北部的大甲、大安、清水、外埔、内埔、神冈、沙鹿、梧栖、龙井等街庄为泉州优势；台中盆地的大雅、潭子、大肚、北屯、西屯、南屯、台中、大里等街庄市为漳州优势；盆地东北丘陵的石冈、丰原、东势、新社等街庄为广东优势，至于东南隅和南投山区相连的大平庄虽有相对多数的漳州移民，也仅占32%，原绘图者小川尚义将其归入漳州优势区，笔者则修正为混居区域。❶

　　这个移民分布图像大抵无误，只是1926年的调查，其人口数以百人为单位，可能产生统计上的失误；加上统计最基本行政区域为街庄，相当于今日的乡镇区，使得族群分布与行政区域似乎重叠，过于壁垒分明。若和前一份祖籍调查所绘制的图相比对，则可看出其间的差异。

　　3. 两张祖籍调查图的移民分布态势及其成因

　　乍见之下，图2及图3极为神似，如果不是笔者将1926年的大平庄修正为混合区，两者相似度将更高。这说明了这两个在不同时间以不同空间尺度调查的祖籍资料，多数地区具有相当高的可信度，恰如其分地反映了台中地区20世纪上半叶甚至清末以来移民的分布状态："泉人近海、漳人居中、客人居内"——海岸平原与大肚台地以泉籍为主，尤以三邑人为多，漳籍分布在台中盆地、猫罗以东地带；粤籍除少数聚居于今日神冈、丰原一带平原，多数分布在台中盆地以东的丘陵近山地区。❷

　　这样的族群分布图像如何产生？农业垦殖顺序，亦即"先来后到"应当具有不小的影响力。前面提到，本区汉人移垦始自大肚上中下堡，其次为沿北方大甲溪进而至拺东上下二堡，再沿南方大肚溪及至猫罗堡溪西，更进入猫罗堡溪东；而蓝兴堡则是由西南北三面包围压迫，最后才进行开发。❸基于前述的开垦顺序与移民迁入方式，使得漳泉移民有可能较粤籍移民早到而得以选择海岸平原、盆地内、涌泉区等开垦相对容易之处。根据有案可稽的先垦者祖籍与图2相对照，可以发现其中有不少地方相当一致。大致说来，丘

---

　　❶　小川尚义原图所采用的优势为相对优势，故将大平庄归入漳州优势区；本文则采取绝对优势，该行政区域若无超过50%之族群则列为"混合区"，以下所绘图皆采此原则，不再重复赘注。

　　❷　洪丽完：《大安、大肚两溪间拓垦史研究（一六八三～一八七四）》，《台湾文献》43：3（1992），第180页。

　　❸　台湾惯习研究会原著，台湾省文献委员会译编：《台湾惯习记事（中译本）第一卷上》，第177页。

陵地区的石冈、东势、新社等区，其分布图的族群属性与先垦者的族群属性
吻合度最高，此外大甲、大安、龙井，以及大肚、南屯、乌日、太平、外埔、
后里等区的多数地方也相当一致，不过台中盆地的丰原、潭子、神冈、大雅，
以及大肚溪流域的雾峰、大里则有些误差。

从个别小区域的观察也可看出先来后到对族群分布的影响。《台湾土地惯
行一斑》提到，大甲附近的开垦始于康熙三十年（1691），漳州林姓、澎湖张
姓、广东邱姓等各率其众，由鹿港、香山各地登陆，在当时的九张犁庄、下
大安庄、顶大安庄、打铁庄、日南庄、三张犁庄构筑茅屋，向大甲东西社给
垦埔地，至康熙三十五年渐成村落。❶ 而细究 1901 年的沿革调查，九张犁庄
（336 人、94.65%）、下大安庄（373 人、100%）、顶大安庄（90 人、100%）、
三张犁庄（137 人、85.09%）、日南庄（261 人、83.65%）都是泉州人的优
势区；打铁庄则是纯粹的广东人聚落（146 人、100%），至于漳州人虽未在上
述街庄形成优势，却也具有一定比例的人口。又如苗栗三堡的土城庄（外埔
区土城里）为闽粤合垦之处，❷ 1901 年的沿革调查，该庄有泉州 219 人
（87.95%）、广东 30 人（12.05%），也与文献所载符合。因此在日据初期普
遍提到"闽人先来，占沿海一带之平地，粤人后到，则占接中央山脉之地"
的说法。❸

先来后到之外，"械斗"对于台中地区族群分布也造成影响，从日据初期
的调查材料也可见到端倪。当时调查者认为全台湾到处有械斗，尤以中部最
为剧烈；闽粤二族之所以东迁西移频繁者，完全因为分类械斗之结果而来。❹
《彰化县志》记载本区于乾隆四十七年（1782）、嘉庆十一年（1806）、十四
年曾有三次漳、泉之械斗，道光六年（1826）5 月起于葫芦墩地方之闽、粤
械斗尤为惨烈，互相焚杀无法制止，遂延及大甲溪北。❺ 道光十年 4 月在本辖
内又有歹徒散布谣言，掀起族别械斗，是时有东势角之广东人刘章仁者，看

---

❶ 临时台湾土地调查局编：《台湾土地惯行一斑（第一编）》，台北：临时台湾土地调查局，
1905 年，第 33 页。

❷ 洪丽完：《大安、大肚两溪间拓垦史研究（一六八三～一八七四）》，《台湾文献》43：3
（1992），第 197 页。

❸ 台中县调查：《台中县下移民调查书》，台湾惯习研究会原著，台湾省文献委员会译编：《台
湾惯习记事（中译本）第一卷下》，南投：台湾省文献委员会，1984 年 6 月，第 225-226 页。

❹ 台湾惯习研究会原著，台湾省文献委员会译编：《台湾惯习记事（中译本）第一卷上》，1984
年 6 月，第 178 页。

❺ 台湾惯习研究会原著，台湾省文献委员会译编：《台湾惯习记事（中译本）第一卷下》，南
投：台湾省文献委员会，1984 年 6 月，第 47 页。

到地方纷争不停，挺身而出，一方面劝导地方息争，另一方面请官府谕止，双管齐下争斗始停。[1] 此外，台湾三次大民变中的林爽文及戴潮春出自中台湾，而台湾的民变也常常会转成械斗，这或许也是中部地区族群壁垒分明的因素之一。[2] 太平天国战争爆发后，闽粤人民携家眷至台避乱，而移居中部地区各堡者甚多，此时移民更为增加，分类械斗有增无已，如咸丰四年（1854）正月、咸丰九年9月、咸丰十年9月等。[3]

而台中地区械斗之频繁，又以闽粤两族杂居在该地最多的拣东上堡为最。清代文人吴子光便观察到拣东上堡的闽粤两族常因芝麻小事引起仇视，有时日有数起纷争，官府不胜其烦，置之不理，遂成相互械斗。不仅如此，漳人与泉人亦相斗，甚至泉人与泉人亦有械斗。而一旦械斗则杀伤无数，甚至全家灭亡，仇恨加深，壁垒分明，往往官府亦不过问，此种恶习经过百余年仍牢不可破。由于械斗造成的族群调整如：牛骂头地方，原为粤人所开拓，乾隆五十一年林爽文抗清事件后，原住此地的广东人，移住至南坑庄、葫芦墩、东势角等地方；嘉庆十四年械斗，又有部分广东人移至东势角及苗栗各地；葫芦墩、南坑庄、镰仔坑口、茄荃角、军功寮等地方，原有泉州居住，但因道光二十四年及咸丰三年两次械斗后迁至北庄、神冈庄（拣东上堡），而此二庄之粤人也迁去东势角及葫芦墩。[4]

苗栗三堡开发先于苗栗一、二堡，康熙四十五年（1706）粤人先来，首开打铁庄附近，雍正初年（1723）闽人由台南方面移来者日多，闽粤争斗结果，粤人渐次移入苗栗一、二堡，海岸一带土地悉为闽人所据。而闽人中原以漳州人占多数，至嘉庆初年（1796）泉人渐多，如大甲街全是泉人，嘉庆十四年（1809）泉漳人闹不和，泉人得胜，至道光二十四年（1844）再起争斗，结果苗栗三堡之争归泉人胜利。[5]

---

[1] 台湾惯习研究会原著，台湾省文献委员会译编：《台湾惯习记事（中译本）第一卷上》，1984年6月，第178页。

[2] 根据日据初期调查，台中地区甚至连匪徒也以祖籍决定抢劫对象：大肚山之东方拣东下堡为漳州人居住之处，其西方大肚三堡为泉州人居住的地方，而山上每有数名匪徒出没。因匪徒为泉州人，是故并不对由牛骂头、梧栖方面来的商人加以劫夺，必定对由埧堀街地方来者加以劫夺，而漳州人做匪徒者亦如此。参见台湾惯习研究会原著，台湾省文献委员会译编：《台湾惯习记事（中译本）第一卷上》，第179页。

[3] 台湾惯习研究会原著，台湾省文献委员会译编：《台湾惯习记事（中译本）第一卷下》，第47页。

[4] 台湾惯习研究会原著，台湾省文献委员会译编：《台湾惯习记事（中译本）第一卷上》，第179页。

[5] 台中县调查：《台中县下移民调查书》，台湾惯习研究会原著，台湾省文献委员会译编：《台湾惯习记事（中译本）第一卷下》，第226-227页。

蓝兴堡的部分，凉伞树庄、内新庄、柳树湳庄、大里杙庄，往昔是粤人居住之地，号为四大庄；太平车笼埔地方，系佃户林燕龙所请垦；又猫罗堡阿罩雾庄也是粤人居多，唯生存竞争结果，冲突时起，均为械斗结果，粤人势单，败退东势角地方。❶ 再如大肚下堡涂葛堀庄的水里港地方（龙井区福田里）于康熙末年已见开垦，嘉庆年间达于极盛；其后先是漳、泉分类械斗，继则赵、陈异姓相斗；加以道光年间遭逢大风雨，既垦田园归于荒废，庄民渐趋四散。❷ 但或许械斗阴影犹在，因此水里港与其隔邻的下蚵寮，其族群分布十分鲜明，水里港是百分之百漳州区，下蚵寮则是百分之百泉州区。

日据初期对台中地区的调查还点出一个较不常被提及的经济因素。由于闽南村庄多在海边平原，粤籍则多靠近山地较为贫穷，而且必须设防阻止番人入侵，又需冒些危险开垦，颇为吃力。一般来说闽籍者富裕之士绅甚多，在本辖内原沿海一带地方，如牛骂头昔日为广东人所开拓，唯尔后为泉州人之资产家收买，因为泉州、漳州人资力较多，而广东人则缺乏资力，只有靠劳力去未曾开垦之新地方从事劳动。但其收益有限，往往将辛苦开拓之土地廉价出让予资产家。例如蓝兴堡内之凉伞树桩、内新庄、柳树湳庄、大里杙等，乃昔日广东人所居住地，号称四大庄，又猫罗堡阿罩雾庄，曾有广东人曾良基、何福兴、巫安仁等族人居住，后来迁移至东势角。❸ 如果此调查为真，那么蓝兴堡、猫罗堡的粤人往东势角集中，不尽然是前面提到的械斗所导致，其中恐怕也有部分是在现实经济条件的考虑下所做的决定。

五、结论

本文首先介绍台中地区的地理环境与行政区划变迁，其次探究汉系移住民在本区农业垦殖经过；接着透过日据时期的祖籍和台情调查绘制各时期的族群分布图，印证台中地区的汉移民，大抵于日本统治前即形成"泉人近海、漳人居中、客人居内"的族群分布态势。

有关台湾汉移民的分布状态，历来有"先来后到""械斗""原乡生活"

---

❶ 台中县调查：《台中县下移民调查书》，台湾惯习研究会原著，台湾省文献委员会译编：《台湾惯习记事（中译本）第一卷下》，第226-227页；洪丽完：《大安、大肚两溪间拓垦史研究（一六八三~一八七四）》，第190页。

❷ 临时台湾土地调查局编：《台湾土地惯行一斑（第一编）》，第43页。

❸ 台湾惯习研究会原著，台湾省文献委员会译编：《台湾惯习记事（中译本）第一卷上》，第178页。

"班兵驻防"等说法。❶ 而就本区域来看，先来后到的开垦顺序应是最主要的影响因素。漳泉人来自海上，所以在清初即已陆续入垦本区域的西部沿海及平原地带；粤人则于18世纪中叶始由本区丘陵地带的南北两端进入，透过担任军工匠或设置隘寮从事番界的开垦工作，在时程上较晚，因而选择了近山丘陵地带。其次，不定时发生的械斗，也为本区的族群集中提供了另一个影响因素，如清水、沙鹿等地区尽管在祖籍调查上几乎清一色为泉州人，但仍留下象征潮州移民信仰的三山国王庙。❷ 此外，本文指出，经济条件的优劣，也会影响到移民的分布；而语言优势的"惯性分布"也应当是一个可以思考的因素。

---

❶　四种说法分别由伊能嘉矩、尹章义、施添福、余光弘所提出。参见李文良：《清初台湾方志的"客家"书写与社会相》，《台大历史学报》2003年第31期，第141-168页；施添福：《清代在台汉人的祖籍分布和原乡生活方式》，南投：台湾省文献委员会，1999年；余光弘：《澎湖移民与清代班兵》，收录在庄英章、潘英海编：《台湾与福建社会文化研究论文集（二）》，台北："中央研究院"民族学研究所，1995年，第25-45页。

❷　洪丽完：《清代台中地方福客关系初探——兼以清水平原三山国王庙之兴衰为例》，《台湾文献》41：2（1990），第63-93页。

宜兰旅游文学与地方发展

张玮仪❶

摘　要：区域文学的发展乃是地方文化的重要成果，由于经贸环境的热络，使文学的关注面向趋于在地化与联结性，首先自旅游文学讨论其与地方经济产业的结合，分析台湾东西岸的环境差异与不同的文学风格。文学中所关注的人事景物具有因地制宜的变化，使宜兰旅游文学得以独树一格。再者讨论作品本身，由于宜兰县文化局有意识、有计划的推动，加上地方院校相关科系的推波助澜，兴办作家演讲、举行各类文学奖项，阅读与书写宜兰蔚为风潮，奠定宜兰旅游文学之都的地位。作家作品质量并丰，融会对在地文化的关怀与投入，由是发掘并强化区域特色，让读者与作者皆能透过文学对当地产生认同，并使日常的食衣住行，愈加细腻多元、饶富欣趣。

关键词：宜兰文学；旅游文学；地方文学

一、前言

文学所涉及的叙事、写景、抒情、说理等面向，乃是结合人事时地物的总体艺术形式，随着国人经济条件的提升、价值观念的变迁，对于关注事物的面向亦有所调整。就文学传播和阅读兴趣来看，原本较受重视的哲理、励志、政论等题材，逐渐转为生活化、个人化的描述，更多的关注周遭的人、

---

❶　张玮仪，中国台湾佛光大学中国文学与应用学系副教授。

事，增加与人群的互动、享受平日的细微感受。因此，借由空间改换所带来新奇感，因为感受者视角的转换与描写，带来出乎意料的悸动，迸发出许多文学创作的火花，而这些作品更偏好于个性化的情绪抒发，结合网络社群的沟通方式，故使"旅行文学"普遍为大众所接受和运用，在台湾文学发展中占有重要的承转定位❶。

就各类型的主题文学而言，纵观中国文学的广袤瀚海，文学当中的"旅行"主题相对发展较晚、探索较少。由于中国传统文学较多地关切政治与社会之大我，以家国天下为核心，具有温柔敦厚、顾全大局的写作风格，因而将自我刻意弱化与隐藏。又因为既往生活条件及交通因素的限制，农耕社会的群体躬耕，衣食住行相互照料，彼此群聚共存，若非必要情况鲜少离群索居。此外，儒家传统礼教"父母在不远游，游必有方"的观念，强调家庭族群为核心，安土重迁的情况下较少改换生活空间，亦甚少迁徙、移居，所谓的旅行尚未形成风气。

传统旅行方式需要经济条件和家庭情况的支持，所以计划时间长、承受压力大，而"轻旅行"或"微旅行"掀起"说走就走"的风潮，让远行出游的梦想不再遥不可及，更重要的只是离开当下的行动，用更轻易无负担的方式鼓励人群走出都市丛林，去探索陌生的地方，享受自己或少数几人专属的空间，从而改换思维模式，磨炼在异地生活的适应能力。

台湾"旅行文学"的两大主轴，一是接近自然风光，前往人口僻静的东部；一是以台北为核心的近郊。宜兰县是前往东部的起点，又是邻近台北的幽静乡野，正是两大路线的交会点，加上地方政府有计划的推动、大专院校专业科系的培养与提升，使宜兰一地成为"轻旅行"之重要据点。因此本文即以台湾东部旅行城市——宜兰为例，从旅行文学的架构，探讨宜兰轻旅行文学的发展情况、代表作品，进一步分析作品的特色与价值，以及文学本身促进当地观光产业与创作风气的演进轨迹，从而说明"轻旅行"在宜兰乃至台湾所引起的文学阅读与书写风潮。

---

❶ 林淑慧指出："台湾旅游散文蕴含海外的空间意象，并流露作者观看台湾本土的风景心境。……旅游散文为空间移动所产生的文本，此类文体着重旅人再现其观察与体验：不仅拓展读者对于风景的认识与想象，有些因登载于刊物得以广为传播。"参见林淑慧：《旅行文学与文化》，台北：五南图书出版公司，2015年10月初版，第8、10页。

二、台湾旅游文学的移动轨迹

就台湾旅行文学的发展而论，20 世纪 50—70 年代，由于戒严管制、出入境不易，多是因进修考察等官方因素出国，其间创作之代表作有陈之藩《旅美小简》、外交官夫人钟梅音《海天游踪》等，由于见到海外发达国家的进步繁华，相应于自己家乡面临内忧外患的处境，不免显得悲枕哀凄。直至 1979 年台湾开放观光、1987 年开放大陆探亲，遂开启旅行活动的新局。以类型论，行脚类如三毛《撒哈拉沙漠》，人文类如钟文音《远逝的芬芳——我的玻里尼亚群岛高更旅程记行》《情人的城市——我和莒哈丝、卡蜜儿、西蒙波娃的巴黎对话》，皆是著名代表作品。

90 年代的台湾因经济发展稳定，全球网络媒体与交通运输的便利，引发旅行热潮。复因观光风气的提升与生活价值观的转换等因素，使旅行文学已由文学中的"次文类"❶演进为文学大宗，相关的作品与论述更有长足递增，场域置换的旅行文学渐受关注，成为发展最为迅速、作者与读者骤增的文学类型。此现象尤其可从文学奖项的设置项目窥知，除了以体制为区别的古典和现代文学，就文类为区别的小说、散文、诗歌、戏剧等，1997 年起，诸多全国性和地方地的文学奖以"旅游文学"作为征文类别，正式宣告此一文类的地位。

华航、长荣两大航空公司举行旅行文学征文，提供巨额奖金和机票奖项，吸引民众参与旅行文学的创作，使旅行书写成为与商业、观光结合的文化活动。旅行快速地融入生活，又因传播方式的更新与便捷，使得移动、尝鲜、标记等步骤成为多数人记载与分享的日常模式，进而汇聚为旅行文学的广大支脉。就文学之主题进行分类，"旅游文学"实则具备旅行的活动与文学的酿制，故"旅游"与"文学"两者有其各自独立的发展条件，亦形成密不可分的创作载体。

行文学关涉作者与读者的互动，这也是此文类广受欢迎的魅力所在，而轻旅行于台湾快速崛起、广受欢迎，正因为旅行中的"轻"，增添更多游乐、赏玩的成分，也让轻旅行的实践者能更乐在其中，放下眼前负担，恣情穿梭，身体与精神亦能随之轻松，使身、心、灵获得舒展。免去沉重的行李和繁复

---

❶ 参见钟怡雯：《旅行中的书写：一个次文类的成立》，《台北大学中文学报》第 4 期，2008 年 3 月，第 35-52 页。

的计划，有更多自在尝新鲜的机会，也更加随性、环保，因此轻旅行的方式深受都市白领、年轻学生和小家庭族群的青睐，已成为时下流行的旅行选择。

从旅行文学探讨地方文学，聚焦于宜兰地区的轻旅行文学发展，自应关注此地的山水景致。兰阳平原环水傍山的优美景色，早在清朝已受官方认定，道光五年（1825）噶玛兰厅通判乌竹芳选定"兰阳八景"❶，由于宜兰溪南地区仍在开发，因此选定的景色多在溪北山麓及滨海地区。1953 年为提振及平衡各地观光资源，增选"新兰阳八景"❷，其中包括远眺孤悬海外的龟山岛，渔船遍布的乌石港和兰阳博物馆，以及广受欢迎的礁溪温泉，都是时下前往宜兰旅游的观赏景点。

宜兰下辖一市（宜兰市）三镇（罗东镇、苏澳镇、头城镇）八乡（礁溪乡、员山乡、壮围乡、五结乡、冬山乡、三星乡、大同乡、南澳乡），山明水秀且又风格各异。造访宜兰，令人不自觉地放慢脚步，以缓慢而轻盈的心态体验农村风光，享受田园乐趣，打开因俗务而钝塞的感官，重寻纯净的心灵境界。进入宜兰乡野，仿佛走入时光隧道，在冬山乡大进小区的传统石板屋聚落、珍珠小区的稻田工艺里，体验极致旅宿与特色民宿的别出心裁。就自然与人文的结合方面，中山小区盛产香柚，南兴小区有皮雕工艺，得以感受茶、果芳香、野放风筝、欣赏艺术品。到南澳乡东岳小区的泰雅族部落，更能体会到文化的传承与维系。各种以山水、建筑、文化、文学等主题的旅游路线❸，使前往宜兰的旅人皆能领略到不同的乡野韵致。

宜兰人基于对自然的尊重，坚持维持环境、维护传统，形成为人乐道的"宜兰经验"❹，秉持人与自然和谐共生的理念，成为城乡规划的重要资鉴。在诸多"宜兰经验"的推广项目中，发掘兰阳地区丰厚而特殊的文学资源，以传承、发扬此精神，宜兰县文化局长期关注文学创作与相关活动，推广文

---

❶ "兰阳八景"分别为：龟山朝日、隆岭夕烟、西峰爽气、北关海潮、沙喃秋水、石港春帆、苏澳蜃市、汤围温泉。乌竹芳赋有兰阳八景诗，据载："噶玛兰厅志，列苏澳蜃市，为兰阳八景之一。通判乌竹芳咏其事曰：'澳水回旋地角来，山兔日色照艨艟，蜃楼海市何人见，遥在淡烟疏雨中。'"参见《台湾文献》第 35 卷，1984 年，第 199 页。

❷ 宜兰县县长卢缵祥编纂《宜兰县志》，增选新兰阳八景为：北关海涛、龟山朝日、金面大观、汤围温泉、寒溪樱花、太平云海、苏澳蜃市。

❸ 宜兰的慢游主题之旅，串联热门景点与活动信息，分为生态美景、山川水圳、风土民情、在地好味、特色人物等面向，深入探访五大乡镇下的十大风格小区："东岳、林美、利泽、大进、南兴、珍珠、中山、内城、同乐、枕山"，近百个景点、人物、特产介绍。参见城邦文化事业股份有限公司：《慢游宜兰，做一个大地的旅人》，台北：麦浩斯出版社，2015 年 5 月 21 日。

❹ 参见许文杰：《地方治理：宜兰经验的研究》，台北：韦伯出版社，2009 年 5 月初版。

学阅读与写作。2013 年邀请著名诗人向阳（1955—）等 10 多位知名作家行脚宜兰，沿兰阳溪上行考察，通过行脚式的旅行感受，创作诗、文、画、图等作品，集结为图文并茂的《山村文学行脚：兰阳森林美学》❶，为每个触动人心的瞬间留下深刻的印记。由于活动反响很好，2014 年邀请散文、美食名家舒国治（1952—）❷担任宜兰驻县作家，描绘宜兰的乡间景致与街坊小吃，以宜兰为主轴撰写旅游文学专书《宜兰一瞥》。自此之后，宜兰县政府每年邀请一位驻县作家，深入考察宜兰各地的生活景致与人文风貌：2015 年林文义、2016 年鱼夫、2017 年苦苓，文人接力描写宜兰，落实漫游山海的村落文学，以兰阳地区旅行文学奠定在地宜居、闲适、风雅的景象，让文学与轻旅行、轻产业相互结合。

舒国治长年深耕于旅游文学写作，直至《宜兰一瞥》问世，描写台湾静僻清幽的旧日田园，方才总结宜兰地区的旅行文学观，具现宜兰文学定位。他自言宜兰对他最大的吸引力即是"乡下感"，诚如书中所言："我如今一意追寻的'乡下'，虽险绝、奇艰早不存，但求田之野、水之荒若仍稍稍往原始上保住，那么风停雨霁之时，便俨然有古诗之意境也。"❸他从古典诗歌的文学角度，重新思考宜兰有别于城市所予人的古朴之感。

宜兰地区有丰沛的水文，予人的印象多是天空与田野，还有穿流田埂间的大小溪流渠道❹，再加上田间错落的农舍、屋宅，油亮的绿地与清澈蓝天，相互联结的画面，总能引人入胜、流连忘返。因为兰阳平原诸多地区仍以农耕、养殖为业，不同于自然景观或人工开发的观光用途，宜兰的居民与此地息息相关，并持续着赖以为生的工作项目。回到生活本身，观光客所走访与介入的，可能是片面与片段的生活面向，而当地居民则是实实在在地生根于此。纯粹就最基本的生计问题为论，抒写眼前所见、终日汲营的日常生活，终而深获读者认同。

宜兰多水、多雾的湿润气候，与多山、多田的地景形势，具有乡野气息的景致，许多人希冀来此亲手垦植，体会菜圃农事之乐，也因为在田园中亲手栽种，使人对这块土地根植下深厚的情感，让宜兰地区不只出产质量并丰

---

❶ 参见向阳等著：《山村文学行脚：兰阳森林美学》，宜兰：宜县文化局出版，2013 年 12 月 1 日。

❷ 舒国治（1952—），台湾作家、美食家。作品以散文、游记、短篇小说为主。

❸ 参见舒国治：《宜兰一瞥》自序，台北：联经出版公司股份有限公司，2015 年 5 月。

❹ 行经宜兰的河流众多，较为广阔的兰阳溪、宜兰河、冬山河。另如大礁溪、小礁溪、罗东溪、得子口溪、二龙河、十一股溪、金面溪、汤围溪等。复因农务所需，更交织着大排、中排、圳、沟、坑、塭等。

的蔬果，也培植出诸多优秀的文学名篇、作品，文学佳作得以卓然滋长，呈现出独具特色的地方文学样态，实可谓牵系着文学家心底情感的"文学之乡"❶。宜兰的柔情山水、街巷美食等乡野风情，多种适合短期游览的路线，诸如丰沛的水文、形态各异的主题式民宿等，鼓舞读者亲身体会文学世界下的宜兰，并以不同方式去认识、亲近这个地方。有别于既往旅行文学的激动澎湃，到访宜兰的方式往往是轻盈、缓慢的，这与宜兰当地的风土民情密不可分，环境的静谧予人平和之感，自然呈现亲切和善、与世无争的氛围，故能成就其旅行文学之"轻"。

此外值得关注的是宜兰本土作家林焕彰，以山、河为主轴的两部创作绘本分别是：《遇见心中的一条河》❷，旨在赞颂兰阳地区的母亲河——冬山河，借由告老还乡的游子眺望着龟山岛，结合自然生态与自我生命，具象化地呈现对河流的珍惜与不舍，辅以兰阳绘本创作营的集体创作，以图像诠释游子返乡的情怀，娓娓道出人与环境密不可分的关联；《山那边》，则透过质朴真切的情感，以北宜公路九弯十八拐的自然景致和慢活步调，将日常所见的平凡事物焕发出新鲜而温暖的童趣，对于乡情的描述尤能信手拈来、一气呵成，再配合绘本创作营的集体构图，丰富的图画作品让家乡的真挚情感跃然纸上。

环顾宜兰乡野，除了青绿的农田景致，另可发现大量纷陈散落的"建筑"（architecture）。这些经由设计、融合于环境的、有如餐厅摆盘的"建筑"，有别于楼房屋舍排比林立的"建物"（things built），让人徜徉在林野间，更能体会每栋建筑独一无二的美感，以及得天独厚的造型。关于宜兰建筑的著作，近年最特殊的代表作品，是由建筑师黄声远❸等人采访撰述而成的《在田中央：宜兰的青春·建筑的场所·岛屿的线条》。

黄声远决定离开台北都会，移居宜兰，长期驻留于此、深入观察体会，逐渐吸引多位兼具专业身份的建筑师参与，形成超过百余人的群体。黄声远说："把这里当作家园，能做什么就做什么，暂时做不到的就放在心里等待，

---

❶ 舒国治指出："宜兰是文学之乡，也是文学家心底一径萦绕的乡愁。此地多雨、多山，多绿意也多田亩，美丽的自然风光，至今滋养着许多文学创作的根茎。各个世代的作家们，皆用自己的方式，书写着宜兰的人与事、情与景。"参见舒国治：《宜兰一瞥》，台北：联经出版公司股份有限公司，2015年5月。

❷ 参见林焕彰：《遇见心中的一条河》（兰阳创作绘本02），宜兰：宜兰县文化局，2014年12月1日。林焕彰：《山那边》（兰阳创作绘本03），宜兰：宜兰县文化局，2014年12月1日。

❸ 黄声远（1963—）于1994年移居宜兰开始建筑创作，而后成立"田中央工作群"。由于其相关作品遍布宜兰地区，使建筑深入生活中，传达个人心境与居住环境的互动感受。

能做也要故意留下一些空白。"❶ 从建筑为切入视角，成为观看宜兰的一种特殊又实在的方式，诸如丢丢当森林、几米广场、三星张宅等地，其背后的建筑灵魂皆值得深入探访，书中由二十多位当事人说明十八件建筑作品，通过采访道出田埂林园中的作品故事，直接以建筑融入当地，作为与自然沟通的方式。

李清志认为宜兰火车站前的钢铁森林，是黄声远近期建案中最引人入胜的设计，他用中西对比的方式指出："以钢铁仿造自然界事物的设计作法并不新鲜，西班牙就出现过钢铁树林般的遮阳设施，但是宜兰的钢铁森林却显得更庞大，形态也更具地方性与独特性。"❷ 这座仿效自然森林的建筑，以台湾乡间常见的姑婆芋枝叶为装饰，作为儿时回忆的元素，营造出如幻似真的花园梦境，而冰冷钢铁森林取了一个充满童趣的名字——丢丢当森林，联结与铁道的深厚情感，让选择以火车方式造访宜兰的旅客，甫至此地就能感受到轻松愉悦的乡野情怀。

三、宜兰区域书写的在地关怀

台湾长年以地方文学奖项根植国人的读写能力，各地区性的文学奖皆能因与配合地方发展，故能独树一格，展现各自特色。宜兰地区的文学发展亦因雪山隧道的开通、大专院校的推动、政府单位的支持等因素，于近十年内有蓬勃的展获。以文学传播的层面来看，由于因特网的便捷，改变既有生产与消费的方式，社交群体的分享与点阅，使大众对于写作与阅读的管道趋于多元、实时且随性，在众多个人化的创作主题中，旅行期间的见闻兴感往往广受欢迎且能引起共鸣。交通便利、信息发达等辅助因素，促进了旅游观光产业的发展，人际沟通形式的骤变，也形成了文学创作主题的嬗递，扩大了文学阅读的传播与交流，于是对于旅行的期待，以及其间经历的传布，便形成宜兰轻旅行文学的重要蜕变。

宜兰县政府文化局早年即鼓励在地作家对宜兰进行深入描写❸，兼具旅游

---

❶ 参见田中央工作群、黄声远、沈宪彰：《在田中央：宜兰的青春. 建筑的场所. 岛屿的线条》，台北：大块出版社，2017 年 1 月 4 日。

❷ 参见李清志：《宜兰铁森林——兰阳平原上的姑婆芋叶子》，《台湾建筑不思议——都市侦探李清志的另类建筑观察》，台北：马可波罗出版社，2009 年 4 月 17 日。

❸ 结合定居宜兰的作家，辅以陈建宇的摄影作品，走访各地以编写出游居散记。参见苏丽春、黄春美、陈维鹦：《来宜兰旅行》，宜兰：宜县文化局，2009 年 12 月 1 日。

信息与文学触发。2015 年 7 月，文化局主办旅行文学征文比赛，广邀全台民众宣传宜兰，以图文方式记载宜兰印象。同年 12 月，在兰阳博物馆举行"宜兰旅行文学征文比赛颁奖典礼暨宜兰四书新书发表会"，宣示宜兰"旅游之都"与"文学之乡"的定位，汇聚各界的旅行随感与散记，化零为整地搜罗各地的旅行心得与要闻，计划性地展开大规模、全面性的写作运动，展现政府部门对于当地文学的重视，聚焦"旅行文学"的主轴，通过驻县作家的描绘和文学奖项的推波助澜，使宜兰书写成为落地生根的活动。

　　配合推动村落文学发展的总体计划，宜兰县政府文化局邀请散文作家林文义（1953—）❶ 担任驻县作家，邀请文学名家记录宜兰之美，规划撰写完成具有文学价值和历史意义的"宜兰四书"：散文作家钟文音（1966—）《宜山宜海——宜兰双重奏》❷、林文义《宜兰写真》❸、诗人吴茂松（1961—）《一条安心的溪河》❹ 以及绘本作家铅笔马丁《记得那海的味道》。通过这场文学盛会鼓励市民起身旅行、记录旅途中的经历，使旅行本身更为丰富、更具意义。文化局还规划了"山村培力计划"❺，让四位作家深入山区、学校，进行 30 余场讲座，现身说法以传承宜兰写作文化。

　　文化局所推动的"村落文学发展计划"是宜兰文学趋于成熟的里程碑，以深植乡野的田调方式深入各乡邑间，历记宜兰的特殊环境与生活方式。作家则分别以"山、渔、农"书写计划进行创作：钟文音之山村；吴茂松之农村；铅笔马丁的渔村。作家通过亲身观察感受，深度刻画乡林原野间的细致情景，钟文音❻曾因讲课、旅行、访友等因素，多次造访宜兰，数度历记旅途中的见闻与兴感，从真实的细节倾诉着宜兰的生活，写交通情况、夜市小吃、

---

❶　林文义（1953—），曾任《书评书目》、《文学家》杂志社总编辑、自立报系政治经济研究室研究员兼记者、《自立晚报》副刊组主编、台湾笔会秘书长。创作文类包括诗、散文、小说和报告文学。曾获时报文学奖散文奖、新闻局金鼎奖、吴三连散文奖。

❷　参见钟文音：《宜山宜海—宜兰双重奏》，宜兰：宜县文化局出版，2015 年 12 月 1 日。

❸　参见林文义：《宜兰写真》，宜兰：宜兰县文化局，2015 年 12 月 1 日初版。

❹　参见吴茂松著、摄影；吴孟寰绘：《一条安心的溪河》，宜兰：宜兰县文化局，2015 年 11 月 1 日初版。

❺　"山村培力计划"为偏乡部落学童文学营，在暑假展开共三梯次培力课程，授课师资皆为文坛名师，如诗文作家郑顺聪、诗人林德俊、织染专家马毓秀、海洋文学家廖鸿基、散文作家苦苓、自然书写作家凌拂等。

❻　钟文音（1966—），曾任电影剧照师、记者，自 2000 年专职写作至今。曾获得中国文艺奖章、联合报短篇小说奖、联合报散文奖、中国时报短篇小说奖、长荣旅行文学奖、华航旅行文学奖、吴三连奖、林荣三文学奖等。2006 年长篇巨作《艳歌行》获 2006 年中时开卷版中文创作十大好书，2008 再入围台北国际书展小说大奖及台北十书。

街边偶遇，或突发奇想的随笔，让我们看到有别于都市的生活方式，以及宜兰特有的环境氛围。为创作此书，钟文音深入山林部落，将全书区分为"山去·异乡人"与"海回·原乡人"，撰写去、回之间对这片土地的认同与回归。

"竹风兰雨"的谚语，让水气丰润的宜兰袭染着水文特质，兰阳平原千百年来受河沙土石的挤压，形成丘、仑、汕、坡等起伏错落的地形，加上特殊植被的覆盖，以及为引水灌溉而开凿的排、圳、沟、堨等，使此地与水泽、与绿地共生。水源是农产生命力，更是文人寻思写作的灵感来源，作家将个人的生活体验融入创作理念，表现在作品中，使兰阳文学发展始终深富自然野趣。可以说，"宜兰四书"虽以轻盈、轻松、轻旅行的心态写作，对宜兰文学的奠基与影响则甚为深重。

因此2015年无疑是宜兰文学成果丰硕的一年，村落文学的计划推展与"宜兰四书"的出版，让地方文学的关注重心转移到东部，并以此牵动宜兰的观光产业和读写风气的深化。2016年作家鱼夫入驻壮围与南澳，以饮食文化特色和历史建筑为考察重点，细究宜兰西鲁肉、卜肉等美食的得名由来，并将宜兰车站、壮围乡公所等地景色描绘成画，再透过网络影片呈现，使宜兰成为具有代表性的文学重镇。

四、结语

轻旅行有别于传统大费周章地计划式旅行，传统的旅行需不断积攒假期、经费，对于远方异域的遐想，反而因为舟车劳顿而更显疲惫。如果旅行的本质是移动，移动的目的是心情的改换，那么应该回视于旅行本身的期待，而不是只拘泥于前往或抵达。轻旅行的用意在于抛却此番形式化的束缚，以慢行的方式，不增加身体的负重与心里的负担。因此，兰阳地区被视为轻旅行的世外桃源，其不远的路途，不高的花费，不用刻意造访名胜古迹，不必跻身于人山人海的旅游景点，使人在旅行的过程中回到生活本身，从田埂中的小路，转角处的小摊，享受当地的特色食物以及低廉消费，随意的游走攀谈，甚至只是对着天空发呆。

东海岸的质朴自然令人心生向往，成为山海烟岚间的游牧路线❶，而风景

---

❶ 参见周庆华：《游牧路线—东海岸爱恋赤字的旅行》，台北：秀威信息科技股份有限公司，2012年4月。

绝美的宜兰，充满人文山水、田园风情，其疏缓步调、拙朴天真，且因艺术、文创数字等科技媒体的结合，提升别具游趣的游赏价值，因此旅行虽"轻"，却有十足的重量，让人返璞归真、恣意畅游。正因为宜兰得天独厚的环境条件与地理优势，每年举行的童玩节、绿色博览会等大型活动，让大家认识宜兰的山水美景、营销宜兰的文化创意。童玩节是暑假期间最佳的亲子活动，逐年扩大办理、广受关注。第20届"国际童玩艺术节"以充满翱翔和追忆的"飞"为主题，加入宜兰旅行文学征文活动，以汇集民众在此居住、游玩时的回忆，以图文分享愉快的行旅经验，使宜兰书写结合生活、游赏，深具当地文化特色。

在科技日新月异、信息快速飞跃的今日，暂缓步调地感受慢生活的乐趣，反而更显价值与自在。兰阳平原景色优美，使人置身自然、回归自我，也借由每一篇作品的撰述，体会这片土地的珍贵资源。时至今日，诸多商业往来、留学游学等移动都被视为旅行，离开熟悉的家乡，乃是迎向世界、承受挑战、接触他人、认识自我的方式。旅行已是人人得以实践的生活模式，通过旅行主题所衍生的文学作品亦层出不穷、与时俱进。

宜兰旅行文学的土地认同，乃是在地文化最重要的资产，其中尊重自然、发展人文，复因文化局计划的推动深入实践，邀集林文义、钟文音、吴茂松、铅笔马丁等人出版宜兰四书，展开"村落文学"及"山村培力"计划，结合在地经验，深化宜兰文学的阅读与书写，进而可知，宜兰旅行文学在台湾文学中深具大特色，并能独树一格，与当地丰厚的文化资产相结合。